WIRTSCHAFTsRUSSISCH

B. Jänecke · M. V. Krylova · Ž. V. Vitkovskaja

Vertragsentwürfe

Проекты договоров

D1618729

Volk und Wissen Verlag GmbH

Wirtschaftsrussisch: Vertragsentwürfe
Von Bianca Jänecke, Marina Vasil'evna Krylova und Žanna Vladimirovna Vitkovskaja

Beratung: Prof. Vjačeslav Veniaminovič Kruglov, RA Dagmar Lorenz,
Prof. Nadežda Michajlovna Uljanickaja, verantwortliche Redakteurin Nina Unger

Die Autorinnen danken insbesondere Herrn Prof. Kruglov für seine Unterstützung
bei der Erarbeitung des Manuskripts.

Zeichenerklärung:

Angebot sprachlicher Mittel
zur Vorbereitung auf Verhandlungsgespräche

ISBN 3-06-502222-2

1. Auflage
© Volk und Wissen Verlag GmbH, Berlin 1994
Printed in Germany
Redaktion: Nina Unger
Redaktionelle Bearbeitung der Wörterverzeichnisse
und des deutschen Teils: Gabriella Wenzel
Redaktionsschluß: 1. September 1994
Einband: Gerhard Medoch
Layout: Marion Röhr
Druck und Binden: Druckhaus Thamhayn GmbH, Gräfenhainichen

Vorwort

Das Buch **„Vertragsentwürfe"** erscheint in der vom Verlag unter dem Titel „Wirtschaftsrussisch" veröffentlichten Reihe. Es wendet sich an alle, die auf die eine oder andere Weise beruflich mit russischen Geschäftspartnern zu tun haben bzw. geschäftliches Interesse an Rußland bekunden: sowohl an jene, die bereits Erfahrungen im Umgang mit russischen Partnern haben, als auch an jene, die den russischen Markt gerade erst für sich zu erschließen beginnen, an Lehrkräfte und Studenten juristischer und wirtschaftswissenschaftlicher Fakultäten genauso wie an praktizierende Juristen und Übersetzer/Dolmetscher. Das Buch zielt auf einen Nutzerkreis, der über gefestigte Grundkenntnisse des Russischen verfügt.

Mit dem vorliegenden Material stellen sich die Autorinnen der Aufgabe, eine bestehende Lücke in der zum Thema existierenden Literatur zu schließen und die an die formale Vertragsgestaltung zu stellenden Anforderungen zu verallgemeinern.

Die Gestaltung von Verträgen und der Umgang mit ihnen im Geschäftsalltag ist insbesondere für Nichtjuristen mit oftmals nicht geringen Schwierigkeiten verbunden. In einigen Fällen wird dem Stellenwert von Verträgen nicht die notwendige Bedeutung beigemessen, in anderen Fällen werden überhöhte Anforderungen an die formale Seite der Vertragsgestaltung gestellt.

Die Autorinnen geben einen Überblick über die in der täglichen Geschäftspraxis am häufigsten anzutreffenden Arten von Verträgen, führen in ihnen mögliche Varianten von Rechten und Pflichten der Vertragspartner, mögliche Zahlungsmodalitäten, Lieferbedingungen, Varianten der gerichtlichen Klärung von Streitfragen usw. auf.

Es werden 15 verschiedene Musterverträge aus der geschäftlichen Praxis vorgestellt. Das Spektrum der gewählten Vertragstypen ist durchaus repräsentativ. Andererseits sahen sich die Autorinnen der Notwendigkeit gegenüber, die gewählten Vertragsmuster in sehr komprimierter Form darzustellen, und konnten zweifellos nicht alle möglichen Aspekte eines Vertragsabschlusses berücksichtigen. Jeder Vertrag enthält jedoch die wichtigsten, obligatorischen Artikel.

Die Nutzung des vorliegenden Buches als Arbeitsbuch erfordert vom Anwender eine schöpferische Herangehensweise. Bei jedem beliebigen Vertragsabschluß können die vertragschließenden Seiten ihre Forderungen unter Berücksichtigung der konkreten Bedingungen einbringen.

Grundlage der hier vorgelegten Vertragsentwürfe und etwaiger Anmerkungen zu ihnen ist die geltende russische Gesetzgebung, was dem Nutzer den Abschluß von Verträgen mit russischen Partnern erleichtert. Es wurden die zum Zeitpunkt der Herausgabe des Buches geltenden rechtlichen Bestimmungen angewandt. Die Autorinnen empfehlen, bei Abschluß konkreter Verträge einen mit der aktuellen Rechtslage vertrauten Juristen zu konsultieren, da die Praxis durch ständig neue Gesetzesakte ergänzt wird und es durchaus möglich ist, daß die diesem Material zugrunde liegende Gesetzgebung ergänzt, modifiziert oder aufgehoben wird.

In Übereinstimmung mit den gestellten Aufgaben wurde das vorliegende Buch in drei Teile untergliedert.
Teil 1 bietet einige sprachliche und landeskundliche Anregungen für das Führen von Gesprächen in russischer Sprache zur Vorbereitung vertraglicher Vereinbarungen. In kurzen Texten werden Begriffe, Funktionen und Arten von Verträgen erläutert und die wichtigsten Anforde-

rungen an Inhalt, Form sowie die Art und Weise der Umsetzung von Vertragsvereinbarungen dargelegt. Es folgen sprachpraktische Empfehlungen für Geschäftsleute in Form thematisch geordneter Zusammenstellungen von Wörtern, Wortgruppen und Mustersätzen in Russisch und Deutsch, die bei der Verhandlungsführung und Vertragsvorbereitung besonders häufig auftreten. Ergänzend wurden einige russische Mustervordrucke von Formularen und ihre deutschen Entsprechungen, die häufig Anlage von Geschäftsverträgen sind, in diesen Abschnitt aufgenommen.

In **Teil 2** werden 15 der in der Geschäftspraxis am häufigsten anzutreffenden Verträge dargestellt. Dabei haben die Autorinnen die Schwierigkeiten berücksichtigt, die bei der Vertragsgestaltung auftreten können, und auch Varianten des rechtlichen Schutzes von Verträgen eingeschlossen.
Ausgangstexte sind die russischen Verträge. Die deutschen Verträge sind eine genaue Übersetzung. Der Hauptakzent liegt auf der absoluten Übereinstimmung der Übersetzung, wodurch vereinzelte Formulierungen in den deutschen Texten das Sprachempfinden deutscher Nutzer verletzen können. Andererseits zeigt der Geschäftsalltag sehr deutlich, daß im Falle der Entstehung von Streitfragen im Zusammenhang mit der Vertragserfüllung eine Klärung dieser Streitfragen und die juristische Wertigkeit des Vertrages in nicht geringem Maße von der sprachlichen Übereinstimmung der Vertragstexte abhängen.

Vervollständigt wird das Angebot durch **Teil 3**, die alphabetischen Wörterverzeichnisse Russisch-Deutsch und Deutsch-Russisch, in denen die gebräuchlichsten Wörter und Wortgruppen des Bereichs „Vertragsrecht" erfaßt sind.

Die Autorinnen danken interessierten Nutzern für Verbesserungshinweise und Anmerkungen zu einer noch effektiveren Gestaltung der im Buch behandelten Fragen. Wir bitten, diese an den Volk und Wissen Verlag GmbH, Redaktion Fremdsprachen, Lindenstraße 54 b, 10117 Berlin, zu richten.

1. Sprachliche und landeskundliche Anregungen für die Gesprächsführung – Некоторые языковые и страноведческие аспекты проведения переговоров

1.1. Verhandlungsvorbereitung – Подготовка к переговорам

Важнейшей предпосылкой успешного проведения переговоров, нацеленных на заключение договора, является тщательная подготовка договаривающихся сторон к обсуждению проекта договора, выработке решений, отвечающих интересам партнёров и закрепляющих их взаимное стремление к продолжительному сотрудничеству.

В подготовку к переговорам входит:
- детальное изучение типового договора, подготовленного на языке партнёра;
- перевод на язык партнёра тех вероятных формулировок, которые могут быть вписаны в проект договора;
- перевод на язык партнёра тех документов, вспомогательных материалов, которые могут быть использованы в готовом виде в качестве факта, аргумента, доказательства в процессе переговоров;
- работа по координации совместной речевой деятельности с переводчиком;
- подготовка делегации, представляющей фирму, предприятие – договаривающуюся сторону – к устным переговорам.

Детальное изучение типового договора, подготовленного на языке партнёра, даёт представление о тематике переговоров, той совокупности условий договора, которые предстоит обсудить и по которым необходимо принять аргументированное решение.

При всём разнообразии организации и хода переговоров можно выделить наиболее типичные этапы их проведения:
- обмен приветствиями;
- введение в цель переговоров;
- предложение по организации переговоров;
- дискуссия (в форме диалога или полилога);
- решение проблем;
- утверждение формулировки для договора, протокола;
- завершение.

Самым трудным этапом считается ведение дискуссии – живого обмена фактами, мнениями, аргументами. Ко всем другим этапам можно подготовить материалы на языке партнёра заранее.

Sprachtypische Wendungen – Типичные диалогические единства

Der kleinste Dialog ist eine dialogische Einheit (DE), die aus zwei inhaltlich miteinander verbundenen Repliken – den Äußerungen der Gesprächspartner A und B – besteht.

DE-1 A: Replik – Mitteilung einer Tatsache, einer Meinung, eines Ereignisses, einer Schlußfolgerung usw.

B: Replik – Zeichen der Aufmerksamkeit, der Informationsaufnahme

А: Вчера вам пришла телеграмма.	Gestern haben Sie ein Telegramm erhalten.
Б: Да.	Ja.
А: Судно задерживается из-за погоды.	Die Ankunft des Schiffes verzögert sich wegen des Wetters.
Б: Так.	So.
А: Так что сроки разгрузки будут изменены.	So daß sich die Entladungsfristen ändern werden.
Б: Ясно.	Das ist klar.

DE-2 A: Replik – Mitteilung einer Tatsache, einer Meinung, eines Ereignisses, einer Schlußfolgerung usw.

B: Replik – eine positive Reaktion (Einverständnis, Billigung, positive Wertung) bei der Verhandlungsführung hilft, „günstige Bedingungen" für die Darlegung der Verhandlungsposition zu schaffen.

Б: Это хорошо.	Das ist gut.
Может быть.	Das kann sein.
Прекрасно.	Ausgezeichnet.
Вполне возможно.	Sehr gut möglich.
Вполне вероятно.	Sehr wahrscheinlich.
Это так.	Das ist so.
Это очень важно.	Das ist sehr wichtig.
Это (так) необходимо.	Das ist unbedingt notwendig (erforderlich).
Это весьма трудно.	Das ist überaus schwierig.
Это очень разумно.	Das ist sehr vernünftig.
Это очень интересно.	Das ist sehr interessant.

DE-3 A: Replik – Mitteilung einer Tatsache, einer Meinung, eines Ereignisses, einer Schlußfolgerung usw.

B: Replik – eine negative Reaktion (negative Wertung, Nichtbilligung, negative Prognose) kann dazu führen, daß der Verhandlungspartner entweder weitere Argumente ins Feld führt, oder daß das Gespräch beendet wird.

Б: Это неправильно.	Das ist nicht richtig.
Это не даст никаких результатов.	Das bringt keinerlei Resultat (Ergebnis).
Это необосновано.	Das ist unbegründet.
Это неприемлемо.	Das ist unannehmbar.
Это недопустимо.	Das ist unzulässig.
Это невыполнимо.	Das ist nicht erfüllbar.
Это не отвечает нормам, стандартам, требованиям.	Das entspricht nicht den Normen, Standards, Erfordernissen.

DE-4 A: Replik – Darlegung der persönlichen Meinung (ich …, wir …, unsere Firma …)
B: Replik – Beipflichtung

Die Replik des Gesprächspartners A beginnt dabei häufig mit den Worten:

Я/Мы полагаю/полагаем …	Ich /Wir meine/meinen …
считаю/считаем …	denke/denken …
думаю/думаем …	denke/denken …
намерен/намерены …	beabsichtige/beabsichtigen …

Die Replik des Gesprächspartners B ist stets unverändert:

Я/Мы тоже.   Ich/Wir auch.

А: Мы намерены сегодня обсудить   Wir beabsichtigen, heute alle Fragen zu
все вопросы.   erörtern.
Б: Мы тоже.   Wir ebenfalls.

DE-5 A: Replik – Mitteilung über einen Fakt, ein Ereignis, eine Schlußfolgerung
B: Replik – Mitteilung, die das von A Gesagte weiterentwickelt und ergänzt

Die Verwendung dieser DE erfordert ein bestimmtes Hintergrundwissen und einen bestimmten Grad der Sprachbeherrschung des Russischen.

А: Принцип повышения степени слож-   Das Prinzip der Steigerung der Schwierig-
ности является важным средством   keit ist ein wichtiges Mittel zur rationalen
рационального ведения переговоров.   Verhandlungsführung.
Б: И соблюдение этого принципа   Und die Befolgung dieses Prinzips hat sich
оправдало себя на практике.   in der Praxis bewährt.

DE-6 A: Replik – Frage
B: Replik – Antwort

Fragen mit unterschiedlicher Zielstellung:
– mit dem Ziel der Konkretisierung (was? wo? wann?);
– mit dem Ziel der Verallgemeinerung (*Итак, можно считать, что вопрос решён?* Das heißt also, man kann davon ausgehen, daß die Frage gelöst ist?);
– mit dem Ziel der Rückversicherung (*Итак, я могу исходить …* Das heißt also, ich kann davon ausgehen, …).

DE-7 A: Replik – Frage
B: Replik – Verweigerung der Antwort (motiviert)

Б: Я не могу вам ответить. (отказ)   Ich kann Ihnen keine Antwort geben.
      (Verweigerung)

Я не располагаю необходимыми   Ich verfüge nicht über die erforderlichen
данными. (причина)   Informationen. (Grund)

DE-8 A: Replik – Frage
B: Replik – Gegenfrage

Die Gegenfrage wird gebraucht
– mit dem Ziel der Konkretisierung der Absichten des Gesprächspartners:
А: Не могли бы вы подробнее рас-   Könnten Sie vielleicht etwas detaillierter auf
сказать о ценах?   die Preise eingehen?
Б: Что конкретно вас интересует?   Was interessiert Sie konkret?

– mit dem Ziel der Konkretisierung der gestellten Frage:
А: Кто принимает участие в этих   Wer wird an diesen Verhandlungen teil-
переговорах?   nehmen?
Б: Каких?   An welchen Verhandlungen?

1.2. Vorstellung der vertragschließenden Seiten – Представление договаривающихся сторон

Ни один договор не может быть составлен без представления в нём договаривающихся сторон, т. е. субъектов договора, намеренных установить, изменить или прекратить обязательственные отношения. Субъектами договора могут быть как физические, так и юридические лица.

Юридическим лицом являются организации, предприятия, фирмы, объединения, отвечающие следующим признакам, установленным законодательством соответствующей страны:
– независимость существования юридического лица от входящих в его состав отдельных лиц, которые могут меняться;
– наличие у него своего имущества, обособленного от его участников;
– право приобретать, пользоваться и распоряжаться собственностью;
– право от своего имени быть ответчиком в суде и арбитраже;
– самостоятельная имущественная ответственность.

Юридическое лицо, как правило, имеет свой баланс, гербовую печать и расчётный счёт в банке. Представление сторон в договоре осуществляется дважды: в начале договора и в конце. При первом представлении договаривающихся сторон обычно указывается полное наименование субъектов договора, их функциональные роли, а также фамилии и имена тех конкретных физических лиц, которые уполномочены действовать от имени субъектов договора. Первое представление договаривающихся сторон обязательно включает ссылку на нормативные документы, в соответствии с которыми действуют субъекты договора: конвенции, закон, указ, положение, устав, договор, правила. Перед тем как поставить свои подписи под договором, договаривающиеся стороны представляют себя вторично уже как юридические лица, указывая юридические адреса, платёжные, отгрузочные и другие реквизиты.

В России и других странах СНГ сложилась определённая практика подписания договоров. При заключении внешнеторговых сделок с зарубежными партнёрами требуется, чтобы договор был подписан двумя уполномоченными на то лицами. К ним относятся прежде всего лица, которые имеют право подписания сделок по должности (например, руководитель или его заместитель). Право на вторую подпись имеет лицо, уполномоченное по доверенности. При заключении договоров об учреждении обществ, ассоциаций требуются подписи всех учредителей. Если один из участников не может лично присутствовать при подписании договора, то от его имени может действовать другое лицо на основании доверенности, оформленной соответствующим образом.

Vertragspartner – Партнёры по договору

Арендодатель	*– Арендатор*	Vermieter (Verpächter, Leasinggeber)	– Mieter (Pächter, Leasingnehmer)
Банк	*– Клиент*	Bank	– Kunde
Грузоотправитель	*– Грузополучатель*	Frachtabsender	– Frachtempfänger
Доверитель	*– Доверенный, -ая*	Vollmachtgeber	– Bevollmächtigte(r)
Заказчик	*– Исполнитель*	Auftraggeber	– Auftragnehmer
Залогодатель	*– Залогодержатель*	Hypothekengeber	– Hypothekennehmer
Изготовитель	*– Покупатель*	Hersteller (Produzent)	– Abnehmer (Käufer)
Кредитор	*– Дебитор*	Gläubiger	– Schuldner
Кредитор	*– Кредитосъёмщик*	Kreditgeber (Darlehensgeber)	– Kreditnehmer (Darlehensnehmer)

Консигнант	– Консигнатор	Konsignant	– Konsignatar
Лицензиар	– Лицензиат	Lizenzgeber (Franchisegeber)	– Lizenznehmer (Franchisenehmer)
Поставщик	– Получатель	Lieferant	– Abnehmer
Продавец	– Покупатель	Verkäufer	– Käufer
Работодатель	– Рабочий (Служащий)	Arbeitgeber	– Arbeitnehmer

Informationen über ein Unternehmen – Информация о компании, фирме, предприятии

Beim ersten Treffen kann man sein Unternehmen wie folgt vorstellen:

Фирма … (название) существует более … лет. Она была основана ещё в … году. Фирма хорошо известна во всём мире (в Европе, в вашей стране). Её … (название продукции) пользуется большим спросом во многих странах Европы, Азии, Америки… Мы всегда стремимся сохранять наши традиционные контакты и устанавливать новые.

Die Firma/das Unternehmen … (Bezeichnung) existiert mehr als … Jahre. Sie/es wurde bereits im Jahre … gegründet. Sie/es ist ein(e) in der ganzen Welt (in Europa, in Ihrem Land) renommierte(s) Firma (Unternehmen). Ihre/ seine … (Produktbezeichnung) erfreuen sich in vielen Ländern Europas, Asiens, Amerikas … großer Nachfrage. Wir sind stets bemüht, unsere traditionellen Kontakte zu pflegen und neue zu erschließen.

Наша фирма была основана совсем недавно, в … году. Но она уже пользуется большой популярностью.

Unsere Firma wurde vor nicht allzulanger Zeit gegründet, im Jahre … Sie hat sich schon große Anerkennung erworben.

Tagesordnung und Gesprächsablauf – Повестка дня и порядок проведения беседы

На повестке дня сегодня три вопроса: во-первых: … во-вторых: … в-третьих: … По первому вопросу желает высказаться г-н … Господин …, что вы думаете по этому вопросу? Кто ещё хотел бы высказаться? Какое решение вы предлагаете? Давайте запишем. Как мы окончательно сформулируем этот пункт договора? Прочтите, пожалуйста, ваш вариант. Думаю, что вопрос решён. Можно переходить к следующему. Полагаю, что вопрос недостаточно подготовлен и его следует перенести на очередную встречу. Что вы думаете по этому поводу? Давайте подведём черту и закончим нашу дискуссию сегодня.

Auf der Tagesordung stehen heute drei Fragen: erstens: … zweitens: … drittens: … Zur ersten Frage wünscht Herr … Stellung zu nehmen. Herr …, wie denken Sie in dieser Frage?

Wer möchte sich noch äußern? Welche Lösung schlagen Sie vor? Lassen Sie uns das (protokollarisch) festhalten. Wie wollen wir diesen Vertragspunkt endgültig formulieren? Lesen Sie bitte Ihre Variante vor. Ich denke, daß diese Frage gelöst ist. Können wir zur nächsten übergehen? Ich denke, diese Frage ist unzureichend vorbereitet, und wir müssen sie auf ein weiteres Treffen vertagen. Wie denken Sie darüber? Lassen Sie uns einen Schlußstrich ziehen und die Diskussion heute beenden.

Erteilt man bei der Erörterung von Vertragsbedingungen einem seiner Kollegen das Wort, so kann man dessen Kompetenz in der zur Entscheidung anstehenden Frage, seine Erfahrung, seinen beruflichen Hintergrund etc. unterstreichen. Die Verhandlungspartner sind an solchen Informationen interessiert.

По этому вопросу мы могли бы обратиться к господину Краузе. У него уже есть опыт предпринимательской работы в России.

In dieser Frage können wir uns an Herrn Krause wenden. Er verfügt bereits über unternehmerische Erfahrungen in Rußland.

Думаю, что нам было интересно узнать мнение г-на Вайса. Он в курсе всех вопросов, касающихся ценообразования.

Ich denke, es wäre interessant, die Meinung von Herrn Weiß zu erfahren. Er ist über alle Fragen der Preisbildung bestens unterrichtet.

Фрау Вальтер может дать нам квалифицированный совет. Она свободно владеет как немецким, так и русским языками.

Frau Walter kann uns eine qualifizierte Antwort geben. Sie beherrscht Deutsch und Russisch fließend.

Давайте послушаем, что скажет по этому вопросу г-н Вайс. Ему приходилось решать подобные проблемы.

Lassen Sie uns hören, was Herr Weiß dazu zu sagen hat. Er wurde schon mit ähnlichen Problemen konfrontiert.

Может быть, нас проконсультирует наш коммерческий агент? Он всегда хорошо информирован и давно занимается вопросами качества товаров.

Vielleicht kann unser Geschäftsvertreter uns beraten. Er ist stets gut informiert und beschäftigt sich seit langem mit Fragen der Warenqualität.

Давайте предоставим слово г-ну Вернеру. Он специально занимался вопросами согласованности действий контрагентов.

Lassen Sie uns das Wort Herrn Werner erteilen. Er hat sich speziell mit Fragen der Handlungsabstimmung der Vertragspartner beschäftigt.

Wendungen, um unnötige Redundanz im Gespräch zu vermeiden:

Если вы вносите предложение, просьба сразу же представить в краткой форме свою аргументацию.

Wenn Sie einen Vorschlag einbringen, begründen Sie ihn bitte gleich mit kurzen Argumenten.

Ваши аргументы убедительны, предложения принимаются (акцептируются). Давайте отредактируем формулировку принимаемого решения.

Ihre Argumente sind überzeugend. Die Vorschläge werden angenommen (gebilligt). Lassen Sie uns die Formulierung der anstehenden Entscheidung überarbeiten.

Просим сформулировать ваши возражения, почему наши условия для вас неприемлемы. Дайте встречное предложение.

Formulieren Sie bitte Ihre Einwände, warum unsere Bedingungen für Sie unannehmbar sind. Unterbreiten Sie einen Gegenvorschlag.

Сегодня мы должны согласовать вопрос о качестве (о ценах, о таре и упаковке, сроках поставки, правах и обязанностях и т. д. по договору).

Heute müssen wir die Frage der Qualität (des Preises, der Verpackung, der Lieferfristen, der Rechte und Pflichten der Vertragspartner) abstimmen.

Gesprächsnotiz – Запись беседы

(фамилия и должность ведущего беседу от имени России)	(Name und Dienststellung des Gesprächs- führers von seiten der RF)
(фамилия и должность представителя фирмы, организации ФРГ)	(Name und Dienststellung des Vertreters der Firma/Einrichtung von seiten der BRD)
(фамилия руководителя, должность)	(Name des Vorgesetzten, Dienststellung)
Встреча состоялась	Das Gespräch fand statt
(место проведения встречи, дата)	(Gesprächsort, Datum)
Продолжительность беседы: с _____ часов до _____ часов.	Dauer des Gesprächs: von _____ Uhr bis _____ Uhr
На беседе присутствовали со стороны России:	Von russischer Seite waren außerdem zugegen:
со стороны ФРГ:	Von deutscher Seite waren außerdem zugegen:
Содержание беседы:	Inhalt des Gesprächs:
Беседу записал	Das Gespräch wurde protokolliert von:
(должность, подпись, фамилия)	(Name, Dienststellung, Unterschrift)
Беседа составлена на _____ листах.	Das Gespräch wurde auf _____ Blatt proto- kolliert.

1.3. Vertragsbezeichnung und Vertragsgegenstand – Название и предмет договора

Наиболее распространённым термином, обозначающим документ, составленный сторонами, является "договор" (юридически равнозначные термины: контракт, соглашение, протокол).

В соответствии со сферой деятельности человека условно можно выделить соответствующие группы договоров. Так, к группе экономических договоров можно отнести:

а) договоры, связанные с внешнеэкономической деятельностью;
б) договоры, связанные с производственной (хозяйственной) деятельностью;
в) договоры, связанные с научно-исследовательской деятельностью;
г) договоры, связанные с посреднической деятельностью;
д) договоры, связанные с банковской деятельностью;
е) договоры, связанные с учреждением организационно-правовых форм предприятий;
ж)трудовые договоры.

В реальной жизни указанные виды договоров взаимосвязаны и переплетаются друг с другом. Обычно в договоре существует специальный пункт, который так и называется "предмет договора". Предмет договора, как правило, представлен в традиционной форме, которая для каждого типа договоров является обязательной и неизменной. Предмет договора – это перечисление товаров или услуг и коды (в соответствии с Товарной номенклатурой внешнеэкономической деятельности), виды совершаемых работ и их точные характеристики.

Если предмет договора требует развёрнутого подробного описания, к нему прилагается спецификация с указанием количества страниц.

Предмет договора должен быть определённым, с точностью обозначения. Стороны должны знать, о какой вещи, праве, действии идёт речь. Из самого договора должно быть ясно видно, на что стороны направляют своё намерение, свою волю.

 Vertragsbezeichnung (Varianten) – Название договора (варианты)

договор о чём?	на что?	чего?	
об аренде	на аренду	аренды	Mietvertrag (Pachtvertrag)
о депозитном вкладе	–	–	Anlagenvertrag (Sparvertrag)
о коммерческом представительстве	на коммерческое представительство	–	Vertretungsvertrag
о купле-продаже	на куплю-продажу	купли-продажи	Kaufvertrag
о перевозке	на перевозку	перевозки	Transportvertrag (Beförderungsvertrag)
о подряде	на подряд	подряда	Werkvertrag
о поставке (оборудования)	на поставку (оборудования)	поставки (оборудования)	Vertrag über die Lieferung von (Anlagen)
о рекламе	на рекламу	–	Werbevertrag
о сервисном обслуживании	–	–	Servicevertrag
о совместной деятельности (в области ...)	–	–	Vertrag über gemeinsame Tätigkeit (auf dem Gebiet ...)
о страховании	–	страхования	Versicherungsvertrag
о техническом обслуживании	на техническое обслуживание	технического обслуживания	Wartungsvertrag

Verben auf -*ся*

In Vertragstexten wird in den Fällen, in denen das Subjekt eines Satzes Handlungsobjekt ist, das Prädikat meistens durch Verben auf -*ся* im Präsens ausgedrückt (mit Ausnahme der Verbformen *обязуется, является/*verpflichtet sich, ist).

Использование продукции	Die Verwendung der Produkte
Оплата тары, счёта	Die Bezahlung der Verpackung, der Rechnung
Отгрузка	Der Versand
Передача документации	Die Übergabe (Übermittlung) der Dokumentation
Передача результатов работ	Die Übergabe (Übermittlung) der Arbeitsergebnisse
Поставка продукции	Die Lieferung der Produkte
Приём в члены общества	Die Aufnahme als Gesellschaftsmitglied
Приёмка и оценка продукции	Die Annahme und Bewertung der Produkte
Расчёт за поставляемую продукцию	Die Abrechnung (Bezahlung) der gelieferten Produkte
осуществляется (-ются)	wird realisiert
производится (-ятся)	erfolgt
Затраты	Die Kosten
Издержки	Die Ausgaben
Неустойка	Die Konventionalstrafe
Продукция	Die Produktion
Счета	Die Rechnungen
Тара и упаковка	Die Verpackung
Штраф	Die Strafe
выплачивается (-ются)	
оплачивается (-ются)	wird/werden bezahlt
уплачивается (-ются)	
Ассортимент	Das Sortiment
Качество продукции	Die Qualität der Produkte
Количество товаров	Die Warenmenge
Порядок оплаты	Der Zahlungsmodus
Размер штрафа (неустойки)	Die Höhe der Strafe
Сроки	Die Fristen (Termine)
Стоимость	Der Wert
определяется (-ются)	wird/werden bestimmt
устанавливается (-ются)	wird/werden festgelegt
Цены	Die Preise
изменяются	sind freibleibend
понимаются	verstehen sich
График, -и	Die Grafik(en)
Документы	Die Dokumente
Спецификация, -и	Die Spezifikation(en)
Счёт	Die Rechnung
оформляется (-ются)	wird/werden ausgefertigt (erstellt)
прилагается (-ются)	wird/werden beigefügt
составляется (-ются)	wird/werden ausgefertigt (erstellt)
Товар	Die Ware
считается	gilt als
качественным	der Qualität entsprechend
полученным	erhalten
принятым	angenommen
сданным	übergeben

Das Adverb *вправе – не вправе*

In Vertragstexten erinnert das Adverb *вправе – не вправе/* zu Recht – zu Unrecht + Verb im Infinitiv an ihre Rechte und ihre Einschränkungen.

вправе/не вправе	zu Recht/zu Unrecht
задержать (отгрузку)	(den Versand) verzögern
изменить (свой состав)	(seinen Bestand, seine Zusammensetzung) verändern
использовать (товар)	(die Ware) benutzen
обязать устранить (недостатки)	verpflichten, (die Mängel) zu beseitigen, beheben
отгружать (продукцию)	(die Ware) versenden
отступиться (от контракта)	(vom Vertrag) zurücktreten
предъявить (претензии)	(Ansprüche) geltend machen
расторгнуть (договор)	(den Vertrag) kündigen
создавать (филиалы и представительства)	(Filialen und Repräsentanzen) gründen
требовать (уплаты штрафа)	(die Bezahlung der Strafe) fordern

1.4. Qualität in Vertragsverpflichtungen – Качество в договорных обязательствах

В контрактах имеются специальные пункты, в которых сформулированы требования к качеству продукции. Участников договора интересует качество получаемых и передаваемых товаров.

К товарам применяются различные способы определения их качества. Чаще всего это государственный стандарт (ГОСТ), отраслевой (ОСТ), технические условия (ТУ), технический образец (ТО).

Сертификаты качества могут быть двух типов:

а) in rem – сертификат стандартного качества, адресованный любому лицу;

б) in personam – сертификат о требованиях договора, адресованный сторонам договора.

От намерения договаривающихся сторон зависит, какой требуется сертификат.

Партнёры могут провести различие между качеством товара и его состоянием. Если стороны не провели такого различия, понятие "качество товара" включает и его состояние.

Das Präfix *недо-*

Das Präfix *недо-* verweist darauf, daß eine Handlung, eine Qualität oder eine Quantität unvollständig, unzureichend, unbefriedigend ist.

Erscheint in der Geschäftskorrespondenz erstmals ein Wort mit dem Präfix *недо-*, so haben die Vertragspartner möglicherweise mit Unannehmlichkeiten zu rechnen. Mit dem genannten Präfix sind in der Korrespondenz häufig folgende Wörter anzutreffen:

недобрать	(etwas) nicht vollständig nehmen
недовернуть	(etwas) nicht vollständig zurückgeben
недовыполнить	(etwas) nicht vollständig erfüllen
недогрузить	(etwas) nicht vollständig verladen
недодать	(etwas) nicht vollständig geben
недоделать	(etwas) nicht zu Ende bringen (beenden)
недолить	(etwas) nicht vollständig einfüllen (eingießen)

недоплатить	(etwas) nicht vollständig bezahlen
недополучить	(etwas) nicht vollständig erhalten
недопоставить	(etwas) nicht vollständig liefern
недослать	(etwas) nicht vollständig verschicken (versenden)
недостроить	(etwas) nicht vollständig bauen (nicht zu Ende bauen, den Bau nicht beenden)

Steht vor einem Wort mit dem Präfix *недо-* die Wendung *в связи с тем, что …/* infolge der Tatsache, daß …, so können zu diesen Unannehmlichkeiten weitere Schwierigkeiten bzw. Strafen hinzukommen.

В связи с тем, что вы недопоставили в 1-м квартале необходимое сырьё, ваш заказ не выполнен.	Infolge der Tatsache, daß Sie im 1. Quartal die benötigten Rohstoffe nicht vollständig geliefert haben, wurde Ihr Auftrag nicht erfüllt.
В связи с тем, что вами недостроено несколько объектов, оплата подрядных работ в намеченный срок производиться не будет.	Infolge der Tatsache, daß der Bau einiger Objekte von Ihnen nicht beendet wurde, wird die Bezahlung der Auftragsarbeiten ausgesetzt.

Die Präpositionen *от, из-за, вследствие, ввиду, в связи, благодаря*

Die Präpositionen *от* (чего?), *из-за* (чего?), *вследствие* (чего?), *ввиду* (чего?), *в связи* (с чем?), *благодаря* (чему?) stellen einen Bezug zur Ursache eines eingetretenen Ereignisses her.

Судно сильно пострадало от пожара. Из-за пожара погибло много товаров.	Das Schiff wurde durch das Feuer stark in Mitleidenschaft gezogen. Durch das Feuer wurden viele Waren vernichtet.
Упаковка испортилась из-за сильного дождя.	Die Verpackung ist infolge starken Regens unbrauchbar geworden (verdorben).
Из-за недопоставки сырья заказ не будет выполнен в срок.	Wegen unvollständiger Rohstofflieferung wird der Auftrag nicht fristgemäß erfüllt (erledigt).
Время погрузки было изменено вследствие неприбытия судна.	Die Ladezeit wurde auf Grund der Nichtankunft des Schiffes verändert.
Вследствие отсутствия нужной тары заказчик не может вывезти свой товар.	Infolge fehlender Verpackung kann der Auftraggeber seine Ware nicht abtransportieren.
Ввиду задержки судна погрузка товара производилась/ производится/ будет произведена с опозданием.	Wegen der Verzögerung der Ankunft des Schiffes erfolgte die Verladung der Ware (…). erfolgt die Verladung der Ware (…). wird die Verladung der Ware (…) erfolgen. (mit Verspätung)
В связи с несвоевременной поставкой комплектующих изделий производство машин было задержано/ задерживается/ будет задержано.	Infolge nichtrechtzeitiger Lieferung von Zubehörteilen verzögerte sich die Produktion der Maschinen. verzögert sich die Produktion der Maschinen. wird sich die Produktion der Maschinen verzögern.
Благодаря постоянному взаимодействию партнёров все условия договора были выполнены в срок.	Dank der ständigen Zusammenarbeit der Partner wurden alle Bedingungen des Vertrages fristgemäß erfüllt.

15

1. 5. Zahlungsfristen und -bedingungen, Zahlungsmodus –
Сроки и условия платежа, способы платежа

Каждый договор о продаже товаров за границу содержит условие о порядке уплаты покупной цены, которое включает четыре элемента:
а) время,
б) способ,
в) место и
г) валюту платежа.
Различные методы оплаты – это варианты и модификации указанных элементов.

В простейшем случае стороны договариваются "о наличном расчёте при выдаче заказа". Иногда стороны соглашаются на оплату по предъявлению документов. В этом случае покупатель должен перевести покупную цену при предъявлении товарораспорядительных документов на счёт продавца.
Если продавцу не известно финансовое положение покупателя или это диктуется другими обстоятельствами, он требует оплатить покупную цену по принципу "наличные против документов".

Обычно покупатель не переводит покупную цену по открытому счёту, а разрешает экспортёру выписать вексель на его имя. Срок оплаты обычно указывается в векселе при его выставлении. Вексель может быть либо оплаченным по предъявлении, либо срочным. Одной из форм расчёта является инкассо: чистое инкассо и документарное инкассо.

Аккредитивы являются наиболее часто используемым средством оплаты товаров. В договор обычно включается условие о сроке открытия аккредитива. Иногда указывается, что аккредитив должен быть открыт "немедленно", а иногда открытие аккредитива ставится в зависимость от действия продавца по поставке товара. Аккредитив считается "открытым", когда уведомление или подтверждение, в зависимости от обстоятельств, доведено до продавца.

Все аккредитивы должны ясно указывать, являются ли они отзывными или безотзывными. При отсутствии такого указания аккредитив будет считаться отзывным. Отзывные аккредитивы на практике не получили распространения. А вот безотзывные, которые могут быть как подтверждёнными, так и неподтверждёнными, используются широко.

Документы, представляемые экспортёром покупателю вместе с выписанным на его имя счётом, включают:
а) копию транспортного документа,
б) сертификат о качестве,
в) сертификат о происхождении,
г) упаковочные листы,
д) спецификации,
е) страховой полис,
ж) ветеринарные и другие свидетельства, в частности, об уровне радиоактивности.

Предоплата представляет собой фактический аванс, выдаваемый покупателем продавцу. Соглашаясь с предоплатой, покупатель вправе требовать с продавца скидки с цены.

Платёж в кредит предполагает рассрочку платежа, которая обычно оформляется в форме векселя, выдаваемого должником кредитору, либо в форме тратты, выписываемой кредитором на должника в порядке безусловного приказа оплатить определённую сумму в определённый срок. Векселя и тратты обычно по требованию кредитора авалируются в банке.

Получение экспортёром гарантий оплаты влечёт требование покупателя о соответствующем снижении цены на товар.

1.6. Lieferfristen und -bedingungen – Сроки и условия поставки

Под сроком поставки понимается период, в течение которого продавец обязуется произвести поставку. Нарушение продавцом сроков поставки даёт покупателю возможность требовать расторжения договора и возмещения убытков.

Продавец обязан сообщить покупателю о дне, когда начнутся приготовления к поставке товара, а также и о возможном наступлении случаев, которые освобождают его от ответственности за исполнение обязательств по договору.

В том случае, если в договоре указаны календарные дни поставки, то при условии своевременного выполнения договора срок и дата поставки совпадут.

Дата поставки – это и есть фактическая передача товара в распоряжение покупателя. Эта дата определяется датой транспортного документа на перевозку груза, датой расписки транспортно-экспедиторской фирмы о приёмке груза и датой подписания приёмно-сдаточного акта при поставках оборудования.

Термины "Инкотермс 1991" по возрастающей степени квалифицируют обязанности продавца и по убывающей – покупателя в вопросах доставки и страхования товара:

EXW	– Ex works	–	франко-предприятие;
FCA	– Free Carrier	–	франко-перевозчик;
FAS	– Free Alongside Ship	–	ФАС (свободно вдоль борта судна);
FOB	– Free on Board	–	ФОБ (франко-борт/свободно на борту);
CFR	– Cost & Freight	–	стоимость и фрахт;
CIF	– Cost, Insurance, Freight	–	стоимость, страхование и фрахт;
CPT	– Carriage Paid To ...	–	перевозка оплачена до ...;
CIP	– Carriage & Insurance Paid To ...	–	перевозка и страхование оплачены до ...;
DAF	– Delivered at Frontier	–	поставка франко-граница;
DES	– Delivered Ex Ship	–	поставка с судна/франко-судно;
DEQ	– Delivered Ex Quay	–	франко-пристань/поставка с причала;
DDU	– Delivered Duty Unpaid	–	поставка без уплаты пошлины;
DDP	– Delivered Duty Paid	–	поставка с уплатой пошлины.

Frei Werk Lieferant

Sprachliche Wendungen, die bei der Erörterung eines Kaufvertrages unter der Bedingung frei Werk Lieferant gebraucht werden können

Согласовать время и место поставки	die Lieferzeit und den Lieferort abstimmen
Своевременно принять поставленный товар	die gelieferte Ware fristgemäß (termingerecht) annehmen
Нести все расходы и риски по товару до передачи его в распоряжение контрагента	alle mit der Ware verbundenen Kosten und Risiken bis zum Moment ihrer Übergabe an den Vertragspartner tragen
Нести издержки по учёту, взвешиванию, измерению параметров груза	alle mit dem Auswiegen und Vermessen der Fracht verbundenen Kosten tragen
Оказать партнёру содействие в получении необходимых документов, выдаваемых в стране передачи товара	dem Partner Unterstützung erweisen beim Erhalt der notwendigen Dokumente, die im Übergabeland ausgestellt werden
Уведомить партнёра о возможности проведения отгрузки	den Partner von der Möglichkeit des Versands in Kenntnis setzen

Нести все расходы и риски по товару после его получения	alle mit der Ware verbundenen Kosten und Risiken ab dem Moment ihres Erhalts tragen
Подготовить транспорт для вывоза товара с завода	den Abtransport der Ware aus dem Werk vorbereiten
Поставить товар в соответствующей упаковке	die Ware in der entsprechenden Verpackung liefern
Нести все расходы и издержки по получению документов, необходимых для собственного пользования	alle Kosten tragen, die mit dem Erhalt der für die eigene Nutzung der Ware notwendigen Dokumente verbunden sind
Передать контрагенту упаковочные листы	dem Vertragspartner die Packlisten übergeben

 ## CIF

Sprachliche Wendungen, die bei der Erörterung eines Kaufvertrages unter der Bedingung CIF Bestimmungshafen gebraucht werden können

Заключить за свой счёт договор перевозки товара до порта назначения	auf eigene Kosten (Rechnung) einen Vertrag über den Transport der Ware bis zum Bestimmungshafen abschließen
Погрузить за свой счёт товар на борт судна	die Ware auf eigene Kosten an Bord des Schiffes verladen
Оплатить товар против коносамента, счёта-фактуры, страхового полиса или страхового сертификата	die Ware gegen Dokumentvorlage (Vorlage des Konnossements, der Faktura-Rechnung, der Versicherungspolice oder des Versicherungszeugnisses) bezahlen
За свой счёт застраховать товар в пользу контрагента	die Ware auf eigene Kosten (Rechnung) zugunsten des Vertragspartners versichern
Оплатить часть фрахта, не оплаченного контрагентом в порту отгрузки	den vom Vertragspartner im Abgangshafen nicht bezahlten Teil der Fracht bezahlen
Передать контрагенту коносамент, счёт-фактуру и страховой полис	dem Vertragspartner das Konnossement, die Faktura-Rechnung und die Versicherungspolice übergeben
Нести риски за товар с момента пересечения им борта судна	das Risiko für die Ware ab dem Moment ihres Verladens an Bord (FOB) tragen

 ## FOB

Sprachliche Wendungen, die bei der Erörterung eines Kaufvertrages unter der Bedingung FOB Abgangshafen gebraucht werden können

Выбрать экспедитора	den Spediteur auswählen
Зафрахтовать судно	ein Schiff chartern
Заблаговременно известить контрагента о сроке прибытия судна в порт отгрузки	den Vertragspartner rechtzeitig vom Ankunftstermin des Schiffes im Abgangshafen (Verladehafen) in Kenntnis setzen
Предоставить в установленный срок судно для погрузки	ein Schiff für das Verladen der Ware zum festgelegten Termin bereitstellen
Поставить товар на борт судна	die Ware frei Bord liefern

Предоставить лицензию на экспорт	die Exportgenehmigung (Exportlizenz) erteilen
Оплатить все расходы в связи с погрузкой товара на борт	alle mit dem Verladen der Ware an Bord verbundenen Ausgaben tragen
Оплатить все экспортные пошлины и сборы	alle Exportzölle und Gebühren tragen
Передать контрагенту чистый коносамент	dem Vertragspartner ein reines Konnossement übergeben
Получить от контрагента чистый коносамент	vom Vertragspartner ein reines Konnossement erhalten
Оплатить все расходы по разгрузке товара в порту назначения	alle mit dem Entladen der Ware im Bestimmungshafen verbundenen Ausgaben tragen
Заблаговременно известить контрагента о доставке товара в порт отгрузки	den Vertragspartner rechtzeitig von der Anlieferung der Ware in den Abgangshafen (Verladehafen) in Kenntnis setzen
Оплатить товар против коносамента, счёта-фактуры и других документов	die Ware gegen Dokumentvorlage (Vorlage des Konnossements, der Faktura-Rechnung und anderer Dokumente) bezahlen

Der Grenzübertritt der Ware

Der Grenzübertritt der Ware wird durch folgende Daten festgelegt:

Способ транспортировки Transportart	*Контракт на экспорт товаров* Vertrag über Warenexport	*Контракт на импорт товаров* Vertrag über Warenimport
Морской фрахт Seefracht	*дата коносамента* Datum des Konnossements	*дата извещения порта о прибытии груза* Datum der Benachrichtigung des Hafens vom Eintreffen der Ware
Железнодорожные перевозки Eisenbahnfracht *транспорт экспортёра* Transport Exporteur *транспорт импортёра* Transport Importeur	 *дата перевозки товара через границу* Datum des Grenzübertritts der Ware *дата приёмно-сдаточного акта* Datum des Übergabe-Übernahme-Protokolls	 *дата приёмно-сдаточного акта* Datum des Übergabe-Übernahme-Protokolls *дата перевозки товара через границу* Datum des Grenzübertritts der Ware
Воздушные перевозки Luftfracht	*дата выдачи накладной при приёмке груза* Datum der Aushändigung des Luftfrachtbriefes beim Empfang der Ware	*дата прибытия самолёта на первый аэродром импортёра* Ankunftsdatum des Flugzeugs auf dem ersten Flughafen im Lande des Importeurs
Почтовые отправления Postsendung	*дата почтовой квитанции* Datum des Zustellungsbelegs	*дата почтовой квитанции* Datum des Zustellungsbelegs

1.7. Vertragspreise – Договорные цены

Договорная цена – это цена реальной сделки, фиксируемой в договоре. Она устанавливается в зависимости от принятых продавцом и покупателем обязательств по доставке и страхованию товара в пути в соответствии с международными правилами по толкованию коммерческих терминов "Инкотермс 1991".

В зависимости от условий договора цена может быть:
1) твёрдая (зафиксированная в момент подготовки договора);
2) скользящая (изменяющаяся в течение периода действия договора);
3) смешанная (часть цены – твёрдая, часть – скользящая).
Наиболее часто в договорах согласовывается твёрдая цена, которая не подлежит изменению в процессе реализации сделки и устанавливается при подписании договора.

При заключении долгосрочных договоров применяются скользящие цены, которые учитывают возможные изменения конъюнктуры рынка, в частности, издержки производства в процессе изготовления изделий.

При заключении долгосрочных договоров нередко применяются подвижные цены. В таких договорах делается оговорка о повышении или понижении цены с указанием источника ценовой информации, на который необходимо ориентироваться. При этом оговаривается, что цена, согласованная при подписании контракта, не должна быть изменена, если фактическое отклонение её от текущих цен по соответствующему источнику ценовой информации превысило допустимый предел.

В интересах покупателя в контракт вносятся некоторые ограничительные условия, в частности, устанавливается предел, в рамках которого пересмотр цены не производится, а также так называемый "лимит скольжения", т. е. предел возможного изменения цены. Может быть, оговорено также скольжение не на весь период действия договора, а на более короткий срок.

 Sprachliche Wendungen, die in Preisverhandlungen gebraucht werden können

Рассмотрев ваши предложения и аргументы по ценам, мы согласились принять ваши предложения.	Nach Prüfung (Erörterung) Ihrer Vorschläge und Argumente in bezug auf die Preise sind wir einverstanden, Ihre Preisvorstellungen anzunehmen.
Мы предлагаем вам пересмотр цены.	Wir schlagen Ihnen eine Überprüfung (Revision) Ihrer Preise vor.
Мы готовы пойти вам навстречу и сделать 10 % скидки с цен, предложенных нами ранее.	Wir sind bereit, Ihnen entgegenzukommen und 10 % Rabatt auf den früher von uns vorgeschlagenen Preis zu gewähren.
Мы могли бы вернуться к обсуждению цен, если вы можете котировать более низкие цены.	Wir könnten die Preise erneut diskutieren, wenn Sie niedrigere Preise vorschlagen würden.
Сообщаем, что предлагаемые вами цены для нас приемлемы и мы можем обсудить заказ.	Wir teilen Ihnen mit, daß die von Ihnen vorgeschlagenen Preise annehmbar für uns sind und wir einen Auftrag (eine Bestellung) in Erwägung ziehen können.
Если цена будет такой высокой, какой вы её предлагаете, то мы вынуждены будем отменить заказ.	Sollte der Preis so hoch sein, wie Sie ihn vorschlagen, sehen wir uns gezwungen, den Auftrag zu stornieren.

Если мы заинтересованы в сохранении стабильных отношений, то мы должны ориентироваться на разумные цены.

Так как другие фирмы предлагают нам более низкие цены и более благоприятные условия, то мы считаем ваше предложение для нашей фирмы невыгодным.

Wenn wir an der Sicherung stabiler Beziehungen interessiert sind, sollten wir uns an vernünftigen Preisen orientieren.

Da andere Anbieter uns niedrigere Preise und günstigere Bedingungen offerieren, halten wir Ihr Angebot für unvorteilhaft für unsere Firma.

1.8. Folgen von Vertragsverletzungen – Последствия нарушения договорных обязательств

Стороны вправе предусмотреть в договоре, что в случае неисполнения или просрочки в исполнении обязательств виновная сторона уплачивает определённую фиксированную сумму, размер которой может быть определён общей суммой или исчисляться по шкале, в зависимости от продолжительности просрочки.

Стороны могут реализовать только имущественную санкцию за неисполнение договорных обязательств. Сторона, участвующая в договоре, не может быть привлечена ни к какому виду ответственности за неисполнение своих договорных обязательств, кроме гражданско-правовой.

В договорах предусматривается взыскание штрафов в размерах, прогрессирующих в зависимости от длительности просрочек. Максимальная величина штрафов за непоставленные в срок или некачественные и забракованные продавцом товары устанавливается в размере 8 –10 %.

В случае возникновения споров и разногласий по договору стороны обычно договариваются о том, что они будут разрешать их дружеским путём. Однако, если согласие по спорным вопросам не достигается, то разногласия передаются на рассмотрение арбитражей. Расходы по арбитражу в соответствии с условиями договора чаще всего несёт виновная сторона. Однако в договоре может быть оговорено, что решение о том, кто и в каком размере понесёт арбитражные расходы, принимает сам арбитраж.

По вопросам арбитража действует ряд международных конвенций. Рассмотрение разногласий по договорам нередко предусматривается в международных арбитражах – постоянно действующих либо создаваемых специально (ad hoc) для разрешения споров по конкретным сделкам. Например, с местом проведения в Стокгольме (Швеция) или в другой третьей стране.

Что касается России, то инвестиционные споры, в том числе споры по вопросам размера, условий или порядка выплаты компенсаций разрешаются в Верховном суде Российской Федерации или Высшем арбитражном суде Российской Федерации, если иной порядок не предусмотрен международным договором, действующим на территории РФ.

Споры между иностранными инвесторами и предприятиями с иностранными инвестициями и государственными органами Российской Федерации, предприятиями, общественными организациями и другими юридическими лицами Российской Федерации, споры по вопросам, связанным с их хозяйственной деятельностью, а также споры между участниками предприятия с иностранными инвестициями и самим таким предприятием подлежат рассмотрению в судах либо по договорённости сторон в третейском суде, а в случаях, предусмотренных законодательством – в органах по рассмотрению хозяйственных споров.

Международным договором, действующим на территории Российской Федерации, может предусматриваться обращение к международным средствам разрешения споров, возникающих в связи с осуществлением иностранных инвестиций.

Die Präpositionen *за, в случае, при*

Die Präpositionen *за* (что?), *в случае* (чего?), *при* (чём?) verweisen auf Ursachen, in deren Folge den Vertragspartnern Konventionalstrafen oder gar die Kündigung des Vertrages drohen können.

За передачу информации другим пользователям без разрешения Заказчика Исполнитель уплачивает штраф.

Für die Übergabe von Informationen an andere Nutzer ohne Einwilligung des Auftraggebers zahlt der Auftragnehmer eine Strafe.

За нарушение сроков выполнения работы виновная сторона уплачивает неустойку.

Für die Verletzung der Auftragsfristen zahlt die schuldige Seite eine Konventionalstrafe.

За просрочку оплаты счёта Предприятие уплачивает Институту пени в размере ... за каждый день просрочки.

Für den Zahlungsverzug zahlt das Unternehmen dem Institut eine Strafe in Höhe von ... pro Verzugstag.

За просрочку возврата тары Покупатель уплачивает Поставщику штраф.

Für den Verzug der Rückgabe der Tara zahlt der Käufer dem Lieferanten eine Strafe.

За невысылку информации Поставщик уплачивает Покупателю штраф.

Für das Nichtversenden der Information zahlt der Lieferant dem Käufer eine Strafe.

За необоснованный отказ от акцепта платёжного требования взыскивается штраф.

Für die unbegründete Ablehnung des Akzepts zur Zahlungsaufforderung wird eine Strafe erhoben.

За нарушение графика поставки комплектующих изделий завод выплачивает неустойку.

Für die Verletzung der Liefergrafik von Zubehörteilen zahlt das Werk eine Konventionalstrafe.

В случае неисполнения обязательств виновная сторона возмещает другой стороне понесённые убытки.

Im Falle der Verletzung der Vertragsverpflichtungen leistet die schuldige Seite Schadensersatz.

В случае нарушения сроков виновная сторона уплачивает неустойку за каждый день просрочки.

Im Falle der Fristverletzung (Terminverletzung) zahlt die schuldige Seite eine Konventionalstrafe für jeden Verzugstag.

В случае неустранения дефектов в срок виновная сторона уплачивает неустойку.

Im Falle der nichtfristgemäßen (nichttermingerechten) Mängelbeseitigung zahlt die schuldige Seite eine Konventionalstrafe.

При нарушении обязательств одной из сторон другая сторона вправе расторгнуть договор.

Bei Verletzung der Vertragsverpflichtungen durch eine der Seiten hat die andere Seite das Recht, den Vertrag zu kündigen.

При неисполнении обязательств одной из сторон другая сторона вправе потребовать возмещения убытков.

Bei Nichteinhaltung der Vertragsverpflichtungen durch eine der Seiten hat die andere Seite das Recht, Schadensersatz zu fordern.

1. 9. Schlußbestimmungen in Verträgen – Заключительные положения договора

Как правило, в заключительных положениях договора уточняются следующие моменты:
– момент вступления договора в силу,
– место подписания договора,
– дата подписания договора,
– язык ведения документации и переписки,
– возможность уступки договора,
– оговорки о возможных изменениях и дополнениях, включая сальваторскую оговорку,
– возможность цессии договора,
– конфиденциальность,
– отсутствие тайных договорённостей,
– аннулирование предшествующей подписанию договора переписки,
– количество экземпляров договора,
– язык, на котором составлен договор,
– условие одинаковой юридической силы обоих текстов договора при составлении его на двух языках,
– количество листов, с перечислением приложений к договору.

При подписании договора лицами, действующими на основании доверенностей, эти доверенности, надлежащим образом заверенные, прилагаются к договору.

Подписи лиц, заключивших договор, сопровождаются указанием полного наименования фирм (предприятий, организаций), юридического адреса и полных банковских реквизитов сторон по договору и подтверждаются печатью партнёров по договору.

1.10. Mustervordrucke

VOLLMACHT

Ort _____ Datum _____

Die vorliegende Vollmacht wurde

Frau/Herrn _____
                        (Familienname, Vor-, Vatername, Adresse bzw. Dienststellung)

_____

zur Vertretung der Interessen der/des _____

in allen staatlichen, genossenschaftlichen und gesellschaftlichen Einrichtungen in allen mit
dem/der

_____
                        (Angabe des Gegenstandes der Vollmacht)
verbundenen Fragen erteilt.

Zur Erfüllung der mit der Vollmacht verbundenen Vertretungsfunktion werden dem Bevollmächtigten folgende Rechte zuerkannt: Entgegennahme von Dokumenten, Antragstellung,
Verhandlungsführung in gerichtlichen, vertragsgerichtlichen und Verwaltungsinstitutionen
mit allen vom Gesetzgeber vorgesehenen Rechten des Klägers, Beklagten und Dritter, Täti-
gung von Geschäften, sofern dies nicht der laufenden Gesetzgebung zuwiderläuft, Erhalt
des dem Vollmachtgeber zugeschriebenen Eigentums sowie Abwicklung aller übrigen
rechtlichen Handlungen, die mit der Erfüllung der vorliegenden Vollmacht im Zusammenhang stehen.
Die vorliegende Vollmacht ist nicht auf Dritte übertragbar.

Die Vollmacht wurde für einen Zeitraum von _____ erteilt.
                                                (Zeitraum von bis zu 3 Jahren)

Die Vollmacht ist unter der Nr. _____ notariell registriert.

Notar

(Stempel)

1.10. Образцы бланков

ДОВЕРЕННОСТЬ

г.

_____
(дата прописью)

Настоящая доверенность выдана _____
(указать фамилию, имя, отчество

_____
гражданина и его адрес либо фамилию, имя, отчество и должность лица)

в том, что ему поручается представлять интересы _____

во всех государственных, кооперативных и общественных учреждениях по всем вопросам, связанным с

_____.
(указать вопрос, по которому осуществляется представительство)

Для выполнения представительских функций предоставляются следующие права: получать документы, подавать заявления, вести дела во всех судебных, арбитражных и административных учреждениях со всеми правами, которые предоставлены законом истцу, ответчику и третьим лицам; заключать все разрешенные законом сделки, получать причитающееся доверителю имущество, расписываться и совершать все иные законные действия, связанные с выполнением настоящего поручения.
Полномочия по настоящей доверенности не могут быть переданы другим лицам.

Доверенность выдана сроком на _____.
(указать срок до 3-х лет)

Доверенность зарегистрирована за № _____.

Начальник

М. П.

SYSTEM DER ZERTIFIZIERUNG
STAATLICHE STANDARDISIERUNGSBEHÖRDE RUSSLANDS

_____
(zertifizierendes Organ, Reg.-Nr. im staatlichen Register der IHK der RF, Adresse)

Nr. _____

ZERTIFIKAT Nr. _____   gültig bis _____ 199__

das vorliegende Zertifikat bestätigt, daß das identifizierte Produkt

_____ Code _____
Bezeichnung, Typ

Nr. des Eisenbahnfrachtbriefes: _____ Code _____
Art, Marke

Anzahl: _____ Stück _____
Größe der Partie

_____

in der erforderlichen Weise den Sicherheitsbestimmungen folgender normativer Dokumente
entspricht:

_____

Hersteller (Verkäufer) _____ Vertrag, Bezeichnung, Nr. _____

Empfänger: _____
Adresse

_____
Dokumente (Zertifikate, Atteste) über die Stabilität der Produktion

(Stempel)

Das/die Produktionsmuster wurde(n) erprobt:

Bezeichnung des Versuchslabors	Nr. des Versuchsprotokolls Datum, Einrichtung	Registriernummer des Versuchslabors im staatlichen Register
akkreditiertes Versuchslabor der Firma "Test"	Nr. ___ vom _____	Staatl. Reg. Rußlands, Nr.

Der Hersteller (Verkäufer) ist verpflichtet, die Übereinstimmung der von ihm realisierten Produkte mit den Vorschriften der entsprechenden normativen Dokumente, auf deren Grundlage die Zertifizierung und Testung des Versuchsmusters erfolgte, zu garantieren.
Die Produktion wird mit dem Entsprechungszeichen „STAATLICHER STANDARD RUSSLANDS" markiert.

Die Anbringung des Entsprechungszeichens erfolgt

_____

Im Falle der Nichteinhaltung der für die Zertifizierung geltenden Bestimmungen wird das Zertifikat durch das erteilende Zertifizierungsorgan oder die staatliche Standardisierungsbehörde Rußlands annulliert.

Leiter der erteilenden Behörde

(Stempel)   _____   _____
                        Unterschrift   Initialen, Name

REGISTRIERT beim staatlichen Register

_____ 199__

26

СИСТЕМА СЕРТИФИКАЦИИ ГОСТ Р

ГОССТАНДАРТ РОССИИ СЕРТИФИКАТ № _____

Действителен до "____" _____ 199__ г.

Настоящий сертификат удостоверяет, что должным образом

идентифицированная продукция _____ код _____

наименование, тип

ж.д. накладная: _____ код _____

вид, марка

количество: _____ штук _____

размер партии

_____

соответствует требованиям безопасности следующих нормативных документов:

_____

Изготовитель (Продавец) _____ контракт _____

наименование

Получатель: _____

адрес

_____

документы (сертификаты, аттестаты и т. п.) о стабильности производства

М. П.

Образец (образцы) продукции испытан(ы):

наименование испытательной лаборатории	№ протокола испытаний, дата учреждения	Регистрационный № испытательной лаборатории в Госреестре
Аккредитованная испытательная лаборатория фирма "ТЕСТ"	№____ от ____	ГОСТ Р RU ___

Изготовитель (продавец) обязан обеспечить соответствие реализуемой продукции требованиям нормативных документов, на соответствие которым она была сертифицирована, испытанному образцу и данным испытаниям.
Маркирование продукции производится знаком соответствия по ГОСТ Р

не присваивался

Место нанесения знака соответствия

_____

В случае невыполнения условий, лежащих в основе выдачи сертификата, он аннулируется органом по сертификации, выдавшим сертификат, или Госстандартом России.
Руководитель органа, выдавшего сертификат

М.П. _____   _____

подпись   инициалы, фамилия

Зарегистрирован в Государственном реестре

"_____" _____199 __ г.

Lieferant			Tel.
Adresse			
Konto-Nr.		bei der	Bank

Frachtabsender und Adresse	Zur Reg.-Nr.

Frachtempfänger und Adresse	Akzeptiert	Eingangsdatum

Bestellung

RECHNUNG Nr.

Auftrag Nr.	Datum	Datum_____199__

Einzahler und Adresse	RECHNUNGSSUMME		
Konto-Nr.	laut Verrech-nungspreis		Handels-spanne
Bank Stadt			
Besteller			

Zum Bahnhof vom Bahnhof	Gesamtverkaufspreis:	
Versanddatum Art und Weise d. Versands	Zahlungsvermerk	Chiffre

Nr. d. Frachbriefes

Verpackung   Anzahl d. Frachtstücke   Gewicht

Ergänzungen:

Bezeichnung	Maße	Anzahl	Stückpreis	Summe

Поставщик
Адрес
Контокор. счет №   в

Телеф.
банке

Грузоотправитель и адрес

К реестру №

Грузополучатель и адрес   Акцептован

Дата
получения

Заказ   **С Ч Е Т №**
Наряд №   дата   дата _____ 199__ г.

Плательщик и адрес: СУММА СЧЕТА

	по расчетной цене	разница объединен.	наценка на ком. товар
Контокор. счет №			

Банк   гор.
Заказчик

На ст.   со ст.   всего
                                                  продажная Р:

                                                  отметка об оплате   шифр

Дата отпр.   Способ отпр.

Квит. накл. №

Упаковка   число мест   вес

Дополнения:

НАИМЕНОВАНИЕ	Ед. измер.	Количество	Цена	Сумма

Eingang Bank des Einzahlers   Nr. _____

ZAHLUNGSANWEISUNG

_____ 199___

Einzahler	**DEBET**	**Summe**
Code	Rech.-Nr.	
Bank des Einzahlers in (Ort) Code	**KREDIT**	
Empfänger		
Code	Rech.-Nr.	
Bank des Empfängers in (Ort) Code	Rech.-Nr.	

postalisch/telegrafisch (Zutreffendes unterstreichen)	Verzugsstrafe für... Tage von ... %
Summe in Worten	Summe inkl. Strafe
Datum des Erhalts der Ware, der Leistung 19__	Art d. Operation

Zahlungsgrund, Bez. der Ware, der erbrachten Leistung, Nr. und Summen der Warenpapiere	Zahlungsgrund	
	Zahlungsfrist	
	Bankleitzahl	

(Stempel)   Unterschrift des Kunden   abgewickelt durch die Bank

_____ 199__

Unterschrift d. Bankangestellten

Поступ. в банк плат.

ПЛАТЕЖНОЕ ПОРУЧЕНИЕ №____

_____ 199 __ г.

Плательщик	**ДЕБЕТ**	Сумма
Код	сч. №	
Банк плательщика в г. Код	**КРЕДИТ**	
Получатель		
Код	сч. №	
Банк получателя в г. Код	сч. №	

почтой-телеграфом (нужное подчеркнуть)   пеня за ... дней
на ... % Р.

Сумма прописью   сумма с пеней

Дата получения товара, оказания услуг   19 __ г.   вид опер.

Назначение платежа, наименование товара, выполненных работ, оказанных услуг, №№ и суммы товарных документов	Назв. плат.	
	Срок плат.	
	Очер. плат.	
	№ гр. банка	

Проведено банком

М. П.   Подпись клиента   _____19___ г.

Подписи банка

Moskauer
Lizenzkammer   (Wappen)   Stadtregierung
Moskau

LIZENZ

Serie _____   Register-Nr. _____

_____
(Name des Unternehmens, der Organisation bzw. Familienname, Vor-, Vatername des Bürgers)

_____

_____

_____
(juristische Adresse)

Zeugnis über die Registrierung _____ vom _____
(Serie, Nummer)

wird das Recht zur/zum

_____

_____

erteilt.

Geltungsbereich der Lizenz _____

_____

Geltungsbedingungen der Lizenz _____

_____

_____

Datum der Lizenzerteilung   _____ 199____

Geltungsdauer der Lizenz bis   _____ 199____

Leiter der Lizenzbehörde: (Unterschrift, Stempel)

Московская
лицензионная
палата

Правительство
Москвы

ЛИЦЕНЗИЯ

Серия _____   Реестровый номер _____

Выдано _____
(наименование предприятия, организации или Ф. И. О. гражданина)

_____

_____

_____
(юридический адрес)

Регистрационное свидетельство _____ от _____
(серия, номер)

Предоставлено право осуществлять _____

_____

Область действия лицензии _____

_____

Условия действия лицензии _____

_____

_____

Дата выдачи лицензии: "_____" _____ 199___ года.

Срок действия лицензии: до "_____" _____ 199___ года.

Руководитель лицензионного органа _____

_____

2. Vertragsentwürfe

2.1. Kaufvertrag

(Ort) _____   (Datum) _____

Die FIRMA _____ , vertreten durch _____ ,

                                                (Dienststellung, Familienname, Vor-, Vatername)

im weiteren VERKÄUFER genannt, einerseits,

und

die FIRMA _____ , vertreten durch _____ ,

                                                (Dienststellung, Familienname, Vor-, Vatername)

im weiteren KÄUFER genannt, andererseits,

schließen folgenden Vertrag:

1.   Gegenstand des Vertrages
Der VERKÄUFER verkauft und der KÄUFER erwirbt ... entsprechend der in Anlage ... zum Vertrag beigefügten Spezifikation, die Vertragsbestandteil ist.

2.   Preis und Gesamtsumme des Vertrages
Der Preis für 1 Stück der obenausgewiesenen Ware beträgt ... und versteht sich ... inklusive Preis für Tara, Verpackung und Markierung. Der vorliegende Vertrag beläuft sich auf eine Gesamtsumme von ... (Summe in Worten).

3.   Lieferfristen und -datum
Die Ware ist entsprechend der in Anlage ... ausgewiesenen Liefergrafik zu liefern. Als Lieferdatum gilt das Datum des/der ...
Die Lieferung kann – bei gegenseitigem Einverständnis – in Partien bzw. vorfristig erfolgen.

4.   Zahlungsbedingungen
Die Bezahlung der Ware entsprechend dem vorliegenden Vertrag erfolgt durch direkte Vorauszahlung in Höhe von ... % der Gesamtsumme der Ware, und zwar ... auf das vom VERKÄUFER angegebene Konto bis zu ... Tage vor dem Versand der Ware.

Die Restsumme für die erfolgte Lieferung, und zwar ... % der Vertragssumme, ist nach Erhalt folgender Originaldokumente durch den KÄUFER auf das vom VERKÄUFER angegebene Konto zu überweisen:

2. Образцы договоров

2.1. Договор о купле-продаже

г. _____   _____ 199 _ г.

ФИРМА _____ , в лице _____ ,
(должность, фамилия, имя, отчество)
в дальнейшем именуемая ПРОДАВЕЦ, с одной стороны,

и

ФИРМА _____ , в лице _____ ,
(должность, фамилия, имя, отчество)
в дальнейшем именуемая ПОКУПАТЕЛЬ, с другой стороны,

договорились о нижеследующем:

1. **Предмет договора**
   ПРОДАВЕЦ продал, а ПОКУПАТЕЛЬ купил ..., соответственно прилагаемой в Приложении ... к настоящему Договору спецификации, являющейся неотъемлемой частью Договора.

2. **Цена и общая сумма договора**
   Цена за 1 единицу указанного товара устанавливается в размере ... и понимается ..., включая стоимость тары, упаковки и маркировки. Общая стоимость товара, указанного в настоящем Договоре, составляет ... .

3. **Срок и дата поставки**
   Товар должен быть поставлен в соответствии с графиком, указанным в Приложении ... .
   Датой поставки считается дата ... .
   По согласованию сторон разрешается частичная и досрочная поставка.

4. **Условия платежа**
   Платёж за товар по настоящему Договору будет произведён прямым авансовым переводом в размере ... процентов от общей стоимости товара, определённой в настоящем Договоре, а именно ..., на счёт, указанный ПРОДАВЦОМ, за ... дней до отгрузки товара.

   Оставшаяся сумма платежа за поставленный товар, а именно ... или ... % от общей суммы Договора – путём прямого перевода на счёт, указанный ПРОДАВЦОМ, после предоставления ПОКУПАТЕЛЮ оригиналов следующих документов:

1. Rechnungen in ... Exemplaren,
2. Kopien des Eisenbahnfrachtbriefes bzw. Konnossements bzw. Luftfrachtbriefes,
3. Packzettel,
4. Qualitätszertifikat,
5. Versicherungspolice,
6. Spezifikation in ... Exemplaren.

Die Anweisung der ausgewiesenen Beträge hat innerhalb von ... Banktagen nach Erhalt der obengenannten Dokumente zu erfolgen.

5. Lieferbedingungen

5.1. Lieferbedingungen bezüglich der Qualität
Die Ware gilt als vom VERKÄUFER übergeben und vom KÄUFER angenommen, wenn sie den im vorliegenden Vertrag vereinbarten und in dem vom Hersteller beigefügten Zertifikat zugesicherten Anforderungen entspricht.

5.2. Lieferbedingungen bezüglich der Quantität
Die Ware gilt ferner als vom VERKÄUFER übergeben und vom KÄUFER angenommen, wenn sie hinsichtlich ihrer Stückzahl und ihres Gewichtes den im Eisenbahnfrachtbrief, im Konnossement, im Zustellungsbeleg bzw. im Luftfrachtbrief gemachten Angaben entspricht.

6. Verpackung und Markierung
Die Verpackung, in der die Ware zu verschicken ist, muß internationalem Standard entsprechen und unter der Bedingung des sachgerechten Umgangs mit der Ware ihre Unversehrtheit während des Transportes garantieren.

Jedes Stück ist mit folgender Markierung zu versehen:
a) Bestimmungsort,
b) Adressat,
c) Bezeichnung des Verkäufers,
d) Nummer des Stückes,
e) Angabe des Brutto- und Nettogewichtes

sowie anderen Angaben, die rechtzeitig zwischen VERKÄUFER und KÄUFER zu vereinbaren sind.

Alle Verluste, die auf unzureichende bzw. unsachgemäße Verpackung und Markierung der Ware zurückzuführen sind, gehen zu Lasten des VERKÄUFERS.

7. Qualitätsgarantie
Der VERKÄUFER gewährt eine Garantie für einen Zeitraum von ... Monaten, beginnend mit dem Datum der Lieferung.
Sollte sich die Ware innerhalb des Garantiezeitraums als mangelhaft bzw. als nicht den Bedingungen des Vertrages entsprechend erweisen, ist der VERKÄUFER verpflichtet, die aufgetretenen Mängel zu beheben bzw. die defekte Ware zu ersetzen.

Die Garantie erstreckt sich nicht auf schnellverschleißende Teile, auf Ersatzteile, auf Mängel, die auf natürlichen Verschleiß zurückzuführen sind, auf Schäden, die infolge falscher bzw. unachtsamer Lagerung bzw. Bedienung, Überlastung, zweckentfremdeter Nutzung, unvollständiger und/oder falscher Montage bzw. Bedienung durch unzureichend qualifiziertes Personal des KÄUFERS sowie durch Nichteinhaltung der technischen Vorschriften des VERKÄUFERS durch den KÄUFER hervorgerufen wurden.

1. счета в … экземплярах,
2. дубликат железнодорожной накладной, коносамента или авианакладной,
3. упаковочный лист,
4. сертификат качества,
5. страховой полис,
6. спецификации в … экземплярах.

Платёж указанных сумм должен быть произведён в течение … банковских дней после предоставления вышеуказанных документов.

5. Условия поставки

5.1. Условия поставки по отношению к качеству
Товар считается сданным ПРОДАВЦОМ и принятым ПОКУПАТЕЛЕМ при соответствии его требованиям настоящего Договора и подтверждении сертификатом, выданным заводом-изготовителем.

5.2. Условия поставки по отношению к количеству
Товар считается сданным ПРОДАВЦОМ и принятым ПОКУПАТЕЛЕМ при соответствии его количеству мест и весу, указанным в железнодорожной накладной, коносаменте, почтовой квитанции или авианакладной.

6. Упаковка и маркировка
Упаковка, в которой отгружается товар, должна соответствовать международным стандартам и обеспечивать, при условии надлежащего обращения с грузом, сохранность товара во время транспортировки.

На каждое место должна быть нанесена следующая маркировка:
а) название пункта назначения,
б) наименование грузополучателя,
в) наименование продавца,
г) номер места,
д) вес брутто и нетто

и другие реквизиты, которые могут быть сообщены заблаговременно ПОКУПАТЕЛЕМ и согласованы с ПРОДАВЦОМ.

Все убытки, происшедшие из-за недостаточной или ненадлежащей упаковки или маркировки, относятся на счёт ПРОДАВЦА.

7. Гарантии качества
Гарантия ПРОДАВЦА действует в течение … месяцев, начиная с даты поставки товара.

Если в течение гарантийного срока изделие окажется дефектным или не соответствующим условиям Договора, ПРОДАВЕЦ обязан устранить обнаруженные дефекты или заменить дефектное изделие.

Гарантия ПРОДАВЦА не распространяется на быстроизнашивающиеся и запасные части и не относится к естественному износу, а также к ущербу, возникшему вследствие неправильного или небрежного хранения, неправильного или небрежного обслуживания, чрезмерной нагрузки, применения изделия не по назначению, недостаточного и/или неправильного монтажа и пуска в ход неквалифицированным персоналом ПОКУПАТЕЛЯ, а также вследствие несоблюдения ПОКУПАТЕЛЕМ технических инструкций ПРОДАВЦА, касающихся монтажа и/или сборки и пуска.

8.   Reklamationen

Sollte die gelieferte Ware nicht der im vorliegenden Vertrag zugesicherten Qualität entsprechen, können Reklamationsansprüche geltend gemacht werden.

Der KÄUFER hat das Recht, dem VERKÄUFER gegenüber Reklamationsansprüche in bezug auf die Qualität der gelieferten Ware innerhalb von ... Monaten ab Lieferdatum geltend zu machen, Reklamationsansprüche in bezug auf die Quantität können innerhalb von ... Tagen nach Eintreffen der Ware am Bestimmungsort und Durchführung der Zollkontrolle geltend gemacht werden.

Die Reklamation ist als Einschreibbrief und unter Anlage aller erforderlichen, den Anspruch begründenden Dokumente geltend zu machen. Nach Ablauf der obengenannten Frist kann die Reklamation nicht mehr geltend gemacht werden.

Der VERKÄUFER hat das Recht, über einen Vertreter vor Ort prüfen zu lassen, inwieweit die geltend gemachten Ansprüche begründet sind.

Eine für einen Teil der Ware oder einzelne Warenpartien erhobene Reklamation entbindet den KÄUFER nicht von der Annahme und Bezahlung weiterer, im Rahmen des vorliegenden Vertrages realisierter Warenlieferungen.

9.   Sanktionen

Unter Berücksichtigung der in Paragraph 10 getroffenen Festlegungen ist der VERKÄUFER bei Lieferverzug verpflichtet, dem KÄUFER eine Vertragsstrafe in Höhe von ... % vom Wert der nichtgelieferten Waren für die ersten ... Wochen des Lieferverzugs sowie ... % für jede weitere Woche Lieferverzug zu zahlen, wobei die Gesamthöhe der Strafe jedoch nicht mehr als ... % des Wertes der nichtgelieferten Ware übersteigt.

10.   Umstände höherer Gewalt (Force majeure)

Im Falle des Eintretens von Umständen, die die teilweise oder vollständige Erfüllung des Vertrages für eine der Seiten unmöglich machen – und zwar: Überschwemmung, Erdbeben, Export-/Importsanktionen, Kriege, kriegerische Handlungen bzw. andere, nicht von den vertragschließenden Seiten abhängende Umstände – verlängern sich die vertraglich vereinbarten Fristen zur Erbringung der Leistung um den Zeitraum, in dem die o. g. Umstände wirkten.

Wirken die angeführten Umstände länger als ... Monate, so haben beide Seiten das Recht, den Vertrag im gegenseitigen Einverständnis für beendet zu erklären bzw. diejenige Seite, welche infolge des Wirkens der o. g. Umstände außerstande ist, ihre vertraglichen Verpflichtungen zu erfüllen, hat die andere Seite unverzüglich über Auftreten und Wegfall der Umstände, die die Vertragserfüllung behindern, in Kenntnis zu setzen.

Als Nachweis für das Wirken der o.g. Umstände gilt eine entsprechende Bescheinigung, ausgestellt von der zuständigen Industrie- und Handelskammer im Lande des VERKÄUFERS bzw. des KÄUFERS.

11.   Arbitrage

Bei Auftreten möglicher Streitfälle, die aus dem vorliegenden Vertrag hervorgehen bzw. mit ihm im Zusammenhang stehen, wird unter Ausschluß der staatlichen Gerichtsbarkeit das Vertragsgericht bei der Industrie- und Handelskammer Rußlands bzw. sein Rechtsnachfolger entsprechend der im genannten Gericht gültigen Ordnung angerufen. Die Entscheidung des Vertragsgerichts ist endgültig und trägt für beide Seiten verbindlichen Charakter.

8. **Претензии**

Претензии могут быть заявлены в отношении качества поставленного товара в случае несоответствия его качеству, обусловленному в настоящем Договоре.

ПОКУПАТЕЛЬ имеет право заявить ПРОДАВЦУ претензию по качеству в течение … месяцев с даты поставки, по количеству – в течение … дней с даты прибытия товара в пункт назначения, где производится таможенная проверка товара.

Претензия должна быть отправлена заказным письмом со всеми необходимыми документами, обосновывающими претензию. По истечении указанного срока претензии не принимаются.

ПРОДАВЦУ предоставляется право проверить на месте через своего представителя обоснованность претензии.

Никакие претензии, заявленные по какой-либо партии товара, не могут служить основанием для ПОКУПАТЕЛЯ отказаться от приёмки и оплаты товара по другим поставкам, произведённым по настоящему Договору.

9. **Штрафные санкции**

ПРОДАВЕЦ выплачивает ПОКУПАТЕЛЮ штраф за просрочку поставки товара в размере … % от стоимости недопоставленного товара за каждую неделю первых … недель просрочки поставки и … % за каждую последующую неделю, однако общая сумма штрафов не превышает … % от стоимости недопоставленного товара.

10. **Форс-мажор**

При возникновении каких-либо обстоятельств, препятствующих частичному или полному исполнению одной из сторон своих обязательств по настоящему Договору, а именно: наводнение, землетрясение, запрещение экспорта или импорта, войны, военные операции любого характера или другие, независящие от сторон обстоятельства, сроки, установленные для исполнения обязательств по настоящему Договору, передвигаются на период, равный сроку, в течение которого действовали указанные выше обстоятельства.

Если указанные обстоятельства в силе более … месяцев, то обе стороны могут по договорённости прекратить дальнейшее исполнение обязательств по данному Договору, или сторона, которая не может выполнить свои обязательства по настоящему Договору, обязана немедленно информировать другую сторону о возникновении и о прекращении обстоятельств, препятствующих исполнению её обязательств.

Сертификат, выданный Торговой палатой страны ПРОДАВЦА или ПОКУПАТЕЛЯ, является достаточным доказательством наличия таких обстоятельств и их продолжительности.

11. **Арбитраж**

Все споры и разногласия, которые могут возникнуть из настоящего Договора или в связи с ним, подлежат рассмотрению без обращения в государственные суды в Арбитражном суде при Торгово-промышленной палате России или его правопреемнике в соответствии с регламентом указанного суда или его правопреемника, решения которого окончательны и обязательны для обеих сторон.

12. Haftung der Seiten

Sollte der VERKÄUFER seine mit dem vorliegenden Vertrag verbundenen Verpflichtungen nicht oder teilweise nicht erfüllen, oder dem KÄUFER durch schuldhaftes Verhalten einen direkten oder indirekten Schaden (einschließlich Verlust aus entgangenem Gewinn) zufügen, so ist er verpflichtet, zusätzlich zu den in Paragraph 9 vorgesehenen Sanktionen eine Vertragsstrafe in Höhe von ... % der Vertragssumme zu zahlen.

Der obenangeführte Schadensersatz wird von den Seiten als minimaler Umfang möglicher Verluste betrachtet.

Alle Zölle, Steuern, Gebühren und andere auf seinem Territorium im Zusammenhang mit der Vertragserfüllung anfallenden Kosten trägt der KÄUFER.

Die Erfüllung des vorliegenden Vertrages setzt gegebenenfalls das Vorhandensein einer Export-/Importlizenz auf beiden Seiten voraus.

13. Geltungsdauer des Vertrages

Der vorliegende Vertrag ist nur bei Einhaltung der im Paragraphen 4 vereinbarten Zahlungsbedingungen durch den KÄUFER gültig.

14. Schlußbestimmungen

Der vorliegende Vertrag ist in Russisch und Deutsch ausgefertigt und unterzeichnet. Beide Texte sind juristisch gleichwertig.

Änderungen und Zusätze zum Vertrag sind nur dann rechtswirksam, wenn sie schriftlich und im beiderseitigen Einverständnis erfolgen.

Die Anlagen zum Vertrag sind untrennbarer Vertragsbestandteil und nur in Verbindung mit dem Vertrag rechtswirksam.

Requisiten

VERKÄUFER   KÄUFER

(vollständige Bezeichnung der Firma,   (vollständige Bezeichnung der Firma,
vollständige juristische Adresse,   vollständige juristische Adresse,
Bankverbindung)   Bankverbindung)

Unterschrift   Unterschrift
Stempel   Stempel

12. **Ответственность сторон**

В случае, если ПРОДАВЕЦ не выполнит своих обязательств полностью или частично по данному Договору или нанесёт ПОКУПАТЕЛЮ прямой или косвенный ущерб, включая потерю прибыли, то ПРОДАВЕЦ обязан, помимо санкций, предусмотренных параграфом 9, выплатить неустойку в сумме … % от общей стоимости Договора.

Указанное выше возмещение рассматривается сторонами как минимальный размер возможных убытков.

Все пошлины, налоги, сборы и другие расходы, понесённые на территории своей страны в связи с исполнением настоящего Договора, несёт ПОКУПАТЕЛЬ.

Реализация данного Договора предполагает наличие у обеих сторон экспортной/ импортной лицензии в случае необходимости.

13. **Срок действия Договора**

Настоящий Договор действителен только при условии выполнения ПОКУПАТЕЛЕМ условий платежа в сроки, оговоренные в параграфе 4 Договора.

14. **Заключительные положения**

Настоящий Договор составлен в … экземплярах и подписан на русском и немецком языках, оба текста имеют одинаковую силу.

Все изменения и дополнения по настоящему Договору имеют силу только в том случае, если они совершены в письменном виде и подписаны обеими сторонами.

Приложения … являются неотъемлемой частью настоящего Договора и недействительны без Договора.

Реквизиты

ПРОДАВЕЦ   ПОКУПАТЕЛЬ

(Полное наименование фирмы,   (Полное наименование фирмы,
полный юридический адрес,   полный юридический адрес,
расчётный счёт)   расчётный счёт)

Подпись   Подпись
Печать   Печать

2.2. Bartervertrag

(Ort) _____   (Datum) _____

Die Produktionsvereinigung (PV) _____ ,

vertreten durch _____ ,
                    (Dienststellung, Familienname, Vor-, Vatername)

im weiteren VEREINIGUNG genannt, einerseits,

und

die FIRMA _____ , vertreten durch _____ ,
                                        (Dienststellung, Familienname, Vor-, Vatername)

im weiteren FIRMA genannt, andererseits

schließen folgenden Vertrag:

1.   Gegenstand des Vertrages
Die Seiten realisieren zu den im vorliegenden Vertrag vereinbarten Bedingungen die gegenseitige Lieferung von Waren im Rahmen eines Bartergeschäfts auf ausgeglichener Basis entsprechend dem Warenwert in frei konvertierbarer Währung.

1.1.   Die VEREINIGUNG liefert Waren entsprechend den in Anlage 1 zum vorliegenden Vertrag vereinbarten Lieferbedingungen.

1.2.   Die FIRMA liefert Waren entsprechend den in Anlage 2 zum vorliegenden Vertrag vereinbarten Lieferbedingungen.

1.3.   Die Seiten sind entsprechend der geltenden Gesetzgebung der RF gleichzeitig mit den Rechten und Pflichten des Verkäufers und Käufers ausgestattet.

2.   Ermittlung des Warenwertes

2.1.   Lediglich zum Zwecke einer ausgeglichenen Verrechnung der gegenseitigen Warenlieferungen, der Kontrolle über die Einhaltung der Vertragsverpflichtungen sowie der möglichen Abwicklung von Mängelgewährleistungsansprüchen in Fällen, bei denen eine Kompensation in Form von Warenlieferungen ausbleibt, vereinbaren die Seiten folgende Wertermittlung der gegenseitigen Lieferungen:

2.1.1. Der Gesamtwert der durch die VEREINIGUNG entsprechend dem vorliegenden Vertrag zu liefernden Waren beträgt … (Summe und Währung – in Worten).

2.1.2. Der Gesamtwert der durch die FIRMA entsprechend dem vorliegenden Vertrag zu liefernden Waren beträgt … (Summe und Währung – in Worten).

2.2.   Der Preis versteht sich:

2.2.1. bei Lieferungen durch die VEREINIGUNG – CIF …,

2.2.2. bei Lieferungen durch die FIRMA – CIF Moskau.

2.2.3. Der im Punkt 2.1. ausgewiesene Warenwert ist unveränderlich. Er kann nicht als Präzedenzfall für den Abschluß von Folgeverträgen dienen.

2.2. Бартерный договор

г. _____   _____ 199 _ г.

Производственное объединение (ПО) _____ ,

в лице _____ ,
(должность, фамилия, имя, отчество)

в дальнейшем именуемое ОБЪЕДИНЕНИЕ, с одной стороны,

и

ФИРМА _____ , в лице _____ ,
(должность, фамилия, имя, отчество)

в дальнейшем именуемая ФИРМА, с другой стороны,

заключили настоящий Договор о нижеследующем:

1. Предмет договора

Стороны осуществят на условиях, предусмотренных в настоящем Договоре, взаимную поставку товаров без их денежной оплаты, на сбалансированной по валютной стоимости основе.

1.1. ОБЪЕДИНЕНИЕ поставит товары в соответствии с настоящим Договором и условиями поставки, приведёнными в Приложении 1 к настоящему Договору.

1.2. ФИРМА поставит товары в соответствии с настоящим Договором и условиями поставки, приведёнными в Приложении 2 к настоящему Договору.

1.3. Участвуя в Договоре, стороны наделены одновременно правами и обязанностями продавца и покупателя, установленными законодательством РФ.

2. Оценка стоимости товара

2.1. Только в целях учёта сбалансированности взаимных поставок, контроля выполнения взаимных обязательств и возможного урегулирования вопросов по претензиям, когда не происходит возмещения в натуре, стороны согласовали следующую оценку взаимных поставок:

2.1.1. Общая стоимость поставляемых товаров ОБЪЕДИНЕНИЕМ по настоящему Договору составляет … (сумма и валюта прописью).

2.1.2. Общая стоимость поставляемых товаров ФИРМОЙ по настоящему Договору составляет … (сумма и валюта прописью).

2.2. Цены понимаются:

2.2.1. На условиях поставки ОБЪЕДИНЕНИЕМ – СИФ … .

2.2.2. На условиях поставки ФИРМОЙ – СИФ Москва.

2.2.3. Указанная в пункте 2.1. стоимость товаров не подлежит изменению и не может служить прецедентом при заключении других договоров.

3. Allgemeine Lieferbedingungen

3.1. Die VEREINIGUNG liefert die Ware CIF … . Dabei übernimmt die VEREINIGUNG alle mit der Lieferung der Ware nach … verbundenen Rubelkosten, einschließlich der Kosten für Verpackung, Markierung u. a. sowie alle Kosten, die in frei konvertierbarer Währung auftreten.

3.2. Die FIRMA liefert die Ware CIF Moskau. Dabei übernimmt die FIRMA alle mit dem Transport der Ware nach Moskau verbundenen Kosten, einschließlich der Kosten für Verpackung und Markierung der Ware, Gebühren sowie mögliche zusätzliche Kosten auf dem Territorium ihres Landes.

3.3. Lieferdatum ist …

4. Kontrolle über die Einhaltung der Vertragsverpflichtungen

4.1. Die VEREINIGUNG übermittelt innerhalb von drei Arbeitstagen ab Versandtag der FIRMA bzw. ihrer Vertretung in … auf dem Territorium Rußlands (Angabe der juristischen Adresse) folgende Dokumente:
   a) die Proforma-Rechnung über die versandte Ware in zwei Exemplaren,
   b) den Warenbegleitbrief in einem Exemplar,
   c) die Packlisten in zwei Exemplaren,
   d) das Qualitätszertifikat.

4.2. Die FIRMA übermittelt innerhalb von drei Arbeitstagen ab Versandtag der VEREINIGUNG folgende Dokumente:
   a) die Proforma-Rechnung über die versandte Ware in zwei Exemplaren,
   b) den Warenbegleitbrief in einem Exemplar,
   c) die Packlisten in zwei Exemplaren,
   d) das Qualitätszertifikat.

5. Verpackung und Markierung
Die Ware ist in einer adäquaten, ihrem Charakter entsprechenden Verpackung zu versenden, die bei sachgemäßem Umgang die Unversehrtheit der Ware bei langdauerndem Transport und eventuellem Umladen gewährleistet.

Jedes Frachtstück ist mit einer detaillierten Packliste in russischer und … Sprache zu versehen, die folgende Angaben enthält:
   a) Verzeichnis der verpackten Gegenstände,
   b) Anzahl der verpackten Gegenstände,
   c) Nummer des Frachtstückes,
   d) Brutto- und Nettogewicht,
   e) Benennung der Partner im vorliegenden Vertrag,
   f) Nummer des Vertrages.

Besondere Festlegungen zur Verpackung und Markierung der Ware sind in den Anlagen 1 und 2 zum vorliegenden Vertrag getroffen.

6. Versandavis

6.1. Die entsendende Seite informiert die andere Seite über den vollzogenen Versand der Ware innerhalb einer Frist und in einer Art und Weise, die gewährleisten, daß die andere Seite das Versandavis vor dem Eintreffen der Ware am Bestimmungsort erhält.

3. Базисные условия поставки

3.1. Товар поставляется ОБЪЕДИНЕНИЕМ на условиях СИФ … . При этом ОБЪЕДИ-НЕНИЕ несёт все расходы по доставке товара в …, включая расходы по упаковке, маркировке и другие расходы и сборы в рублях и иностранной валюте.

3.2. Товар поставляется ФИРМОЙ на условиях СИФ Москва. При этом все расходы по доставке товара в Москву, включая расходы по упаковке, маркировке и другие расходы и сборы, а также возможные дополнительные расходы в рублях на территории РФ, ФИРМА берёт на себя.

3.3. Датой поставки считается … .

4. Учёт выполнения взаимных обязательств

4.1. В течение 3-х рабочих дней с даты отгрузки товара ОБЪЕДИНЕНИЕ вышлет ФИРМЕ или её представительству в г. … на территории России (указание юридического адреса) следующие документы:

a) счёт-проформа на отгруженный товар в 2-х экземплярах,
б) товаросопроводительный документ в 1 экземпляре,
в) упаковочные листы в 2-х экземплярах,
г) сертификат качества.

4.2. В течение 3-х рабочих дней с даты отгрузки товара ФИРМА вышлет ОБЪЕДИНЕНИЮ следующие документы:

a) счёт-проформа на отгруженный товар в 2-х экземплярах,
б) товаросопроводительный документ в 1 экземпляре,
в) упаковочные листы в 2-х экземплярах,
г) сертификат качества.

5. Упаковка и маркировка

Товар должен отгружаться в упаковке, соответствующей характеру поставляемого товара, обеспечивающей при надлежащем обращении с грузом его сохранность при длительной транспортировке с учётом возможной перегрузки в пути.

В каждое грузовое место должен быть вложен подробный упаковочный лист на русском и … языках, в котором указывается:
a) перечень наименований упакованных предметов,
б) количество упакованных предметов,
в) номер места,
г) вес брутто и нетто,
д) наименование партнёров по настоящему Договору и
е) номер Договора.

Особые требования к упаковке и маркировке товаров указаны в Приложениях 1 и 2 к настоящему Договору.

6. Извещение об отгрузке

6.1. Сторона, отправляющая товар, известит другую сторону о произведённой отгрузке товара в такое время и таким способом, чтобы оно было получено другой стороной до прибытия товара в место назначения.

6.2. Das Versandavis enthält folgende Angaben:
a) das Versanddatum,
b) die Bezeichnung der Ware,
c) die Warenmenge,
d) die Nummer des Vertrages,
e) die Nummer des Containers,
f) die Nummer des Eisenbahnfrachtbriefes.

7. Qualitätsgarantien

7.1. Die Qualität der zu liefernden Ware muß den staatlich vorgegebenen Standards bzw. den vom Hersteller ausgewiesenen technischen Parametern genügen. Der Qualitätsnachweis erfolgt durch entsprechende Qualitätszertifikate des Herstellers oder Lieferanten.

7.2. Der vom Lieferanten gewährte Garantiezeitraum beträgt ... Monate, gerechnet vom Tag der Lieferung.

7.3. Die Garantie erstreckt sich nicht auf schnellverschleißende Teile, auf Ersatzteile, auf Mängel, die auf natürlichen Verschleiß zurückzuführen sind, auf Schäden, die infolge falscher bzw. unachtsamer Aufbewahrung bzw. Bedienung, Überlastung, zweckentfremdeter Nutzung hervorgerufen wurden.

8. Haftung der Seiten

8.1. Sollte sich die gelieferte Ware als defekt erweisen oder anderweitig nicht den vereinbarten Lieferbedingungen entsprechen, hat die geschädigte Seite das Recht, eine Beseitigung der festgestellten Mängel oder einen Preisnachlaß oder den Ersatz der Ware zu fordern.

Mängelbeseitigung bzw. Ersatz der Ware erfolgen auf Kosten der den Mangel verursachenden Seite. Im Falle einer Ersatzlieferung ist die defekte Ware in vollem Umfange zu ersetzen.

8.2. Im Falle der Feststellung einer auf schuldhaftes Verhalten der entsendenden Seite zurückzuführenden Unvollständigkeit der Warenlieferung durch die empfangende Seite, ist die erstere verpflichtet, die fehlende Warenmenge vollständig nachzuliefern.

8.3. Im Falle der Nichteinhaltung der in den Anlagen 1 und 2 zum vorliegenden Vertrag vereinbarten Lieferfristen ist die den Lieferverzug verursachende Seite verpflichtet, der anderen Seite den Wert der nichtfristgemäß gelieferten Ware in Rubel zum Tageskurs zu erstatten.

Die Bezahlung der nicht termingerecht gelieferten Ware befreit die den Lieferverzug verursachende Seite nicht von der Einhaltung der im vorliegenden Vertrag eingegangenen Verpflichtungen.

9. Umstände höherer Gewalt (Force majeure)

9.1. Die Seiten sind von der Verantwortung für die teilweise oder vollständige Nichterfüllung der Vertragsverpflichtungen befreit, wenn die Nichterfüllung auf das Eintreten von Umständen höherer Gewalt nach Vertragsabschluß als Folge außergewöhnlicher, nicht durch die Seiten vorhersehbarer und nicht durch vernünftige Maßnahmen abwendbarer Ereignisse zurückzuführen ist.

6.2. Извещение должно содержать следующие данные:
a) дату отгрузки,
б) наименование товара,
в) количество товара,
г) номер Договора,
д) номер контейнера,
е) номер железнодорожной накладной.

7. Гарантии качества

7.1. Качество поставляемого товара должно соответствовать установленным государственным стандартам или техническим условиям заводов-изготовителей и подтверждаться названными заводами или Поставщиком сертификатами о качестве.

7.2. Гарантия Поставщика действует в течение … месяцев, начиная с даты поставки товара.

7.3. Гарантия не распространяется на быстроизнашивающиеся и запасные части и не относится к естественному износу, а также к ущербу, возникшему вследствие неправильного или небрежного хранения, неправильного или небрежного обслуживания или чрезмерной нагрузки, применения изделия не по назначению.

8. Ответственность сторон

8.1. Если поставляемый товар окажется дефектным или несоответствующим условиям настоящего Договора, сторона, в отношении которой допущено нарушение, вправе требовать либо устранения обнаруженных дефектов, либо уценки, либо замены товара.

Устранение дефектов и замена дефектных товаров осуществляется за счёт стороны, допустившей нарушение. При замене дефектных товаров поставка новых товаров, взамен забракованных, должна быть осуществлена в объёме 100 % забракованного товара.

8.2. При обнаружении получающей стороной недостачи товара, ответственность за которую несёт поставляющая товар сторона, последняя по требованию другой стороны обязана допоставить недостающее количество товара в объёме 100 % заявленного в недостаче товара.

8.3. В случае просрочки в поставке товара против сроков, установленных в Приложениях 1 и 2 к настоящему Договору, допустившая просрочку сторона обязана возместить другой стороне стоимость непоставленного в срок товара в рублях по текущему курсу.

Оплата стоимости непоставленного в срок товара не освобождает виновную сторону от надлежащего исполнения обязательств, принятых ею согласно настоящему Договору.

9. Форс-мажор

9.1. Стороны освобождаются от ответственности за частичное или полное неисполнение обязательств по настоящему Договору, если это неисполнение явилось следствием наличия обстоятельств непреодолимой силы, возникших после заключения Договора, в результате событий чрезвычайного характера, которые стороны не могли ни предвидеть, ни предотвратить разумными мерами.

9.2. Diejenige Seite, für die die Erfüllung des Vertrages auf Grund des Eintretens der im Punkt 9.1. des Vertrages genannten Umstände unmöglich geworden ist, hat die andere Seite hiervon unverzüglich und in schriftlicher Form in Kenntnis zu setzen. In diesem Fall vereinbaren die Vertreter beider Seiten dringende Maßnahmen, die von den Vertragspartnern zu ergreifen sind.

Die Tatsache des Eintretens der im Punkt 9.1. des Vertrages genannten Umstände bedarf der Bestätigung durch die Industrie- und Handelskammer im Lande der Eintragung der FIRMA bzw. der VEREINIGUNG.

9.3. Sollten die obengenannten Umstände eine normale Vertragserfüllung länger als ... Monate behindern, so hat die Seite, für die die Erfüllung der eingegangenen Vertragsverpflichtungen infolge des Wirkens dieser Umstände unmöglich geworden ist, das Recht, den Vertrag zu beenden. In diesem Falle nehmen die Seiten eine Verrechnung der sich auf den Vertrag beziehenden, zum Zeitpunkt der Beendigung des Vertrages bestehenden Verbindlichkeiten vor.

10. Versicherung
Die FIRMA bzw. die VEREINIGUNG versichert die zu liefernde Ware bis zu ihrer Übergabe an die andere Seite.

11. Reklamationen

11.1. Beim Geltendmachen von Mängelgewährleistungsansprüchen in bezug auf die Qualität der gelieferten Ware sind der Reklamationsforderung folgende Dokumente beizufügen:
a) das Transportdokument,
b) das Mängelprotokoll, ausgestellt von den Transportorganen bzw. das Reklamationsprotokoll, ausgestellt in Anwesenheit eines Vertreters der anderen Seite oder einer kompetenten, nichtinteressierten Organisation bzw. das Reklamationsprotokoll einer offiziellen Kontrollorganisation,
c) die Packlisten (bei nichtmengengerechter Lieferung).

11.2. Der Empfänger hat das Recht, Reklamationsansprüche in bezug auf die Qualität innerhalb von ... geltend zu machen. Die Reklamation erfolgt als Einschreibbrief. Dem Lieferanten wird das Recht eingeräumt, durch seinen Vertreter vor Ort prüfen zu lassen, inwieweit die Reklamation begründet ist.

11.3. Nach Ablauf der obenausgewiesenen Frist gelten keine Mängelgewährleistungsansprüche. Auf einzelne Warenpartien geltend gemachte Mängelgewährleistungsansprüche stellen für den Empfänger keinen hinreichenden Grund dar, die Übernahme/den Versand der in diesem Vertrag vereinbarten Gegenlieferungen zu verweigern.

12. Beilegung von Streitigkeiten. Gerichtsbarkeit

12.1. Die Seiten bemühen sich, aus dem vorliegenden Vertrag erwachsende bzw. mit ihm im Zusammenhang stehende Streitfragen auf dem Verhandlungswege einvernehmlich zu lösen.

12.2. Sollte eine Beilegung der Streitfragen im Sinne der im Punkt 12.1. genannten Lösung unmöglich sein, so rufen die Seiten unter Ausschluß der staatlichen Gerichtsbarkeit und in Übereinstimmung mit den entsprechenden gesetzlichen Bestimmungen das Schiedsgericht bei der Industrie- und Handelskammer Moskau an.

9.2. Сторона, для которой создалась невозможность исполнения обязательств по настоящему Договору, в соответствии с упомянутым в пункте 9.1., должна немедленно в письменной форме информировать об этом другую сторону. В этом случае представители сторон в кратчайшие сроки согласовывают действия, которые должны быть предприняты сторонами.

Факт наступления обстоятельств, указанных в пункте 9.1., подтверждается документом Торгово-промышленной палаты государства, где зарегистрированы ФИРМА или ОБЪЕДИНЕНИЕ.

9.3. Если указанные выше обстоятельства будут препятствовать нормальному выполнению обязательств по настоящему Договору в течение … месяцев с даты их возникновения, сторона, для которой существует невозможность выполнения, вправе отказаться от дальнейшего выполнения настоящего Договора. В этом случае стороны произведут взаимные расчёты, связанные с выполнением обязательств по настоящему Договору на момент его прекращения.

10. Страхование
ФИРМА или ОБЪЕДИНЕНИЕ осуществляют за собственный счёт страхование поставляемого ими по настоящему Договору товара до передачи его противоположной стороне.

11. Претензии

11.1. При предъявлении претензий по качеству поставляемого товара к заявлению о претензии прилагаются следующие документы:
   а) транспортный документ,
   б) коммерческий акт, составленный органами транспорта или рекламационный акт, составленный с участием представителя другой стороны, либо компетентной незаинтересованной организации, либо рекламационный акт официальной контрольной организации,
   в) упаковочные листы (при внутритарных недостачах).

11.2. Получатель имеет право заявить претензию по качеству в течение … . Претензия заявляется заказным письмом. Поставщику предоставляется право проверить на месте через своего представителя обоснованность претензии.

11.3. По истечении указанного срока никакие претензии не принимаются. Никакие претензии, заявленные по какой-либо партии товара, не могут служить основанием для Получателя отказаться от приёмки и отгрузки встречных поставок товара, произведённых по настоящему Договору.

12. Разрешение споров и применяемое право

12.1. Все споры и разногласия, могущие возникнуть из настоящего Договора или в связи с ним, будут по возможности решаться путём переговоров между сторонами.

12.2. В случае, если указанные в пункте 12.1. споры и разногласия не могут быть устранены путём переговоров, они подлежат с исключением подсудности общим судам, разрешению в арбитраже в соответствии с регламентом Арбитражного суда при Торгово-промышленной палате в г. Москве.

12.3. In allen übrigen, nicht durch den vorliegenden Vertrag berührten Fällen gelten die Bestimmungen des Bürgerlichen Gesetzbuches im Lande des Vertragsabschlusses.

13. Weitere Festlegungen

13.1. Keine der vertragschließenden Seiten hat das Recht, ihre aus dem Vertrag erwachsenden Rechte und Pflichten völlig oder teilweise an Dritte abzutreten, ohne vorher das schriftliche Einverständnis der anderen Seite eingeholt zu haben.

13.2. Mit Unterzeichnung des Vertrages verlieren der vorausgegangene Schriftverkehr, alle Dokumente und Verhandlungen der Seiten zu den im Vertrag behandelten Fragen ihre Gültigkeit.

13.3. Änderungen bzw. Ergänzungen zum Vertrag bedürfen der Schriftform und erlangen erst dann Rechtskraft, wenn sie durch dazu bevollmächtigte Vertreter beider Seiten signiert sind.

13.4. Die Anlagen zum Vertrag sind Vertragsbestandteil.

13.5. Der Vertrag tritt nach dem Austausch von Warenmustern und nach erfolgter Abstimmung mit den für das Entladen der Ware zuständigen Partnern in Kraft.

13.6. Der Vertrag liegt den Seiten in je einem Exemplar in Russisch und … vor. Beide Exemplare sind juristisch gleichwertig.

VEREINIGUNG   FIRMA

Sitz   Sitz
Bankrequisiten   Bankrequisiten
Transportangaben   Transportangaben

Unterschrift   Unterschrift
Stempel   Stempel

12.3. Во всём остальном, что не предусмотрено настоящим Договором, к отношению сторон принимаются общие нормы гражданского законодательства страны, в которой был заключён Договор.

13. Прочие положения

13.1. Ни одна из сторон не вправе передавать третьим лицам полностью или частично свои права и обязанности по настоящему Договору без предварительного письменного согласия другой стороны.

13.2. С момента подписания настоящего Договора вся предшествующая переписка, документы и переговоры между сторонами по вопросам, являющимся предметом настоящего Договора, теряют силу.

13.3. Любые изменения и дополнения к Договору действительны лишь при условии, если они совершены в письменной форме и подписаны уполномоченными на то представителями сторон.

13.4. Приложения к настоящему Договору составляют его неотъемлемую часть.

13.5. Договор вступает в действие после взаимного обмена образцами и после соглашения с партнёрами, которые отгружают товар.

13.6. Настоящий Договор составлен в двух экземплярах на русском и ... языках, по одному экземпляру для каждой из сторон, причём оба текста имеют одинаковую силу.

ОБЪЕДИНЕНИЕ   ФИРМА

Юридический адрес   Юридический адрес
Банковские реквизиты   Банковские реквизиты
Транспортные реквизиты   Транспортные реквизиты

Подпись   Подпись
Печать   Печать

2.3. Vertrag über die Produktion von Erzeugnissen auf Auftragsbasis

(Ort) _____   (Datum) _____

Die FIRMA _____ , vertreten durch _____ ,
                                             (Dienststellung, Familienname, Vor-, Vatername)

im weiteren AUFTRAGGEBER genannt, einerseits,

und

die FIRMA _____ , vertreten durch _____ ,
                                             (Dienststellung, Familienname, Vor-, Vatername)

im weiteren AUFTRAGNEHMER genannt, andererseits,

schließen folgenden Vertrag:

1.   Gegenstand des Vertrages
Gegenstand des vorliegenden Vertrages ist die Umarbeitung, Veredelung und Bearbeitung des vom AUFTRAGGEBER gelieferten Materials und die Herstellung der in Anlage Nr. … zum Vertrag aufgeführten Erzeugnisse nach den von den Seiten vereinbarten Mustern.

Der AUFTRAGGEBER liefert das für die Herstellung der Erzeugnisse erforderliche Material entsprechend der von den Seiten vereinbarten Qualität, Menge und Lieferfristen.

Der AUFTRAGNEHMER verpflichtet sich zur Herstellung der Erzeugnisse entsprechend den Mustern sowie zur termin- und mengengerechten Lieferung an den AUFTRAGGEBER.

Die in den Anlagen zum Vertrag aufgeführten Muster, Zeichnungen und Spezifikationen sind Vertragsbestandteil.

2.   Erzeugnispreis. Gesamtsumme des Vertrages
Der Stückpreis pro Erzeugnis beträgt … .

Die Gesamtsumme des Vertrages beträgt … .

Der Preis wird für eine Stückzahl von … Erzeugnissen eines bestimmten Typs festgelegt. Bei Aufträgen zur Herstellung eines bestimmten Erzeugnistyps mit einer Stückzahl von unter … Stück wird ein Preisaufschlag in Höhe von … % vom Stückpreis berechnet.

Die Zahlung erfolgt innerhalb von 10 Tagen nach Annahme der Warendokumente in der ausgewiesenen Währung über die … (Bezeichnung der Bank), die eine Vorausgarantie über die Gesamtsumme der vertraglich vereinbarten Erzeugnismenge übernommen hat.

3.   Pflichten des Auftraggebers
Der AUFTRAGGEBER verpflichtet sich, dem AUFTRAGNEHMER die detaillierte technische Dokumentation, Zeichnungen, Schablonen und Muster, die für die Bearbeitung und Fertigung von Erzeugnissen aus dem Material des AUFTRAGGEBERS erforderlich sind, zu übergeben.

Muster, Zeichnungen und die technische Dokumentation bedürfen der Bestätigung durch den AUFTRAGGEBER. Die gesamte technische Dokumentation wird vom AUFTRAGGEBER in … Sprache erstellt und enthält detaillierte Instruktionen für jeden einzelnen Erzeugnistyp.

2.3. Договор о выполнении работ из материалов Заказчика

г. _____   _____ 199 _ г.

ФИРМА _____ , в лице _____ ,
(должность, фамилия, имя, отчество)

именуемая в дальнейшем ЗАКАЗЧИК, с одной стороны,

и

ФИРМА _____ , в лице _____ ,
(должность, фамилия, имя, отчество)

именуемая в дальнейшем ИСПОЛНИТЕЛЬ, с другой стороны,

заключили настоящий Договор о нижеследующем:

1. Предмет договора

Предметом настоящего Договора является переработка, доработка и обработка материала ЗАКАЗЧИКА и изготовление изделий, перечисленных в Приложении № ... к Договору, по образцам, согласованным сторонами.

ЗАКАЗЧИКОМ будет представлен качественный материал, необходимый для изготовления изделий, в согласованные сроки и количестве.

ИСПОЛНИТЕЛЬ обязуется изготовить изделия, в соответствии с образцами, и доставить их ЗАКАЗЧИКУ в согласованные сроки и количестве.

Образцы, чертежи, спецификации, прилагаемые к настоящему Договору, являются его неотъемлемой частью.

2. Стоимость изготовления изделия. Общая сумма договора

Стоимость одного изделия составляет ... .

Общая сумма Договора составляет ... .

Цена устанавливается на партию в ... штук изделий определённого типа. При заказе определённого типа изделий в количестве менее ... штук устанавливается надбавка в размере ... % от стоимости изготовления одного изделия.

Платежи производятся через 10 дней после приёма товарных документов в указанной валюте через ... банк, в который предварительно внесена банковская гарантия на общую стоимость изготовления согласованного количества изделий.

3. Обязанности Заказчика

ЗАКАЗЧИК обязуется предоставить ИСПОЛНИТЕЛЮ работ точную техническую документацию, чертежи, шаблоны и образцы, которые будут использоваться в процессе переработки материала – изготовления изделий из материала ЗАКАЗЧИКА.

Образцы, чертежи, техническая документация должны быть подтверждены ЗАКАЗЧИКОМ. Вся техническая документация будет представлена ЗАКАЗЧИКОМ на ... языке, с подробными инструкциями, и на каждый тип изделия отдельно.

Der AUFTRAGGEBER stellt dem AUFTRAGNEHMER die Muster, Zeichnungen und Dokumentation wie auch alle anderen erforderlichen technischen Instruktionen kostenlos zur Verfügung und erweist dem AUFTRAGNEHMER andere erforderliche Unterstützung vor Arbeitsaufnahme, bei Produktionsanlauf sowie bei der Herstellung der ersten Erzeugnispartie.

Für die qualitätsgerechte Herstellung notwendiger Zulieferteile für die Produktion der vom AUFTRAGGEBER bestellten Erzeugnisse stellt der AUFTRAGGEBER dem AUFTRAGNEHMER eine(n) ... (Bezeichnung der Anlage/Ausrüstung) zur kostenlosen Nutzung zur Verfügung.

Nach Beendigung des Auftrages ist der AUFTRAGNEHMER verpflichtet, die Anlage/Ausrüstung im arbeitsfähigen Zustand an den AUFTRAGGEBER zurückzugeben oder sie zum Selbstkostenpreis unter Berücksichtigung der Abschreibung zu erwerben.

Im Falle der Lieferung minderwertigen Materials für die Erzeugnisproduktion durch den AUFTRAGGEBER bzw. der Übermittlung fehlerhafter technischer Dokumentation oder Zeichnungen ist der AUFTRAGGEBER verpflichtet, dem AUFTRAGNEHMER unverzüglich nach Erhalt einer entsprechenden schriftlichen Mitteilung neues, qualitativ vollwertiges Material bzw. eine neue technische Dokumentation zukommen zu lassen.

Der AUFTRAGGEBER haftet für die Qualität aller im Zusammenhang mit den vertraglichen Vereinbarungen gelieferten Materialien und Dokumente. Der AUFTRAGNEHMER trägt keine Verantwortung für die Qualität der Materialien und Dokumentation, ist jedoch verpflichtet, den AUFTRAGGEBER von aufgetretenen Unzulänglichkeiten und Mängeln in Kenntnis zu setzen.

Bei Verzug der Lieferung von Materialien bzw. der Dokumentation seitens des AUFTRAGGEBERS verlängern sich die Fristen für die Lieferung der Fertigerzeugnisse durch den AUFTRAGNEHMER entsprechend. Der AUFTRAGGEBER ist in diesem Fall verpflichtet, dem AUFTRAGNEHMER Schadensersatz für den aus dem Lieferverzug resultierenden Stillstand der Produktionsanlage in Höhe von ... zu zahlen.

Der AUFTRAGGEBER ist zur Annahme der fertigen Erzeugnisse entsprechend den im Vertrag vereinbarten Fristen verpflichtet.

Die Annahme der fertigen Erzeugnisse erfolgt durch einen bevollmächtigten Vertreter des AUFTRAGGEBERS in ... .

4. **Pflichten des Auftragnehmers**
    Der AUFTRAGNEHMER ist verpflichtet, die in Anlage Nr. ... zum Vertrag benannten Erzeugnisse entsprechend den vom AUFTRAGGEBER erhaltenen Materialien, Dokumentationen und Erzeugnismustern zu fertigen.

    Der AUFTRAGNEHMER ist verpflichtet, die im Verlaufe der Erfüllung seiner Vertragsverpflichtungen vom AUFTRAGGEBER erteilten schriftlichen Hinweise genau zu befolgen.

    Im Falle der Lieferung minderwertigen Materials oder fehlerhafter Dokumente macht der AUFTRAGNEHMER dem AUFTRAGGEBER eine entsprechende schriftliche Mitteilung. Der AUFTRAGNEHMER darf dieses Material bzw. diese Dokumente nur bei Vorlage des ausdrücklichen schriftlichen Einverständnisses von seiten des AUFTRAGGEBERS für seine Arbeit verwenden.

    Der AUFTRAGNEHMER ist verpflichtet, die in Anlage Nr. ... zum Vertrag vereinbarte Menge an Fertigerzeugnissen zu liefern. Die Seiten halten eine Abweichung von ... Tagen von den vereinbarten Lieferfristen für zulässig.

    Bei Lieferverzug von mehr als ... Tagen ist der AUFTRAGNEHMER verpflichtet, für die ersten 10 Verzugstage eine Vertragsstrafe in Höhe von ... % vom Wert der nichtgelieferten Erzeugnismenge pro Verzugstag zu zahlen.

Образцы, чертежи, техническую документацию ЗАКАЗЧИК предоставит ИСПОЛ-НИТЕЛЮ бесплатно, как и все необходимые технические инструкции или другую необходимую помощь, до начала переработки и в начале производства, при изготовлении первой партии изделий.

Для качественного изготовления необходимых деталей на заказанных изделиях ЗАКАЗЧИК предоставит в пользование без компенсации ... (наименование оборудования).

После выполнения заказа ИСПОЛНИТЕЛЬ обязан вернуть оборудование ЗАКАЗ-ЧИКУ в пригодном для работы виде либо выкупить его по себестоимости с учётом амортизации.

В случае предоставления ЗАКАЗЧИКОМ некачественных материалов для изготовления изделий либо недостоверной технической документации или чертежей, ЗАКАЗЧИК обязан немедленно после получения в письменном виде извещения от ИСПОЛНИТЕЛЯ предоставить ему новый качественный материал и техническую документацию.

ЗАКАЗЧИК отвечает за качество всех поставленных в соответствии с договорными обязательствами материалов и документов. ИСПОЛНИТЕЛЬ не несёт ответственности за качество материалов и документации, и изделий, изготовленных из них, но обязан предупредить ЗАКАЗЧИКА о выявленных в процессе изготовления недостатках.

В случае несоблюдения сроков поставки материалов и документации, договорные сроки поставки готовых изделий будут продлены с возложением на ЗАКАЗ-ЧИКА обязанности возместить возникший вследствие простоя оборудования ущерб в размере ... .

ЗАКАЗЧИК обязан принять изготовленную в соответствии с условиями настоящего Договора продукцию в согласованные сроки.

Приёмка готовых изделий будет осуществлена в г. ... уполномоченным представителем ЗАКАЗЧИКА.

4.   Обязанности Исполнителя

ИСПОЛНИТЕЛЬ обязан изготовить в соответствии с полученными материалами, документацией и образцами изделия в соответствии с Приложением № ... .

ИСПОЛНИТЕЛЬ обязан точно соблюдать письменные рекомендации ЗАКАЗ-ЧИКА в процессе выполнения договорных обязательств.

В случае получения некачественных материалов или документов, ИСПОЛНИ-ТЕЛЬ письменно извещает об этом ЗАКАЗЧИКА и может использовать их только при наличии письменного согласия ЗАКАЗЧИКА на такое использование.

ИСПОЛНИТЕЛЬ обязан поставить точно установленное количество изделий в соответствии с Приложением № ... . Стороны считают допустимым отклонение в ... дней от установленных сроков поставки.

При задержке поставки изготовленных изделий более чем на ... дней ИСПОЛНИ-ТЕЛЬ обязан уплатить за каждые последующие 10 дней пени в сумме ... % за каждый день задержки поставки от стоимости непоставленного количества изделий.

Bei Lieferverzug von mehr als 15 Tagen ist der AUFTRAGGEBER berechtigt, vom AUF-TRAGNEHMER die Bezahlung des Materials zum Fakturawert sowie eines Zuschlags von ... % als Schadensersatz für die nichtgelieferten Erzeugnisse zu fordern.

Der AUFTRAGNEHMER haftet für Schäden an Personen, Gebäuden und Anlagen, die im Zusammenhang mit der Auftragserfüllung stehen.

5. Zusammenarbeit der Seiten

Der AUFTRAGNEHMER ist verpflichtet, dem AUFTRAGGEBER während der gesamten Geltungsdauer des Vertrages wöchentlich über den Stand der Produktion Bericht zu erstatten.

Dem AUFTRAGGEBER ist die Möglichkeit einzuräumen, die Lagerung und die Vollständigkeit des Materials, den Zustand der Produktion sowie die Einhaltung der technischen Vorschriften und der Produktions- und Lieferfristen zu kontrollieren.

Die Seiten informieren einander über aufgetretene Mängel und Unzulänglichkeiten und führen entsprechende Konsultationen durch.

Der AUFTRAGNEHMER lagert das vom AUFTRAGGEBER gelieferte Material so, daß eine Beschädigung des Materials bzw. eine sonstige Verschlechterung des Materials ausgeschlossen sind. Bei Verstreichen der Lieferfrist durch Verschulden des AUFTRAG-GEBERS lagert der AUFTRAGNEHMER die fertigen Erzeugnisse unter den erforderlichen Bedingungen, jedoch auf Kosten und Risiko des AUFTRAGGEBERS.

6. Transport und Transportkosten

Die Anlieferung des Materials und der Abtransport der fertigen Erzeugnisse erfolgen entsprechend der von den Seiten vereinbarten Pläne.

Die Transportkosten gehen zu Lasten des AUFTRAGGEBERS. Bei einer Verzögerung der Verladung der fertigen Erzeugnisse um mehr als 24 Stunden handelt es sich um einen Verzug. In diesem Fall ersetzt der AUFTRAGNEHMER dem AUFTRAGGEBER die durch den Verzug entstandenen Kosten in Höhe von ... % der Transportkosten.

Transportkosten, die im Zusammenhang mit dem Rücktransport fertiger Erzeugnisse infolge Qualitätsmängel oder anderer Unterlassungen seitens des AUFTRAGNEHMERS stehen, trägt der AUFTRAGNEHMER.

Der AUFTRAGGEBER trägt die Versicherungskosten für Material und Fertigerzeugnisse beim Transport an seine Adresse mit Lieferbasis franko ... Grenze. Die Versicherungskosten für die auf dem Territorium ... gelagerte Ware und für den Transport bis zur ... Grenze übernimmt der AUFTRAGNEHMER.

7. Geltungsdauer des Vertrages

Der vorliegende Vertrag wurde für die Dauer von ... geschlossen, beginnend mit dem Tag seines Inkrafttretens.

Der Vertrag gilt nach Ablauf der Vertragsdauer als automatisch verlängert, wenn AUF-TRAGGEBER und AUFTRAGNEHMER nicht später als drei Monate vor Vertragsende einander schriftlich die Kündigung erklären.

Die Kündigung muß als Einschreibbrief erfolgen.

Die Seiten behalten sich das Recht auf vorfristige Kündigung des Vertrages im Falle des Eintretens von Umständen höherer Gewalt oder der Nichteinhaltung der vertraglichen Vereinbarungen durch eine der Seiten vor.

При задержке свыше 15 дней ЗАКАЗЧИК может требовать от ИСПОЛНИТЕЛЯ оплаты материала по фактурной стоимости, увеличенной на … % в связи с затратами из-за недопоставленной продукции.

ИСПОЛНИТЕЛЬ несёт всю ответственность за ущерб, причинённый в ходе работ людям, зданиям или оборудованию.

5. Сотрудничество

ИСПОЛНИТЕЛЬ обязан еженедельно в течение всего срока действия Договора извещать ЗАКАЗЧИКА о состоянии производства .

ЗАКАЗЧИК будет иметь возможность контролировать складирование, комплектность материала, состояние производства и соблюдение технологического процесса, а также соблюдение сроков производства и поставки.

Об обнаруженных дефектах и недостатках стороны будут взаимно извещать друг друга и консультироваться.

ИСПОЛНИТЕЛЬ будет хранить поставленный ЗАКАЗЧИКОМ материал в надлежащих условиях, исключающих его порчу и потерю товарного вида. Он также добросовестно относится к хранению изготовленной продукции после истечения срока её поставки по вине ЗАКАЗЧИКА, на его риск и счёт.

6. Транспорт и транспортные расходы

Перевозка материалов и готовых изделий будет производиться по графику, согласованному сторонами.

Транспортные расходы относятся на счёт ЗАКАЗЧИКА. При задержке погрузки готовых изделий на срок более 24 часов это опоздание расценивается как опоздание. В этом случае ПРЕДПРИЯТИЕ возместит ЗАКАЗЧИКУ расходы в связи с ожиданием в размере … % от стоимости перевозки.

Транспортные расходы, возникшие при возврате изделий в связи с недостатками или упущениями ИСПОЛНИТЕЛЯ, относятся на ИСПОЛНИТЕЛЯ.

ЗАКАЗЧИК уплачивает страховые платежи за материал и готовые изделия при перевозке в его адрес с базисом франко … граница, а товар на складах на территории … и при перевозке до … границы должен быть застрахован ИСПОЛНИТЕЛЕМ.

7. Срок действия договора

Данный Договор заключён на срок …, начиная с даты вступления его в силу.

По истечении … Договор будет применяться и дальше, если ЗАКАЗЧИК и ИСПОЛНИТЕЛЬ письменно не известят друг друга за 3 месяца до срока прекращения Договора о прекращении его действия.

Расторжение Договора должно оформляться заказным письмом.

Стороны предусматривают возможность досрочного расторжения данного Договора в случае наступления обстоятельств непреодолимой силы или несоблюдения договорных обязательств одной из сторон.

Sollte eine der Seiten zu der Auffassung gelangen, daß die weitere Erfüllung des Vertrages auf Grund der obengenannten Umstände unmöglich ist, so ist sie verpflichtet, der anderen Seite eine schriftliche Mitteilung der Gründe, die sie zu dieser Auffassung bewogen haben, zukommen zulassen.

Die Seite, die eine solche Mitteilung erhalten hat, ist verpflichtet, innerhalb von ... Tagen schriftlich dazu Stellung zu nehmen und Vorschläge zur Überwindung der entstandenen Schwierigkeiten zu unterbreiten. Sollte die Beseitigung der entstandenen Schwierigkeiten unmöglich sein, so hat jede der Seiten das Recht, den Vertrag innerhalb von ... Tagen zu kündigen. Als Beginn der Kündigungsfrist gilt in diesem Falle das Datum der Zustellung der Mitteilung über die Unüberwindlichkeit der Schwierigkeiten.

Im Falle der Kündigung des vorliegenden Vertrages durch schuldhaftes Verhalten einer der Seiten kann die andere Seite Anspruch auf Schadensersatz und Entschädigung für entgangenen Gewinn geltend machen.

8. **Inkrafttreten des Vertrages**
Der Vertrag tritt nach Unterzeichnung durch die Seiten und Registrierung beim ... in Kraft.

Die Seiten verpflichten sich, alle Maßnahmen zum Erhalt der Genehmigung und zur Registrierung des Vertrages zu ergreifen.

9. **Vertragsänderungen und -ergänzungen**
Alle Änderungen und Ergänzungen zum Vertrag bedürfen der Schriftform und des Einverständnisses der Seiten.

10. **Zession**
Die Seiten stimmen darin überein, daß die Abtretung einzelner, aus dem Vertrag erwachsender Rechte und Pflichten, wie auch des Vertrages im ganzen an Dritte nur dann erfolgen kann, wenn vorher das schriftliche Einverständnis der anderen Seite eingeholt worden ist.

Der Rechtsnachfolger übernimmt unmittelbar alle mit dem Vertrag verbundenen Rechte und Pflichten, darunter auch die zur Regulierung von Streitfällen und Meinungsverschiedenheiten.

11. **Umstände höherer Gewalt (Force majeure)**
Die Seiten sind von der Verantwortung für die teilweise oder vollständige Nichterfüllung der Vertragsverpflichtungen befreit, wenn die Nichterfüllung auf das Wirken von Umständen höherer Gewalt nach Vertragsabschluß als Folge außergewöhnlicher, nicht durch die Seiten vorhersehbarer und nicht durch vernünftige Maßnahmen abwendbarer Ereignisse zurückzuführen ist.

Diejenige Seite, für die die Erfüllung des Vertrages auf Grund des Eintretens der obengenannten Umstände unmöglich geworden ist, hat die andere Seite hiervon unverzüglich und in schriftlicher Form in Kenntnis zu setzen. In diesem Fall vereinbaren die Vertreter beider Seiten dringende Maßnahmen, die von den Vertragspartnern zu ergreifen sind.

Sollten die genannten Umstände länger als drei Monate andauern, so hat die Seite, für die die Erfüllung der eingegangenen Vertragsverpflichtungen infolge des Wirkens dieser Umstände unmöglich geworden ist, das Recht, den Vertrag zu kündigen.

In diesem Fall nehmen die Seiten eine Verrechnung der sich auf den Vertrag beziehenden, zum Zeitpunkt der Beendigung des Vertrages bestehenden Verbindlichkeiten vor.

Если по мнению одной из сторон, из-за наступления вышеназванных обстоятельств дальнейшее выполнение Договора невозможно, то эта сторона обязана направить другой стороне письменное извещение с изложением причин.

Сторона, получившая извещение, обязана в течение … дней письменно сообщить своё мнение и дать предложение по ликвидации возникших трудностей. Если устранение причин невозможно, то каждая из сторон имеет право в течение … дней расторгнуть Договор. Началом срока считается день получения почтового извещения, из которого видно, что трудности непреодолимы.

В случае расторжения указанного Договора по вине одной из сторон другая сторона имеет право на возмещение причинённого ущерба и упущенной выгоды.

8. Вступление договора в силу

Данный Договор вступает в силу после его подписания сторонами и последующей регистрации в … . Датой вступления считается дата регистрации в … .

Стороны обязуются принять все меры, необходимые для получения разрешения на регистрацию.

9. Изменения и дополнения

Все изменения и дополнения к Договору должны быть произведены в письменной форме по соглашению сторон.

10. Цессия договора

Стороны согласны с тем, что передача отдельных прав и обязанностей, как и уступка всего Договора, могут осуществляться в отношении третьих лиц только с предварительного согласия другой стороны в Договоре.

Правопреемник непосредственно принимает права и обязанности стороны по Договору, в том числе обязанности и права по поводу решения споров и разногласий.

11. Форс-мажор

Стороны освобождаются от ответственности за частичное или полное неисполнение обязательств по настоящему Договору, если это неисполнение явилось следствием обстоятельств непреодолимой силы, возникших после заключения Договора, в результате событий чрезвычайного характера, которые стороны не могли предвидеть или предотвратить разумными мерами.

Сторона, для которой создалась невозможность исполнения обязательств по настоящему Договору, должна немедленно в письменном виде информировать об этом другую сторону. В этом случае представители сторон в кратчайшие сроки должны согласовать действия, которые будут предприняты сторонами.

Если указанные выше обстоятельства будут препятствовать нормальному выполнению обязательств по настоящему Договору в течение трёх месяцев с даты их возникновения, сторона, для которой существует невозможность исполнения, вправе отказаться от дальнейшего выполнения Договора.

В этом случае стороны произведут взаимные расчёты, связанные с выполнением обязательств по настоящему Договору на момент его прекращения.

12. Beilegung von Streitfällen

Die Seiten bemühen sich, alle mit der Erfüllung des Vertrages im Zusammenhang stehenden oder aus ihm hervorgehenden Streitfälle auf dem Verhandlungswege zu lösen. Im Falle der Unmöglichkeit der Erzielung einer gegenseitig einvernehmlichen Lösung rufen die Seiten das Vertragsgericht bei der Industrie- und Handelskammer … an, dessen Entscheidung endgültig ist und für beide Seiten verbindlichen Charakter trägt.

In allen übrigen, nicht durch den vorliegenden Vertrag behandelten Fragen gelten die Bestimmungen des Bürgerlichen Gesetzbuches im Lande des Vertragsabschlusses.

13. Geheimhaltung

Keine der Seiten hat das Recht, Betriebs- oder Geschäftsgeheimnisse oder irgendwelche anderen vertraulichen Informationen oder Materialien, die ihr während der Geltungsdauer des vorliegenden Vertrages zugänglich geworden sind, an Dritte zu übergeben, ohne vorher das schriftliche Einverständnis der anderen Seite eingeholt zu haben.

Die Seiten verpflichten sich, Stillschweigen gegenüber Dritten über die im Vertrag getroffenen Vereinbarungen zu wahren.

14. Schlußbestimmungen

Der vorliegende Vertrag wurde in … unterzeichnet. Er wurde in 4 Exemplaren in Russisch und … (je zwei Exemplare für jede Seite) ausgefertigt. Beide Texte sind juristisch gleichwertig.

Mit Inkrafttreten des Vertrages verlieren alle vorher getroffenen Vereinbarungen, die dazugehörige Korrespondenz sowie alle anderen mit dem Vertragsabschluß in Zusammenhang stehenden Dokumente und Verhandlungen der Seiten ihre Gültigkeit.

Alle Anlagen zum Vertrag sind Vertragsbestandteil.

AUFTRAGGEBER   AUFTRAGNEHMER

Adresse   Adresse
Bankrequisit   Bankrequisit

Unterschrift   Unterschrift
Stempel   Stempel

12. Разрешение споров

Все споры и разногласия, могущие возникнуть из настоящего Договора или в связи с ним, стороны будут решать путём переговоров.

Если разногласия устранить не удалось, спор может быть перенесён в арбитраж в соответствии с пунктом о разрешении споров Договора о коммерческом представительстве.

Во всём остальном, что не предусмотрено настоящим Договором, к отношениям сторон применяются общие нормы гражданского законодательства страны, в которой Договор заключён.

13. Конфиденциальность

Ни одна из сторон не имеет права использовать или передавать третьим лицам производственные, деловые тайны или какую-либо другую доверительную информацию и материалы, о которых им стало известно во время действия настоящего Договора, не имея на это предварительного письменного согласия другой стороны.

Стороны обязуются не разглашать информацию об условиях и порядке действия настоящего Договора.

14. Заключительные положения

Настоящий Договор подписан в г. ... и составлен в 4 экземплярах на русском и ... языках, по 2 экземпляра для каждой стороны, причём оба текста имеют одинаковую силу.

С момента вступления Договора в силу все предварительные договорённости, соответствующая переписка, а также все остальные документы по вопросам Договора теряют свою силу.

Все приложения к Договору являются его неотъемлемой частью.

ЗАКАЗЧИК   ИСПОЛНИТЕЛЬ

Почтовый адрес   Почтовый адрес
Банковские реквизиты   Банковские реквизиты

Подпись   Подпись
Печать   Печать

2.4. Vertrag über die Lieferung von Anlagen und Ausrüstungen

(Ort) _____ (Datum) _____

Die FIRMA _____ , vertreten durch _____ ,
                                        (Dienststellung, Familienname, Vor-, Vatername)

im weiteren VERKÄUFER genannt, einerseits,

und

die FIRMA _____ , vertreten durch _____ ,
                                        (Dienststellung, Familienname, Vor-, Vatername)

im weiteren KÄUFER genannt, andererseits,

schließen folgenden Vertrag:

1. Gegenstand des Vertrages

Der VERKÄUFER verkauft und der KÄUFER erwirbt unter der Bedingung franko Waggon ... (Bezeichnung der Anlage/Ausrüstung) entsprechend der Stückzahl und zu den Preisen, die in Anlage ... zum vorliegenden Vertrag ausgewiesen sind. Die Anlage ist Vertragsbestandteil.

2. Preis und Gesamtsumme des Vertrages

Der Preis für die gelieferte Anlage (Ausrüstung) wird in ... festgelegt und versteht sich ..., inklusive Verpackungs- und Markierungskosten. Der Gesamtwert der Anlage (Ausrüstung) beträgt entsprechend vorliegendem Vertrag ... .

3. Lieferfrist und Lieferdatum

Die in Anlage ... zum Vertrag genannte Anlage (Ausrüstung) ist entsprechend der in der Anlage vereinbarten Frist zu liefern. Als Lieferdatum gilt ... .

4. Zahlungsbedingungen

Der KÄUFER ist verpflichtet, innerhalb von ... Tagen nach Erhalt der Mitteilung über die Versandfertigkeit der Anlage (Ausrüstung) ein unwiderrufliches, bestätigtes und teilbares Akkreditiv über den Gesamtpreis der Ware in ... (Summe, Währung) bei ... (Name des Kreditinstituts) auf den Namen des VERKÄUFERS zu eröffnen.

Die Einlösung des Akkreditivs erfolgt nach Vorlage folgender Dokumente durch den VERKÄUFER bei der Bank:
a) Original der spezifizierten Rechnung und zwei Kopien,
b) Duplikat des Eisenbahnfrachtbriefes, ausgestellt auf den vom KÄUFER angegebenen Namen des Empfängers der Ware,
c) Packlisten in drei Exemplaren,
d) Qualitätszertifikat, erteilt vom Herstellerwerk oder vom VERKÄUFER, bzw. Protokoll über den Probelauf der Anlage,
e) Nachweis des VERKÄUFERS über die Entsendung der technischen Dokumentation gemäß Punkt 6 des vorliegenden Vertrages.

Alle mit der Eröffnung und einer eventuellen Prolongation des Akkreditivs – sofern diese durch Handlungen des KÄUFERS erforderlich wird – verbundenen Kosten sowie alle Bankgebühren, die mit der Eröffnung und Nutzung des Akkreditivs verbunden sind, gehen zu Lasten des KÄUFERS.

2.4. Договор купли-продажи оборудования

г. _____   _____ 199 _ г.

ФИРМА _____ , в лице _____ ,
                                    (должность, фамилия, имя, отчество)
именуемая в дальнейшем ПРОДАВЕЦ, с одной стороны,

и

ФИРМА _____ , в лице _____ ,
                                    (должность, фамилия, имя, отчество)
именуемая в дальнейшем ПОКУПАТЕЛЬ, с другой стороны,

заключили настоящий Договор о нижеследующем:

1. Предмет договора
ПРОДАВЕЦ продал, а ПОКУПАТЕЛЬ купил на условиях франко-вагон ... оборудование в количестве и по ценам, указанным в Приложении ..., составляющем неотъемлемую часть настоящего Договора.

2. Цена и общая сумма договора
Цены на оборудование устанавливаются в ... и понимаются ..., включая стоимость тары, упаковки и маркировки. Общая сумма стоимости оборудования согласно настоящему Договору составляет ... .

3. Срок и дата поставки
Перечисленное в Приложении ... Договора оборудование должно быть поставлено в сроки, указанные в Приложении. Датой поставки считается дата ... .

4. Условия платежа
ПОКУПАТЕЛЬ обязан в течение ... дней со дня получения письменного извещения ПРОДАВЦА о готовности оборудования к отгрузке открыть через ... (наименование банка) безотзывный подтверждённый и делимый аккредитив в ... (валюта) в размере полной стоимости оборудования, готового к отгрузке.

Платёж с аккредитива производится при представлении ПРОДАВЦОМ следующих документов банку:
а) оригинала специфицированного счёта и 2-х копий,
б) дубликата железнодорожной накладной, выписанной на имя грузополучателя, указанного ПОКУПАТЕЛЕМ,
в) упаковочных листов в 3-х экземплярах,
г) сертификата о качестве, выданного заводом-изготовителем или ПРОДАВЦОМ, либо протокола испытания оборудования,
д) письма ПРОДАВЦА об отправке техдокументации в соответствии с параграфом 6 настоящего Договора.

Все расходы по открытию и возможной пролонгации аккредитива, если такая пролонгация вызвана действиями ПОКУПАТЕЛЯ, а также все банковские комиссии, связанные с открытием и использованием аккредитива, оплачиваются ПОКУПАТЕЛЕМ.

Verzögert sich die Eröffnung des Akkreditivs um mehr als ... Tage, so hat der VERKÄU-FER das Recht, den Vertrag zu kündigen und gegenüber dem KÄUFER Schadensersatz für den durch die Nichterfüllung des Vertrages entstandenen Verlust geltend zu machen.

Die Bezahlung erfolgt nur bei Vollständigkeit der Lieferung.

5. Qualität der Anlage (Ausrüstung)

Die Qualität der gelieferten Anlage (Ausrüstung) muß den im Lande des VERKÄUFERS geltenden staatlichen Standards bzw. den vom Herstellerwerk festgelegten technischen Bestimmungen entsprechen und bedarf der Bestätigung durch ein Qualitätszertifikat von seiten des Herstellerwerkes oder des VERKÄUFERS.

Der VERKÄUFER haftet im Garantiezeitraum für die Qualität des für die Herstellung der Anlage (Ausrüstung) verwendeten Materials, für die Konstruktion der Maschinen und Ausrüstungen sowie für die Qualität und Vollständigkeit der gelieferten Anlage (Ausrü-stung).

Die Garantiezeit beträgt ... Monate, beginnend mit dem Tag der Inbetriebnahme der Anlage (Ausrüstung), jedoch nicht mehr als ... Monate ab Lieferdatum.

Bei Ablauf der Garantiezeit ist der VERKÄUFER entsprechend Anlage ... zum vorliegen-den Vertrag verpflichtet, einen wiederholten Probelauf der Anlage (Ausrüstung) vorzu-nehmen, dessen Ergebnisse endgültig sind.

Sollten während dieses Probelaufs die in der Garantie vorgesehenen Parameter nicht er-reicht werden, so zahlt der VERKÄUFER dem KÄUFER eine einmalige Entschädigung, die sich wie folgt errechnet: bei Kapazitätseinschränkungen von bis zu 5 % zahlt der VERKÄUFER bis zu 0,1 % vom Gesamtpreis der Anlage (Ausrüstung), für weitere Kapa-zitätseinschränkungen von bis zu 10 % zahlt der VERKÄUFER 0,5 % vom Gesamtpreis der Anlage.

Die Gesamtkapazität der Anlage (Ausrüstung) darf jedoch nicht unter 90 % der in Anla-ge ... zum Vertrag vorgesehenen Kapazität liegen. Die Qualität der Anlage (Ausrüstung) muß der in Anlage ... zum Vertrag zugesicherten Qualität entsprechen.

Für die gelieferte Anlage (Ausrüstung) und das Material, deren Parameter in Anlage ... zum Vertrag festgelegt sind, gelten die in Anlage ... zugesicherten Garantiekennziffern.

Sollten die in Anlage ... zugesicherten Garantiekennziffern während der Durchführung des Probelaufs der Anlage (Ausrüstung) durch die Schuld des VERKÄUFERS nicht er-reicht werden, so ist der VERKÄUFER verpflichtet, innerhalb kürzester von den Seiten vereinbarter Frist die erforderliche Nachbesserung und/oder den Ersatz der Anlage (Aus-rüstung) auf eigene Kosten vorzunehmen und/oder im Einverständnis mit dem KÄUFER eine zusätzliche Anlage (Ausrüstung) zur Verfügung zu stellen und aus eigenen Kräften sowie auf seine Kosten die Montage der Anlage vorzunehmen.

Als Datum der Inbetriebnahme gilt das von den Seiten unterzeichnete Protokoll über die Beendigung des Probelaufs und die Inbetriebnahme der Anlage (Ausrüstung) durch den KÄUFER.

Sollte die Anlage (Ausrüstung) während der Garantiezeit Mängel aufweisen oder nicht den vertraglich vereinbarten Bedingungen entsprechen oder nicht die vereinbarte Kapa-zität erreichen bzw. sie ohne Schuld des KÄUFERS einbüßen, so ist der VERKÄUFER verpflichtet, die aufgetretenen Mängel unverzüglich zu beseitigen bzw. die defekte An-lage (Ausrüstung) durch eine neue zu ersetzen, die der vereinbarten Qualität entspricht.

Mangelhafte Anlagen (Ausrüstungen) bzw. Teile von diesen sind auf Wunsch und auf Kosten des VERKÄUFERS innerhalb einer bestimmten, von den Seiten vereinbarten Frist zurückzugeben.

Если открытие аккредитива задерживается более чем на … дней, ПРОДАВЕЦ будет иметь полное право расторгнуть Договор с отнесением на ПОКУПАТЕЛЯ всех убытков, вызванных невыполнением настоящего Договора.

Платежи производятся только за комплектно отгруженное оборудование.

5. Качество оборудования

Качество поставляемого оборудования должно соответствовать установленным в стране ПРОДАВЦА государственным стандартам или техническим условиям заводов-изготовителей и подтверждаться сертификатами о качестве названных заводов или ПРОДАВЦА.

ПРОДАВЕЦ отвечает в течение гарантийного срока за качество материалов, которые были применены для изготовления оборудования, конструкцию машин и оборудования, а также за качество и комплектность оборудования.

Гарантийный срок составляет … месяцев со дня пуска оборудования в эксплуатацию, но не более … месяцев с даты поставки оборудования.

При истечении указанного срока ПРОДАВЕЦ должен повторно провести гарантийные испытания в соответствии с Приложением … к настоящему Договору, и результаты его считаются окончательными.

В случае, если при повторных испытаниях не будут достигнуты гарантийные показатели, то ПРОДАВЕЦ выплачивает ПОКУПАТЕЛЮ единовременную сумму по Договору, которая рассчитывается следующим образом: при недостижении производительности за каждый процент снижения до 5 % начисляется сумма до 0,1 % от стоимости оборудования, за каждый последующий процент до 10 % начисляется 0,5 %.

Однако при всех условиях производительность оборудования не должна быть ниже 90 % от производительности, указанной в Приложении …, и качество продукта должно соответствовать качеству, предусмотренному в Приложении … .

На поставленном оборудовании и на материалах, характеристики которых оговорены в Приложении … к настоящему Договору, будут достигнуты гарантированные показатели, указанные в Приложении … .

Если гарантированные показатели, указанные в Приложении …, не будут достигнуты во время проведения гарантийных испытаний по вине ПРОДАВЦА, то ПРОДАВЕЦ обязуется в кратчайший срок, согласованный сторонами, внести за свой счёт необходимые исправления и/или замену оборудования и/или отгрузить дополнительное оборудование и при согласии ПОКУПАТЕЛЯ провести своими силами и за свой счёт его монтаж.

Датой пуска оборудования в эксплуатацию считается дата протокола, подписанного сторонами об окончании приёмных испытаний, и приёмка ПОКУПАТЕЛЕМ оборудования в эксплуатацию.

Если в течение срока гарантии оборудование окажется дефектным или не будет соответствовать условиям Договора, не достигнет обусловленной производительности либо утратит её не по вине ПОКУПАТЕЛЯ, ПРОДАВЕЦ обязан без промедления устранить дефекты или заменить дефектное оборудование новым оборудованием соответствующего качества.

Дефектное оборудование или его части, взамен которых поставлены новые, возвращаются ПРОДАВЦУ по его требованию и за его счёт в срок, согласованный сторонами.

Sollte der VERKÄUFER auf Forderung des KÄUFERS die aufgetretenen Mängel nicht innerhalb der von den Seiten vereinbarten Frist beseitigen, so hat der KÄUFER das Recht, die Beseitigung dieser Mängel selbst und auf Kosten des VERKÄUFERS vorzunehmen, ohne daß seine Garantieansprüche dadurch berührt würden. Geringfügige Störungen, deren Beseitigung keinen Aufschub duldet und die Teilnahme des VERKÄUFERS nicht erfordert, beseitigt der KÄUFER selbst. Die tatsächlichen Reparaturkosten stellt er dem VERKÄUFER in Rechnung.

Sind die festgestellten Mängel nicht behebbar, so hat der VERKÄUFER das Recht, von den im Vertrag vereinbarten Bedingungen zurückzutreten und einen entsprechenden Preisnachlaß zu fordern.

6. **Technische Dokumentation**
Der VERKÄUFER übermittelt dem KÄUFER an die von ihm angegebenen Adressen und nicht später als ... Monate nach Vertragsabschluß die folgenden technischen Dokumentationen in zwei Exemplaren:
a) die Gesamtzeichnungen und Zeichnungen der einzelnen Baugruppen mit Verweis auf die grundlegenden Maße sowie die Spezifikationen für alle Maschinenteile und Baugruppen,
b) die Konstruktionsbeschreibung der Maschinen sowie den technischen Paß für Maschinen und Elektroanlagen,
c) Montage-, Erprobungs- und Betriebsanleitungen, Schmierstellenübersicht u. a.,
d) Grundriß und Aufstellungsplan,
e) Zeichnungen schnellverschleißender Maschinenteile,
f) ... .

Ferner sind zwei Exemplare der obengenannten technischen Dokumentation sowie das Qualitätszertifikat, das die Übereinstimmung der Qualität der Anlage (Ausrüstung) mit den vertraglich vereinbarten Bedingungen bestätigt, der Kiste Nr. ... jeder Maschine in einem wasserundurchlässigen Umschlag beizufügen.

Alle Anleitungen und Beschriftungen auf den Zeichnungen sind in ... Sprache vorzunehmen.

Bei Fehlen der technischen Dokumentation in der Kiste bzw. bei verspäteter Zustellung durch die Post gilt die Lieferung als unvollständig. In diesem Fall verlängert sich der Garantiezeitraum, beginnend mit dem Tag des Erhalts der vollständigen technischen Dokumentation durch den KÄUFER.

Sollten sich während des Garantiezeitraums Mängel bzw. Unvollständigkeit der technischen Dokumentation, der Beschreibung der Produktionsmethode oder anderer Dokumente herausstellen, so ist der VERKÄUFER verpflichtet – unabhängig davon, ob diese Mängel bei der Durchsicht der Dokumente hätten festgestellt werden können oder nicht – auf Forderung des KÄUFERS unverzüglich und ohne zusätzliche Bezahlung durch den KÄUFER die festgestellten Mängel durch Korrektur bzw. Ersatz der technischen Dokumentation zu beseitigen.

In diesem Fall hat der KÄUFER das Recht, die Zahlung einer Vertragsstrafe ebenso wie bei Lieferverzug zu fordern.

7. **Inspektion und Erprobung**
Bei Einverständnis der Seiten erhält der KÄUFER das Recht, seine Inspektoren in das Werk des VERKÄUFERS und der Zulieferer zu entsenden, um Fertigung und Qualität der in Auftrag gegebenen Anlage (Ausrüstung) bzw. des verwendeten Materials zu kontrollieren.

Если ПРОДАВЕЦ по требованию ПОКУПАТЕЛЯ в согласованный сторонами срок не устранит заявленных дефектов, то ПОКУПАТЕЛЬ вправе устранить их сам за счёт ПРОДАВЦА без ущерба для своих прав по гарантии. Мелкие недостатки, не терпящие отсрочки и не требующие участия ПРОДАВЦА в их устранении, исправляются ПОКУПАТЕЛЕМ с отнесением на ПРОДАВЦА нормальных фактических расходов.

Если недостатки неустранимы, то ПОКУПАТЕЛЬ вправе отступиться от Договора и требовать соответствующего уменьшения договорной цены.

6. Техническая документация

ПРОДАВЕЦ высылает по адресам, указанным ПОКУПАТЕЛЕМ, не позднее … месяцев с даты подписания настоящего Договора 2 экземпляра следующей технической документации:

а) общие и узловые чертежи машин с указанием основных размеров, а также спецификации всех частей и узлов машин,

б) технические описания конструкции машин и паспорта на машины и электрооборудование,

в) инструкции по монтажу, испытанию и эксплуатации оборудования, схемы смазки и другие,

г) фундаментные и установочные чертежи,

д) рабочие чертежи быстроизнашивающихся частей машин,

е) … .

Кроме того, 2 экземпляра вышеуказанной документации, а также сертификат о качестве оборудования, подтверждающий соответствие оборудования условиям Договора, должны быть вложены в водонепроницаемой упаковке в ящик № … каждой машины.

Все текстовые материалы, а также надписи на чертежах должны быть выполнены на … языке.

При отсутствии технической документации в ящике или при несвоевременной её отправке почтой поставка считается некомплектной. В этом случае срок гарантии соответственно продлевается и начало его исчисляется со дня получения ПОКУПАТЕЛЕМ полного комплекта технической документации.

Если в течение срока гарантии выявятся недостатки, неполнота или некомплектность технической документации, описания метода производства или других технических документов полностью или частично, то независимо от того, могло ли это быть установлено при рассмотрении технической документации, ПРОДАВЕЦ обязуется по требованию ПОКУПАТЕЛЯ незамедлительно и без какой-либо дополнительной оплаты со стороны ПОКУПАТЕЛЯ устранить без промедления обнаруженные дефекты путём исправления либо замены технической документации.

В этом случае ПОКУПАТЕЛЬ имеет право требовать уплаты штрафа как за просрочку в поставке.

7. Инспектирование и испытание

При согласии сторон ПОКУПАТЕЛЮ предоставляется право направлять своих инспекторов на заводы ПРОДАВЦА и субпоставщиков для проверки хода изготовления и качества заказанного оборудования и используемых материалов.

Der VERKÄUFER ist verpflichtet, den Inspektoren des KÄUFERS alle für die Inspektion erforderlichen Ausrüstungen und Materialien zu den für den jeweiligen Industriezweig im Lande des VERKÄUFERS üblichen Bedingungen zur Verfügung zu stellen.

Die Erprobung der Anlage (Ausrüstung) ist in den Werken des VERKÄUFERS und der Zulieferer auf Kosten des VERKÄUFERS und in Anwesenheit eines Inspektors des KÄUFERS durchzuführen. Nach Beendigung der Erprobung durch den VERKÄUFER wird ein Protokoll erstellt, das die Einzelheiten und Ergebnisse der Erprobung enthält und die Übereinstimmung der fertiggestellten Anlage (Ausrüstung) mit den vertraglich vereinbarten Bedingungen feststellt.

Die Mitteilung des VERKÄUFERS über die Bereitschaft der Anlage (Ausrüstung) zur Erprobung darf nicht später als … Tage vor dem beabsichtigten Erprobungstermin erfolgen.

Wenn der KÄUFER dem VERKÄUFER innerhalb von … Tagen, gerechnet ab Zustellungsdatum, mitteilt, daß sein Inspektor nicht an der Erprobung teilnehmen kann, oder wenn der VERKÄUFER in der genannten Zeit keine Mitteilung vom KÄUFER erhält, ist er berechtigt, die Erprobung in Abwesenheit des Inspektors vorzunehmen.

Wenn die Erprobung die Übereinstimmung der Anlage (Ausrüstung) mit den vertraglich vereinbarten Bedingungen bestätigt, legt der VERKÄUFER dem KÄUFER das entsprechende Erprobungsprotokoll vor.

Dieses Protokoll fügt der VERKÄUFER dem Versandavis bei. Sollte der Inspektor des KÄUFERS feststellen, daß die Anlage (Ausrüstung) nicht den Vertragsbedingungen entspricht und/oder Mängel aufweist, so ist der VERKÄUFER verpflichtet, die erforderliche Mängelbeseitigung unverzüglich mit seinen Mitteln und auf eigene Kosten vorzunehmen, ohne dabei die Lieferfristen zu überziehen.

Nach Beseitigung der Mängel ist die Anlage (Ausrüstung) auf Verlangen des KÄUFERS erneut unter Einhaltung der in diesem Punkt getroffenen Vereinbarungen zu erproben.

Sollten bei der Erprobung keine Mängel zutage treten, erteilt der Inspektor des KÄUFERS dem VERKÄUFER die Versandgenehmigung für die fertige Anlage (Ausrüstung).

Der VERKÄUFER ist verpflichtet, vor Versand der Anlage (Ausrüstung) eine Probemontage der zur Anlage (Ausrüstung) gehörenden Bauelemente vorzunehmen.

Wenn der Versand der Anlage (Ausrüstung) in Einzelteilen erfolgt, ist der VERKÄUFER verpflichtet, die zu ihrer Montage am Aufstellungsort erforderlichen Mittel (Elektroden, Werkzeuge usw.) auf eigene Kosten zur Verfügung zu stellen.

Die obenerwähnte Anwesenheit eines Inspektors des KÄUFERS bei der Erprobung der Anlage (Ausrüstung) sowie die Erteilung der Versandgenehmigung durch den KÄUFER befreien den VERKÄUFER nicht von den eingegangenen Verpflichtungen und haben keinen Einfluß auf die im vorliegenden Vertrag vorgesehenen Rechte des KÄUFERS.

8.   Verpackung und Markierung

Die Anlage (Ausrüstung) ist in einer adäquaten, ihrem Charakter entsprechenden Verpackung zu versenden, die den im Lande des VERKÄUFERS geltenden technischen Bedingungen und Standards entspricht und bei sachgemäßem Umgang die Unversehrtheit der Ware beim Transport gewährleistet.

Verpackung und Konservierung müssen so beschaffen sein, daß sie die Anlage (Ausrüstung) vor Beschädigung und Korrosion bei mehrmaligem Umladen sowie bei langandauernder Lagerung bewahren.

Der VERKÄUFER ist verpflichtet, jedes Frachtstück mit einer Packliste in russischer Sprache zu versehen, die folgende Angaben enthält:

ПРОДАВЕЦ должен предоставить в распоряжение инспектора ПОКУПАТЕЛЯ бесплатно все необходимые средства для инспектирования оборудования и материалов в соответствии с условиями, существующими в данной отрасли промышленности страны ПРОДАВЦА.

Испытание оборудования должно производиться на заводах ПРОДАВЦА и субпоставщиков за счёт ПРОДАВЦА в присутствии инспектора ПОКУПАТЕЛЯ. По окончании испытаний ПРОДАВЦОМ составляется протокол, в котором указываются существенные подробности и результаты испытаний, а также соответствие изготовленного оборудования условиям Договора.

Извещение ПРОДАВЦА о готовности оборудования к испытаниям должно быть послано не позднее чем за … дней до предполагаемого срока испытаний.

Если в течение … дней с даты получения извещения ПОКУПАТЕЛЬ сообщит ПРОДАВЦУ, что его инспектор не сможет присутствовать при испытании или ПРОДАВЕЦ не получит за это время никакого извещения, ПРОДАВЕЦ вправе произвести испытание в отсутствие инспектора.

ПРОДАВЕЦ предоставляет ПОКУПАТЕЛЮ протокол испытания, если испытание обнаружило соответствие изготовленного оборудования условиям Договора.

Данный протокол должен быть приложен ПРОДАВЦОМ к извещению о готовности поставляемого оборудования к отгрузке. В том случае, если инспектор ПОКУПАТЕЛЯ установит, что оборудование не соответствует условиям Договора и/или имеет дефекты, ПРОДАВЕЦ обязан немедленно своими средствами и за свой счёт устранить таковые, причём это не даёт ему право нарушить сроки поставки оборудования.

По устранении дефектов оборудование должно быть по требованию ПОКУПАТЕЛЯ испытано вновь с соблюдением условий, предусмотренных настоящей статьёй.

В случае, если при испытании не будут обнаружены недостатки, инспектор ПОКУПАТЕЛЯ выдаёт разрешение ПРОДАВЦУ на отгрузку готовой продукции.

Перед отгрузкой оборудования ПРОДАВЕЦ должен произвести контрольную сборку узлов, входящих в комплект.

Если отгрузка оборудования производится в разобранном виде, то для сборки его на месте монтажа ПРОДАВЕЦ должен поставить вместе с оборудованием за свой счёт необходимые средства (электроды, инструменты и т. д.).

Присутствие инспектора ПОКУПАТЕЛЯ при проведении ПРОДАВЦОМ испытаний, как указано выше, также как и выдача ПОКУПАТЕЛЕМ разрешения на отгрузку, не освобождает ПРОДАВЦА от принятых им на себя обязательств и не влияет на права ПОКУПАТЕЛЯ, предусмотренные настоящим Договором.

8. Упаковка и маркировка

Упаковка, в которой должно отгружаться оборудование, должна соответствовать характеру поставляемого груза, а также установленным в стране ПРОДАВЦА стандартам или техническим условиям и обеспечивать, при условии надлежащего обращения с грузом, сохранность груза во время транспортировки.

Упаковка и консервация должны предохранять оборудование от повреждений и коррозии, с учётом нескольких перегрузок в пути, а также длительного хранения.

ПРОДАВЕЦ обязан на каждое место составить упаковочный лист на русском языке, в котором указывается:

a) Verzeichnis der verpackten Gegenstände,
b) Typ (Modell) des Erzeugnisses,
c) Fabrikatsnummer,
d) Anzahl der verpackten Gegenstände,
e) Nummer des Frachtstückes,
f) Brutto- und Nettogewicht,
g) Bezeichnung des VERKÄUFERS und KÄUFERS im vorliegenden Vertrag,
h) Nummer des Vertrages.

Die Kisten sind mit folgender Markierung zu versehen: Bestimmungsort (Trans), Bezeichnung des Empfängers der Ware, Bezeichnung des VERKÄUFERS, Nummer des Frachtstückes, Brutto- und Nettogewicht und andere Requisiten, die zwischen VERKÄUFER und KÄUFER abzustimmen und rechtzeitig vom KÄUFER mitzuteilen sind.

Der VERKÄUFER haftet gegenüber dem KÄUFER bei Beschädigung der Anlage (Ausrüstung) infolge minderwertiger oder unsachgemäßer Konservierung und Verpackung sowie für Verluste, die auf falsche Adressierung der Fracht bzw. auf unzureichende oder minderwertige Markierung zurückzuführen sind.

9. **Sanktionen**
Bei Nichteinhaltung der Lieferfristen wird pro Verzugstag eine Vertragsstrafe in Höhe von ... erhoben.

10. **Versandinstruktionen**
Der KÄUFER teilt dem VERKÄUFER seine Versandinstruktionen nicht später als ... Tage vor dem vertraglich vereinbarten Liefertermin mit.

Der VERKÄUFER benachrichtigt den KÄUFER per Fax oder Telegramm nicht später als ... Tage nach Versand unter Angabe folgender Informationen vom erfolgten Versand der Anlage (Ausrüstung):
a) Versanddatum,
b) Bezeichnung der Anlage (Ausrüstung),
c) Nummer des Vertrages,
d) Transnummer,
e) Nummer des Eisenbahnfrachtbriefes,
f) Anzahl der Frachtstücke,
g) Brutto- und Nettogewicht,
h) Preis.

11. **Umstände höherer Gewalt (Force majeure)**
Die Seiten sind von der Verantwortung für die teilweise oder vollständige Nichterfüllung der Vertragsverpflichtungen befreit, wenn die Nichterfüllung auf das Wirken von Umständen höherer Gewalt nach Vertragsabschluß als Folge außergewöhnlicher, nicht durch die Seiten vorhersehbarer und nicht durch vernünftige Maßnahmen abwendbarer Ereignisse zurückzuführen ist.

Diejenige Seite, für die die Erfüllung des Vertrages auf Grund des Eintretens der obengenannten Umstände unmöglich geworden ist, hat die andere Seite hiervon unverzüglich und in schriftlicher Form in Kenntnis zu setzen. In diesem Fall vereinbaren die Vertreter beider Seiten dringende Maßnahmen, die von den Vertragspartnern zu ergreifen sind.

Sollten die genannten Umstände länger als drei Monate andauern, so hat die Seite, für die die Erfüllung der eingegangenen Vertragsverpflichtungen infolge des Wirkens dieser Umstände unmöglich geworden ist, das Recht, den Vertrag zu beenden.

а) перечень упакованных предметов,
б) тип (модель) изделия,
в) фабричный номер,
г) количество упакованных предметов,
д) № места,
е) вес брутто и нетто,
ж) наименование ПРОДАВЦА и ПОКУПАТЕЛЯ в настоящем Договоре,
з) № Договора.

На поверхность ящиков с оборудованием наносится необходимая маркировка: название пункта назначения (транс), наименование грузополучателя, наименование ПРОДАВЦА, номер места, вес брутто и нетто и другие реквизиты, которые могут быть сообщены заблаговременно ПОКУПАТЕЛЕМ и согласованы с ПРОДАВЦОМ.

ПРОДАВЕЦ несёт ответственность перед ПОКУПАТЕЛЕМ за порчу оборудования, вследствие некачественной или ненадлежащей консервации и упаковки, а также за убытки, связанные с засылкой груза не по адресу, вследствие неполноценной или некачественной маркировки.

9. Санкции

При нарушении сроков поставки оборудования за каждый день просрочки начисляется штраф в размере … .

10. Отгрузочные инструкции

ПОКУПАТЕЛЬ обязан сообщить ПРОДАВЦУ свои отгрузочные инструкции не позднее … дней до начала установленного в Договоре срока поставки.

О последовавшей отгрузке оборудования ПРОДАВЕЦ извещает ПОКУПАТЕЛЯ по телеграфу или по факсу не позднее … суток с момента отгрузки с указанием следующих данных:
а) дата отгрузки,
б) наименование оборудования,
в) № Договора,
г) № транса,
д) № железнодорожной накладной,
е) количество мест,
ж) вес брутто и нетто,
з) стоимость.

11. Форс-мажор

Стороны освобождаются от ответственности за частичное или полное неисполнение обязательств по настоящему Договору, если это неисполнение явилось следствием действия обстоятельств непреодолимой силы, возникших после заключения Договора, в результате событий чрезвычайного характера, которые стороны не могли предвидеть или предотвратить разумными мерами.

Сторона, для которой создалась невозможность исполнения обязательств по настоящему Договору, должна немедленно в письменной форме информировать об этом другую сторону. В этом случае представители сторон в кратчайшие сроки согласовывают действия, которые должны быть предприняты сторонами.

Если указанные выше обстоятельства будут препятствовать нормальному выполнению обязательств по настоящему Договору в течение 3 месяцев с даты их возникновения, сторона, для которой существует невозможность выполнения, вправе отказаться от дальнейшего выполнения условий данного Договора.

In diesem Fall nehmen die Seiten eine Verrechnung der sich auf den Vertrag beziehenden, zum Zeitpunkt der Beendigung des Vertrages bestehenden Verbindlichkeiten vor.

12. Versicherung

Der VERKÄUFER versichert die laut Vertrag zu liefernde Anlage (Ausrüstung) bis zu ihrer Übergabe in … .

13. Weitere Vereinbarungen

Alle Anlagen zum Vertrag sind Vertragsbestandteil.

Alle Änderungen und Ergänzungen zum Vertrag bedürfen der Schriftform und der Unterzeichnung durch die Seiten.

14. Beilegung von Streitigkeiten. Arbitrage

Alle aus dem vorliegenden Vertrag erwachsenden bzw. mit ihm im Zusammenhang stehenden Streitfragen und Meinungsverschiedenheiten werden nach Möglichkeit auf dem Verhandlungswege gelöst.

Sollte eine Beilegung des Streitfalls nicht möglich sein, rufen die Seiten das Vertragsgericht an. Ort der Gerichtsbarkeit ist … .

In allen übrigen, nicht durch den vorliegenden Vertrag berührten Fällen gelten die Bestimmungen des Bürgerlichen Gesetzbuches im Lande des Vertragsabschlusses.

15. Geheimhaltung

Keine der vertragschließenden Seiten hat das Recht, ihre aus dem Vertrag erwachsenden Rechte und Pflichten vollständig oder teilweise an Dritte abzutreten, ohne vorher das schriftliche Einverständnis der anderen Seite eingeholt zu haben.

Keine der Seiten hat das Recht, Betriebs- oder Geschäftsgeheimnisse oder irgendwelche anderen vertraulichen Informationen oder Materialien, die ihr während der Geltungsdauer des vorliegenden Vertrages zugänglich geworden sind, zu nutzen oder an Dritte zu übergeben, ohne vorher das schriftliche Einverständnis der anderen Seite eingeholt zu haben.

16. Schlußbestimmungen

Der vorliegende Vertrag wurde in … unterzeichnet. Er wurde in Russisch und … in 4 Exemplaren – je zwei für jede Seite – ausgefertigt. Beide Texte sind juristisch gleichwertig.

Juristische Adressen der Seiten:

VERKÄUFER   KÄUFER

Adresse   Adresse
Bankrequisiten   Bankrequisiten

Unterschrift   Unterschrift
Stempel   Stempel

В этом случае стороны произведут взаимные расчёты, связанные с выполнением обязательств по настоящему Договору на момент его прекращения.

12.   Страхование

ПРОДАВЕЦ осуществляет страхование поставляемого им по настоящему Договору оборудования до его передачи в … .

13.   Прочие условия

Все приложения к настоящему Договору составляют его неотъемлемую часть.

Все изменения и дополнения к настоящему Договору действительны лишь в случае составления их в письменной форме и подписания сторонами.

14.   Разрешение споров. Арбитраж

Все споры и разногласия, могущие возникнуть из настоящего Договора или в связи с ним, будут по возможности решаться путём переговоров между сторонами.

В случае, если устранить разногласия не удалось, они подлежат разрешению в арбитраже. Место арбитража – … .

Во всём остальном, что не предусмотрено настоящим Договором, к отношениям сторон применяются общие нормы гражданского законодательства страны, где был заключён настоящий Договор.

15.   Конфиденциальность

Ни одна из сторон не вправе передавать третьим лицам полностью или частично свои права и обязанности по настоящему Договору без предварительного письменного согласия другой стороны.

Ни одна из сторон по Договору не имеет права использовать или передавать третьим лицам производственные и деловые тайны или какую-либо другую доверительную информацию или материалы, о которых им стало известно во время действия настоящего Договора, не имея на это предварительного письменного согласия другой стороны.

16.   Общие положения

Настоящий Договор составлен в г. … на русском и … языках, причём оба текста имеют одинаковую силу, в 4 экземплярах, по 2 экземпляра для каждой стороны.

Юридические адреса сторон:

ПРОДАВЕЦ   ПОКУПАТЕЛЬ

Почтовый адрес   Почтовый адрес
Банковские реквизиты   Банковские реквизиты

Подпись   Подпись
Печать   Печать

2.5. Konsignationsvertrag

(Ort) _____   (Datum) _____

Der vorliegende Vertrag wurde zwischen

_____ , im folgenden KONSIGNANT genannt,

vertreten durch _____ , einerseits,

_____(Dienststellung, Familienname, Vor-, Vatername)_____

und

_____ , im folgenden KONSIGNATAR genannt,

vertreten durch _____ , andererseits,

_____(Dienststellung, Familienname, Vor-, Vatername)_____

geschlossen.

1. Allgemeine Bestimmungen

Die Seiten schließen auf der Grundlage des zwischen ihnen am … geschlossenen Vertretungsvertrages den vorliegenden Vertrag über die Eröffnung eines Konsignationslagers für die in Anlage … zum Vertrag aufgeführten Konsumgüter, die der KONSIGNANT zwecks Verkauf auf dem Territorium … liefert.

Unter „Konsumgütern" werden im vorliegenden Vertrag die im Vertretungsvertrag aufgeführten Waren bezeichnet, die Gegenstand der Vertretung sind.

2. Vertragsgegenstand und Vertragssumme

Der KONSIGNANT übergibt und der KONSIGNATAR empfängt Konsumgüter zu den vertraglich vereinbarten Bedingungen des Konsignationsverhältnisses im Umfang und zu den Preisen gemäß den dem Vertrag beigefügten Spezifikationen, die Vertragsbestandteil sind (Anlage Nr. …).

Zur Realisierung des genannten Zieles haben die Seiten die Eröffnung eines Konsignationslagers für Konsumgüter in … vereinbart. Das Konsignationslager gilt als eröffnet, wenn der KONSIGNANT mitteilt, daß er die entsprechenden amtlichen Genehmigungen eingeholt hat.

Der Wert der im Konsignationslager zu lagernden Konsumgüter beträgt … .

Die Seiten können im gegenseitigen Einvernehmen den Wert der im Konsignationslager befindlichen Waren in Abhängigkeit von der Nachfrageentwicklung auf dem Territorium … verändern.
Sortiment und Menge der Konsumgüter bei der Bildung des Konsignationslagers legt der … fest.

Der KONSIGNATAR ist verpflichtet, dem KONSIGNANTEN einen für die gesamte Dauer des Konsignationsverhältnisses und für den Gesamtwert der in der Spezifikation ausgewiesenen konsignierten Waren geltenden Garantiebrief einer renommierten Bank vorzulegen.

Die Seiten behalten sich das Recht vor, im gegenseitigen Einverständnis den Wert der Bankgarantie unter Berücksichtigung des im 1. Vertragsjahr realisierten Handelsumsatzes für die folgende Periode zu verändern. Die mit dem Erhalt und der Verlängerung der Bankgarantie verbundenen Kosten trägt der KONSIGNATAR.

2.5. Договор о консигнационном складе

г. _____   _____ 199 _ г.

Настоящий Договор заключён между

_____ , именуемым в дальнейшем КОНСИГНАНТ,

в лице _____ , с одной стороны,
                    (должность, фамилия, имя, отчество)

и

_____ , именуемым в дальнейшем КОНСИГНАТОР,

в лице _____ , с другой стороны.
                    (должность, фамилия, имя, отчество)

1. Общие условия

На основании Договора о коммерческом представительстве от ..., заключённого между сторонами, заключён настоящий Договор с целью открытия консигнационного склада для приведённых в Приложении ... к настоящему Договору товаров народного потребления, которые будут поставлены КОНСИГНАНТОМ с целью продажи на территории ... .

Понятием «товары народного потребления» в данном Договоре охватываются товары, упомянутые в Договоре о коммерческом представительстве, как предмет представительства.

2. Предмет и сумма договора

КОНСИГНАНТ передал, а КОНСИГНАТОР принял товары народного потребления на условиях консигнации в количестве и по ценам в соответствии с предложенными к настоящему Договору спецификациями, являющимися неотъемлемой частью настоящего Договора (см. Приложение ...).

Для указанных целей стороны согласны открыть в ... консигнационный склад для товаров народного потребления (ТНП). Консигнационный склад считается открытым, когда КОНСИГНАНТ известит о том, что имеет разрешение соответствующих органов.

Стоимость ТНП на консигнационном складе оценивается в сумме ... (валюта).

Стороны могут по соглашению менять стоимость товаров на складе в зависимости от спроса на территории ... .
Ассортимент и количество ТНП при оформлении консигнационного склада осуществляет ... .

КОНСИГНАТОР обязан представить КОНСИГНАНТУ гарантийное письмо первоклассного банка, действительное на весь период консигнации ... месяца, на общую стоимость ТНП, включённых в спецификацию.

Стороны сохраняют за собой право на основе обоюдного соглашения, с учётом опыта торгового оборота в первый год действия Договора, менять сумму банковской гарантии на последующий период. Расходы на получение гарантии и её продление несёт КОНСИГНАТОР.

Der KONSIGNATAR verpflichtet sich, auf eigene Kosten die Bereitstellung geschlossener Räumlichkeiten für die Lagerung der Konsumgüter, die Nutzung der Räume in der entsprechenden Art und Weise und ihre Ausstattung mit der erforderlichen Sicherungstechnik zu gewährleisten sowie alle mit dem Empfang, der Lagerung und der Ausgabe der Konsumgüter verbundenen Kosten zu tragen.

Der KONSIGNANT ist erforderlichenfalls verpflichtet, den KONSIGNATAR vor Eröffnung des Konsignationslagers über besondere Lagerbedingungen für die Konsignationsware schriftlich in Kenntnis zu setzen.

3. Eigentum

Alle Konsumgüter sind bis zum Moment ihres Verkaufs Eigentum des KONSIGNANTEN.

Der KONSIGNATAR haftet ab dem Moment des Eintreffens der gelieferten Ware für ihre ordnungsgemäße Lagerung.

Darüber hinaus ist der KONSIGNATAR verpflichtet, alle erforderlichen Maßnahmen zu ergreifen, um den Verlust oder die Beschädigung der Konsumgüter, aus welchen Gründen auch immer, zu verhindern.

Der KONSIGNATAR leitet das Konsignationslager und übernimmt den Verkauf der Konsumgüter.

Der KONSIGNATAR haftet für Beschädigung und Verlust der in seinem Lager konsignierten Ware, mit Ausnahme der Fälle, in denen er beweisen kann, daß kein schuldhaftes Verhalten seinerseits vorliegt.

Der KONSIGNATAR verpflichtet sich, die Ware des KONSIGNANTEN von anderen im Lager befindlichen Waren getrennt zu lagern.

4. Versicherung

Der KONSIGNANT verpflichtet sich, alle an die Adresse des KONSIGNATARS mit Lieferbasis franko … Grenze gelieferten Konsumgüter auf seine Kosten unter Angabe der Lieferbedingungen bis zum Konsignationslager in … zu versichern.

Der KONSIGNATAR versichert die Konsumgüter auf seine Kosten für die Zeit ihrer Lagerung im Konsignationslager gegen alle Risiken, im einzelnen gegen Brand, Wasserschäden und Diebstahl.

Die Grundlage für die Versicherungssumme ist der Fakturawert (Zollfaktura) bei Eintreffen der Konsumgüter im Lager.

Der KONSIGNATAR verpflichtet sich, bei einer möglichen Schadensfeststellung unter Beteiligung einer von der nationalen Versicherung des KONSIGNANTEN benannten … Versicherungsgesellschaft zu handeln. Die nationale Versicherungsgesellschaft tritt als dokumentarisch bestätigter Bevollmächtigter des KONSIGNANTEN auf.

5. Preis

Der KONSIGNANT liefert die Ware entsprechend den vereinbarten Exportpreisen und in Übereinstimmung mit den Incoterms in ihrer geltenden Fassung nach … mit Lieferbasis franko … Grenze.

Der KONSIGNATAR verpflichtet sich, die Konsumgüter ab Konsignationslager zu den im Einzelhandel festgelegten Preisen zu verkaufen.

Die Konsumgüter sind ausschließlich auf dem Territorium … zu realisieren. Ein Verkauf der Ware an Kunden außerhalb … ist nur mit Einverständnis des KONSIGNANTEN zulässig.

КОНСИГНАТОР обязуется за свой счёт обеспечить закрытые помещения для складирования ТНП, содержание этих помещений в надлежащем виде, оборудование их надлежащей охраной, а также нести расходы по принятию, складированию и выдаче ТНП.

КОНСИГНАНТ должен до открытия консигнационного склада письменно известить КОНСИГНАТОРА, в случае необходимости, об особых условиях складирования ТНП.

3. Собственность

Все ТНП до момента продажи являются собственностью КОНСИГНАНТА.

КОНСИГНАТОР отвечает за правильное складирование ТНП, поставляемых на консигнационный склад, немедленно после их поступления.

КОНСИГНАТОР наряду с ответственностью за ТНП должен предпринять все необходимые меры для того, чтобы избежать их утрату или повреждение по любой причине.

КОНСИГНАТОР руководит консигнационным складом и заботится о продаже ТНП.

КОНСИГНАТОР несёт ответственность за повреждение и утрату ТНП, которые хранятся на консигнационном складе, кроме случаев, когда он сможет доказать отсутствие своей вины.

КОНСИГНАТОР обязуется хранить ТНП, поставляемые КОНСИГНАНТОМ, отдельно от других товаров на складе.

4. Страхование

КОНСИГНАНТ обязуется все ТНП, поставленные в адрес КОНСИГНАТОРА на условиях франко ... граница, застраховать за свой счёт. Страхование товара до поставки на консигнационный склад производится за счёт ... (по договорённости сторон).

КОНСИГНАТОР за свой счёт страхует ТНП в период их нахождения на консигнационном складе от всех рисков, в частности, от пожара, протечки водопроводных труб и краж.

Основой страховой суммы является фактурная стоимость (таможенные фактуры) при складировании ТНП.

КОНСИГНАТОР обязуется для определения возможного ущерба действовать при участии ... страхового предприятия по указанию национальной страховой компании КОНСИГНАНТА, выступающей в роли его уполномоченного (доверенного по документу).

5. Цена

КОНСИГНАНТ поставляет ТНП по установленным экспортным ценам в ... с базисом поставки франко ... граница, в соответствии с Инкотермс в действующей редакции.

КОНСИГНАТОР обязуется продавать ТНП с консигнационного склада по ценам, которые установлены в розничной продаже.

ТНП могут продаваться только на территории ... . Продажа покупателям за пределами ... допустима только с согласия КОНСИГНАНТА.

6. Verkaufsprovision

Der KONSIGNANT zahlt dem KONSIGNATAR für zusätzlich vom Konsignationslager verkaufte Warenpartien eine Provision in Höhe von ... % des in der Faktura-Rechnung vom KONSIGNANTEN ausgewiesenen Frankopreises.

Die Provision wird monatlich für alle in diesem Monat abgewickelten Geschäfte gezahlt. Die aus dem Verkauf der Konsumgüter realisierten Einnahmen werden unter Abzug der Provision auf das Konto des KONSIGNANTEN überwiesen.

Für Konsumgüter, die als Garantieverpflichtung geliefert wurden, überweist der KONSIGNANT dem KONSIGNATAR eine Provision in Höhe von ... % vom Frankowert der entsprechenden Konsumgüter.

7. Zahlungsbedingungen

Der KONSIGNATAR verpflichtet sich, dem KONSIGNANTEN bis zum ... eines jeden Monats eine schriftliche Information über die im jeweiligen Monat realisierten Warenpartien vorzulegen. Diese Information muß die entsprechenden Versanddokumente, den Wert der jeweiligen Warenpartie, den Gesamtwert der realisierten Waren und die Höhe der Konsignationsprovision ausweisen.

Der KONSIGNATAR verpflichtet sich, den KONSIGNANTEN über einen eventuellen Austausch defekter Ware im Rahmen der im Kaufvertrag zwischen KONSIGNATAR und Käufer vereinbarten Garantieleistungen in Kenntnis zu setzen. Der Austausch der Ware ist von den dazu bevollmächtigten Personen dokumentarisch zu belegen.

Der KONSIGNANT stellt dem KONSIGNATAR auf der Grundlage der Verkaufsmitteilung die Faktura-Rechnungen unter Berücksichtigung der Konsignationsprovision aus. Die Faktura-Rechnungen sind innerhalb von ... Banktagen ab Rechnungseingang zu bezahlen. Bei Zahlungsverzug bezahlt der KONSIGNATAR eine Vertragsstrafe in Höhe von ... % der Rechnungssumme pro Verzugstag.

8. Lieferbedingungen

Die im Punkt 2 des vorliegenden Vertrages genannten Konsumgüter sind durch den KONSIGNANTEN unter der Bedingung ... (Incoterms) zu den in Anlage ... ausgewiesenen Fristen zu liefern.

Der KONSIGNANT übermittelt folgende Dokumente an die Adresse des KONSIGNATARS:
a) das Original der spezifizierten Rechnung und zwei Kopien,
b) die Packlisten in dreifacher Ausfertigung,
c) das Duplikat des Frachtbriefes für den Eisenbahn-/LKW-Transport,
d) das Qualitätszertifikat.

Im Falle der Nichteinhaltung der Lieferfristen zahlt der KONSIGNANT dem KONSIGNATAR eine Vertragsstrafe in Höhe von ... % vom Gesamtwert des Vertrages für jeden Tag des Lieferverzuges.

9. Qualitätsgarantie der Konsumgüter

Der KONSIGNANT garantiert eine hohe Qualität der gelieferten Konsumgüter sowie deren Entsprechung den Bedingungen gemäß Anlage ... . Die Garantiefrist beträgt ... Monate ab Lieferdatum der Ware. Stellt sich während der Garantiefrist heraus, daß ein Mangel an der Ware besteht und/oder daß die gelieferte Ware nicht den Vertragsbedingungen/dem vereinbarten Warenmuster entspricht, so hat der KONSIGNANT unverzüglich alle Mängel zu beseitigen oder Ware durch eine neue Ware von angemessener Qualität zu ersetzen.

6. Комиссионное вознаграждение

КОНСИГНАНТ выплачивает КОНСИГНАТОРУ за дополнительные партии ТНП, проданные с консигнационного склада, комиссионные в размере ... % от франко-цены, указанной КОНСИГНАНТОМ в счёте-фактуре.

Комиссионные рассчитываются каждый месяц за все сделки, заключённые в этом месяце. Суммы, полученные от продажи ТНП, перечисляются на счёт КОНСИГНАНТА за вычетом суммы соответствующих комиссионных.

За ТНП, поставленные в счёт выполнения гарантийных обязательств, КОНСИГНАНТ начисляет КОНСИГНАТОРУ комиссионные в размере ... % от франко-стоимости соответствующих ТНП.

7. Условия платежа

КОНСИГНАТОР обязуется ежемесячно сообщать КОНСИГНАНТУ в письменном виде сведения о проданных партиях ТНП за истекший месяц до ... числа каждого месяца. Эта информация должна содержать отгрузочные реквизиты, стоимость каждой партии ТНП, общую стоимость, размер консигнационных комиссионных.

КОНСИГНАТОР берёт на себя обязанность сообщать КОНСИГНАНТУ о произведённых заменах в период гарантийного срока в соответствии с Договором о купле-продаже, заключённому между КОНСИГНАТОРОМ и покупателем. Эти замены должны быть подтверждены документально уполномоченными на это лицами.

На основе сообщения о продаже КОНСИГНАНТ выставляет КОНСИГНАТОРУ счета-фактуры, учитывая консигнационное комиссионное вознаграждение. Указанные счета должны быть оплачены в течение ... банковских дней со дня их поступления. В случае нарушения сроков оплаты КОНСИГНАТОР уплачивает штраф в размере ... % стоимости счёта за каждый день просрочки.

8. Условия поставки

Указанные в параграфе 2 настоящего Договора ТНП должны быть поставлены КОНСИГНАНТОМ на условиях ... в сроки, указанные в Приложении ... .

КОНСИГНАНТ направляет в адрес КОНСИГНАТОРА следующие документы:
а) оригинал специфицированного счёта и две копии,
б) упаковочные листы в трёх экземплярах,
в) дубликат железнодорожной накладной или автотранспортной накладной,
г) сертификат качества ТНП.

В случае нарушения сроков поставки ТНП КОНСИГНАНТ уплачивает КОНСИГНАТОРУ штраф в размере ... % от общей суммы Договора за каждый день просрочки.

9. Гарантия качества товаров народного потребления

КОНСИГНАНТ гарантирует высокое качество поставленных ТНП, а также их соответствие условиям, изложенным в Приложениях ... к настоящему Договору. Гарантийный срок составляет ... месяцев с даты поставки ТНП. Если в течение срока гарантии ТНП окажутся дефектными или не будут соответствовать условиям Договора и согласованным образцам, КОНСИГНАНТ обязан без промедления устранить дефекты или заменить дефектные ТНП новыми соответствующего качества.

Werden dem KONSIGNATAR oder seinen Kunden in Rußland (GUS) gegenüber Qualitätsreklamationen von seiten Dritter erhoben, so verpflichtet sich der KONSIGNANT gegenüber dem KONSIGNATAR, alle Kosten und Verluste zu erstatten, die diesem oder seinen Kunden in Rußland und der GUS durch die nichtqualitätsgerechte Warenlieferung entstanden sind.

Der KONSIGNATAR informiert den KONSIGNANTEN unverzüglich über alle bei ihm oder seinen Kunden in Rußland eingegangenen Reklamationen von Dritten, der KONSIGNANT hat danach unverzüglich entsprechende Maßnahmen zur Regelung dieser Reklamationsansprüche auf eigene Kosten und eigenes Risiko zu ergreifen.

Der KONSIGNANT ist verpflichtet, Ansprüche wegen nichtqualitäts- und/oder nichtmengengerechter Lieferung u. a. zu prüfen und dem KONSIGNATAR nicht später als ...Tage nach dem Erhalt der Reklamation eine sachkundige Antwort zu geben.

10. Umstände höherer Gewalt (Force majeure)
Im Falle drohender Nichterfüllung bzw. teilweiser Nichterfüllung des Vertrages infolge höherer Gewalt haben der KONSIGNANT und der KONSIGNATAR beim Eintritt eines Umstandes höherer Gewalt unverzüglich einander zu benachrichtigen und alle Maßnahmen zur Erfüllung des Vertrages zu ergreifen. Sollte das nicht möglich sein, werden der KONSIGNANT und der KONSIGNATAR keine Ansprüche gegeneinander geltend machen und keinen Schadensersatz fordern.

11. Verpackung und Markierung der Ware
Die Konsumgüter sind in einer dem Charakter der gelieferten Ware entsprechenden Exportverpackung zu verschicken. Die Verpackung soll die Konsumgüter beim Transport mit der Eisenbahn bzw. bei kombiniertem Transport unter Berücksichtigung des Umladens und der Lagerung vor Beschädigungen bewahren.

Der KONSIGNANT hat jede Packung mit den Warenspezifikationen (Packlisten) zu versehen, die folgende Angaben enthalten:
a) Auflistung der verpackten Gegenstände,
b) die Stückzahl,
c) die Kollo-Nummer,
d) das Brutto- und Nettogewicht,
e) die genaue Bezeichnung des KONSIGNANTEN und des KONSIGNATARS,
f) die Transnummer.

Ein Exemplar der Packliste ist in einem wasserdichten Umschlag der Kiste beizufügen.

Die Kisten werden von beiden Seiten markiert. Die Markierung wird mit wasserfester Farbe aufgetragen und hat folgende Angaben zu enthalten:

Oben	Transnummer
Vorsicht	Kollo-Nummer
Nicht stürzen!	Bruttogewicht
Vertragsnummer	Nettogewicht in kg
Absender (Konsignant)	Kistenmaße in cm (Länge, Tiefe, Höhe)
Empfänger (Konsignatar)	

Die Kisten werden mit Bruchzahlen numeriert, wobei der Zähler die laufende Nummer der Kiste und der Nenner die Gesamtzahl der Frachtstücke in einer Warenpartie bezeichnet.

Der KONSIGNANT haftet gegenüber dem KONSIGNATAR für Warenbeschädigungen infolge nichtqualitätsgerechter oder nichtordnungsgemäßer Verpackung der Ware sowie für Schäden, die auf Fehlversand infolge unvollständiger oder fehlerhafter Markierung zurückzuführen sind.

В случае, если к КОНСИГНАТОРУ или его клиентам в России (СНГ) со стороны третьих лиц будут претензии, связанные с качеством, КОНСИГНАНТ обязуется возместить КОНСИГНАТОРУ в таком случае все расходы и убытки, причинённые ему или его клиентам, связанные с нарушением качества ТНП.

КОНСИГНАТОР в случае предъявления к нему или его клиентам в России каких-либо требований со стороны третьих лиц, основанных на таком нарушении, извещает об этом КОНСИГНАНТА незамедлительно, после чего КОНСИГНАНТ должен за свой счёт и риск принять меры к урегулированию заявленного требования третьих лиц.

КОНСИГНАНТ обязан рассмотреть претензию по качеству, количеству и др. и ответить КОНСИГНАТОРУ по существу претензии не позднее чем через … дней, считая с даты получения претензии КОНСИГНАНТОМ.

10. Форс-мажор

Если Договор не может быть исполнен или исполнен лишь частично по причине форс-мажорных обстоятельств в стране КОНСИГНАНТА или КОНСИГНАТОРА, то они обязаны своевременно уведомить об этом друг друга и принять все меры к исполнению Договора. Если подобное невозможно, то КОНСИГНАНТ и КОНСИГНАТОР не будут иметь претензий друг к другу или требовать возмещения убытков.

11. Упаковка и маркировка товара

ТНП должны отгружаться в экспортной упаковке, соответствующей характеру поставленных ТНП. Упаковка должна предохранять ТНП от повреждений при перевозке по железной дороге или смешанным транспортом с учётом нескольких перегрузок в пути, а также длительного хранения.

КОНСИГНАНТ обязан на каждое место составить подробный упаковочный лист, в котором указывается:

а) перечень упакованных ТНП,

б) количество,

в) номер места,

г) вес брутто и нетто,

д) наименование КОНСИГНАНТА и КОНСИГНАТОРА,

е) номер транса.

1 экземпляр упаковочного листа в непромокаемом конверте вкладывается в ящик вместе с ТНП.

Ящики маркируются с 2-х боковых сторон. На каждое место наносится несмываемой краской следующая маркировка:

верх	транс № …
осторожно	место № …
не кантовать	вес брутто
договор № …	вес нетто в кг
отправитель (консигнант)	размер ящика в см
получатель (консигнатор)	(длина, ширина и высота)

Ящики нумеруются дробным числом, из которого числитель означает порядковый номер ящика, а знаменатель – общее количество мест в партии.

КОНСИГНАНТ несёт ответственность перед КОНСИГНАТОРОМ за порчу ТНП вследствие некачественной или ненадлежащей упаковки, а также за убытки, связанные с засылкой ТНП не по адресу вследствие неполноценной или неправильной маркировки.

12. Versandinstruktionen und Versandavis

Der KONSIGNANT hat dem KONSIGNATAR Versandinstruktionen spätestens ... Tage vor dem im Vertrag vereinbarten Liefertermin mitzuteilen.

Innerhalb von ... Tagen nach erfolgtem Versand ist dem KONSIGNATAR fernschriftlich oder telegrafisch Versandavis mit folgenden Angaben zu erteilen:

a) Versanddatum
b) Warenbezeichnung
c) Vertragsnummer
d) Transnummer

e) Frachtbriefnummer
f) Kollianzahl
g) Brutto-/Nettogewicht
h) Gesamtwert

13. Klärung von Streitigkeiten

Alle Streitfälle und Auseinandersetzungen, die sich aus dem vorliegenden Vertrag oder im Zusammenhang mit ihm ergeben, unterliegen unter Ausschluß der ordentlichen Gerichtsbarkeit der Entscheidung durch die Vertragskommission bei der Industrie- und Handelskammer Rußlands in Moskau entsprechend der Gerichtsordnung in der Kommission.

Die Entscheidung der Vertragskommission ist endgültig und für beide Seiten bindend.

14. Reklamationen

Der KONSIGNATAR ist berechtigt, Ansprüche wegen nichtmengengerechter Warenlieferung nicht später als ... Monate ab Lieferdatum und wegen nichtqualitätsgerechter Lieferung nicht später als ... Monate ab Lieferdatum geltend zu machen.

Die Nichteinhaltung der festgelegten Fristen führt zum Verlust der Gewährleistungsansprüche.

Dem Reklamationsbrief bezüglich der Qualität der Ware ist ein Reklamationsprotokoll beizufügen, das am Umschlagort der Ware unter Teilnahme eines Vertreters einer berufenen, nichtinteressierten zuständigen Organisation und unter Einhaltung der entsprechenden Vorschriften zu erstellen ist.

Bei Reklamationen wegen nichtmengengerechter Lieferung einer Warenpartie ist ebenfalls das Original des von einer nichtinteressierten zuständigen Organisation erstellten Reklamationsprotokolls beizufügen.

Die Seiten haben kein Recht, über reklamierte Ware ohne Zustimmung der anderen Seite zu verfügen.

Alle mit dem vorliegenden Vertrag in Zusammenhang stehenden bzw. aus ihm erwachsenden Streitfälle und Meinungsverschiedenheiten unterliegen der Entscheidung durch das Vertragsgericht bei der Industrie- und Handelskammer der RF in Moskau entsprechend der geltenden Vertragsprozeßordnung.

15. Sonstige Bestimmungen

Der KONSIGNANT kann die Handelsräume, Schaufenster usw. des KONSIGNATARS für die Werbung seiner Ware mit Zustimmung des KONSIGNATARS nutzen. Die Bezahlung der Lieferung erfolgt in Rubel oder wird im Rahmen einer angemessenen Handelsspanne für die gelieferte Ware verrechnet.

Nach der Unterzeichnung des Vertrages verlieren alle vorherigen Verhandlungen und der Briefwechsel im Zusammenhang mit dem Vertrag ihre Gültigkeit.

Alle Anlagen zu diesem Vertrag sind untrennbarer Vertragsbestandteil.

Sämtliche Änderungen und Ergänzungen zum Vertrag bedürfen der Schriftform und der Unterzeichnung durch beide Seiten.

Als Lieferdatum gilt das Datum der Übernahme der Ware durch den KONSIGNATAR.

12. **Отгрузочные инструкции и извещение об отгрузке**

КОНСИГНАНТ обязан сообщить КОНСИГНАТОРУ свои отгрузочные инструкции не позднее ... дней до начала установленного в Договоре срока поставки.

О последующей отгрузке ТНП КОНСИГНАНТ извещает КОНСИГНАТОРА по телеграфу или по телетайпу не позднее ... суток с момента отгрузки с указанием следующих данных:

а) дата отгрузки,
б) наименование ТНП,
в) № договора,
г) № транса,

д) № железнодорожной или автотранспортной накладной,
е) количество мест,
ж) вес брутто и нетто,
з) общая стоимость.

13. **Рассмотрение споров**

Все споры и разногласия в связи с настоящим Договором или вытекающие из него подлежат, за исключением подсудности общим судам, разрешению в Арбитражной комиссии при Торгово-промышленной палате РФ в Москве в соответствии с Правилами производства дел в указанной комиссии.

Решение арбитража является окончательным и обязательным для обеих сторон.

14. **Претензии**

КОНСИГНАТОР имеет право предъявить претензии по количеству поставленного товара не позднее ... месяцев с даты поставки, а по качеству – не позднее ... месяцев с даты поставки.

Непредъявление претензии в установленные сроки влечёт за собой утрату права на предъявление претензии.

К заявлению о претензии по качеству товара должен быть приложен рекламационный акт, составленный с участием представителя компетентной незаинтересованной организации на месте перевалки груза в соответствии с действующими правилами.

По внутритарным недостачам стороны также предъявляют претензии с приложением оригинала рекламационного акта, составленного нейтральной компетентной организацией.

Стороны не имеют права использовать товар, по которому заявлена претензия, без согласия другой стороны.

Все споры и разногласия в связи с настоящим Договором или вытекающие из него подлежат, за исключением подсудности общим судам, разрешению в Арбитражной комиссии (суде) при Торгово-промышленной палате РФ в Москве в соответствии с Правилами производства дел в указанной комиссии.

15. **Прочие условия**

КОНСИГНАНТ в целях рекламы своей фирмы с согласия КОНСИГНАТОРА может использовать его торговые помещения, витрины и т. д. Оплата данной услуги производится в рублях или за счёт соразмерной торговой скидки на поставленные для реализации ТНП.

После подписания настоящего Договора все предыдущие переговоры и переписка, связанные с ним, теряют силу.

Все Приложения к настоящему Договору составляют его неотъемлемую часть.

Все изменения и дополнения к этому Договору действительны лишь в том случае, если они совершены в письменной форме и подписаны обеими сторонами.

Датой поставки товара считается дата его приёмки КОНСИГНАТОРОМ.

Die Ware gilt als von der einen Seite übergeben und von der anderen Seite übernommen, wenn:
a) die Warenmenge der Kollianzahl und dem Bruttogewicht, die im Eisenbahn- bzw. Luftfrachtbrief fixiert sind, sowie dem in der Warenspezifikation des KONSIGNANTEN ausgewiesenen Nettogewicht entspricht,
b) die Qualität der Ware dem Qualitätszertifikat des Herstellers bzw. dem Garantiebrief des KONSIGNANTEN entspricht.

Die Gültigkeitsdauer des Vertrages steht den Realisierungsfristen der Ware vom Konsignationslager gleich.

Der Vertrag gilt nach Bezahlung der restlichen 25 % vom Gesamtwert der Ware durch den KONSIGNATAR als erfüllt. Das Datum des Zahlungsauftrages des KONSIGNATARS entspricht dem Datum der Beendigung des Vertrages.

Alle mit den Zollformalitäten im Zusammenhang stehenden Ausgaben in ... trägt der KONSIGNATAR. Die Ausgaben werden den Einnahmen aus der realisierten Ware gegengerechnet.

16. **Vorfristige Kündigung des Vertrages**
Bei Nichteinhaltung bzw. Verletzung der Vertragsverpflichtungen durch eine Seite (beide Seiten), ist die andere Seite berechtigt, den vorliegenden Vertrag einseitig zu kündigen und etwaige Schadensersatzansprüche geltend zu machen.

Falls sich die Erfüllung des Vertrages als nicht zweckmäßig oder unmöglich erweist, beantragt/beantragen die interessierte(n) Seite(n) die vorfristige Kündigung des Vertrages über die innerhalb von ... Tagen zu entscheiden ist. Der KONSIGNANT (KONSIGNATAR) hat dem KONSIGNATAR (KONSIGNANTEN) innerhalb von ... Tagen von der getroffenen Entscheidung Mitteilung zu machen.

17. **Schlußbestimmungen**
Der vorliegende Vertrag ist in Russisch und Deutsch in je zwei Exemplaren für jede Seite ausgefertigt und umfaßt einschließlich der Anlagen ... Blatt. Beide Varianten sind juristisch gleichwertig.

KONSIGNANT   KONSIGNATAR

Bezeichnung der Firma   Bezeichnung der Firma
Juristische Adresse   Juristische Adresse
Bankrequisiten   Bankrequisiten

Unterschrift   Unterschrift
Stempel   Stempel

Товар считается сданным одной стороной и принятым другой стороной:

а) по количеству мест и весу брутто, указанным в железнодорожной или авто-транспортной накладной, а по весу нетто – в количестве, указанном в специфи-кации КОНСИГНАНТА;

б) по качеству согласно сертификату о качестве изготовителя или гарантийному письму КОНСИГНАНТА.

Срок действия Договора – весь период консигнационной реализации ТНП.

Договор считается выполненным после оплаты КОНСИГНАТОРОМ оставшихся 25 % стоимости ТНП. Дата банковского платёжного поручения от имени КОНСИ-ГНАТОРА считается датой окончания действия Договора.

Все расходы, связанные с оформлением таможенных формальностей на террито-рии …, несёт КОНСИГНАТОР. Эти расходы покрываются за счёт поступлений.

16. Досрочное расторжение договора

При неисполнении или нарушении обязательств по настоящему Договору одной из сторон (сторонами) другая сторона (стороны) вправе в одностороннем порядке расторгнуть настоящий Договор с предъявлением требований о возмещении по-несённых убытков.

В случае установления нецелесообразности или невозможности исполнения на-стоящего Договора между … , заинтересованная сторона (стороны) вносит пред-ложение о досрочном расторжении настоящего Договора, которое должно быть рассмотрено в срок … дней, о чём сообщает КОНСИГНАНТ (КОНСИГНАТОР) в срок … дней.

17. Заключительные положения

Настоящий Договор составлен на русском и немецком языках в 2-х экземплярах, для каждой стороны по одному экземпляру, и содержит вместе с Приложениями … листов, причём оба текста имеют равную силу.

KОНСИГНАНТ   КОНСИГНАТОР

Наименование фирмы   Наименование фирмы
Почтовый адрес   Почтовый адрес
Банковские реквизиты   Банковские реквизиты

Подпись   Подпись
Печать   Печать

2.6. Vertrag über partnerschaftliche Zusammenarbeit

(Ort) _____ (Datum) _____

Die FIRMA _____ , Moskau, vertreten durch _____ ,
_____ (Dienststellung, Familienname, Vor-, Vatername)

im weiteren PARTNER genannt, einerseits,

und

die FIRMA _____ , Berlin, vertreten durch _____ ,
_____ (Dienststellung, Familienname, Vor-, Vatername)

im weiteren AUSLÄNDISCHER PARTNER genannt, andererseits,

schließen den folgenden Vertrag über partnerschaftliche Zusammenarbeit im Bereich der gemeinsamen Realisierung von Projekten und Programmerzeugnissen.

1. Gegenstand des Vertrages

1.1.   Gegenstand des vorliegenden Vertrages ist die Zusammenarbeit der Seiten bei der Realisierung des Absatzes der in Anlage 1 zum Vertrag aufgeführten Produkte und Leistungen des AUSLÄNDISCHEN PARTNERS sowie der in Anlage 2 zum Vertrag aufgeführten Produkte und Leistungen des PARTNERS.

1.2.   Der PARTNER wird in Absprache mit dem AUSLÄNDISCHEN PARTNER für die Laufzeit des Vertrages die in den Anlagen 1 und 2 aufgeführten Produkte und Leistungen umsetzen.

Der PARTNER verpflichtet sich,
a) dem AUSLÄNDISCHEN PARTNER praktische Unterstützung auf dem Absatzmarkt und bei der Realisierung von Projekten zu gewähren,
b) für den AUSLÄNDISCHEN PARTNER Vermittlungtätigkeit mit dem Ziel des Abschlusses von Kauf- bzw. Nutzungsverträgen für dessen Programmprodukte zu betreiben,
c) den Nutzern der Produkte des AUSLÄNDISCHEN PARTNERS entsprechende Service- und Betreuungsverträge zu garantieren.

1.3.   Der AUSLÄNDISCHE PARTNER und der PARTNER informieren sich gegenseitig über etwaige Modifikationen der Angebotslisten ihrer Produkte und Leistungen. Der AUSLÄNDISCHE PARTNER schlägt dem PARTNER im Interesse einer langfristigen Zusammenarbeit seine für andere Geschäftspartner vorgesehenen Neuentwicklungen vor, um sie in den vorliegenden Vertrag einzubeziehen.

1.4.   Der vorliegende Vertrag gilt nur auf dem Territorium ...

2. Gemeinsame Tätigkeit

2.1.   Der PARTNER verwirklicht nach Kräften die Erschließung des Absatzmarktes für die Produkte des AUSLÄNDISCHEN PARTNERS auf dem Territorium der Russischen Föderation und schafft alle dafür erforderlichen organisatorischen Voraussetzungen, einschließlich der Bereitstellung von qualifiziertem Personal.

2.6. Договор о партнёрском сотрудничестве

г. _____   _____ 199 _ г.

ФИРМА _____ , в лице _____ , г. Москва,
                                 (должность, фамилия, имя, отчество)

именуемая в дальнейшем ПАРТНЁР, с одной стороны,

и

ФИРМА _____ , в лице _____ , г. Берлин,
                                 (должность, фамилия, имя, отчество)

именуемая в дальнейшем ИНОПАРТНЁР, с другой стороны,

заключили настоящий Договор о партнёрском сотрудничестве в сфере реализации сторонами проектов и программных продуктов.

1. Предмет договора

1.1.   Предметом настоящего Договора является сотрудничество сторон в осуществлении сбыта указанных в Приложении 1 продуктов и услуг, произведённых ИНОПАРТНЁРОМ и приведённых в Приложении 2 продуктов и услуг, произведённых ПАРТНЁРОМ.

1.2.   ПАРТНЁР на протяжении действия данного Договора будет, по согласованию с ИНОПАРТНЁРОМ, представлять в процессе сбыта перечисленные в Приложениях 1 и 2 продукты и услуги.

   ПАРТНЁР обязуется:
   а) оказывать практическую поддержку ИНОПАРТНЁРУ на рынке сбыта и при реализации проектов,
   б) вести посредническую деятельность для ИНОПАРТНЁРА в целях заключения договоров на закупку программных средств или передачу их во временное пользование,
   в) обеспечивать пользователей продуктов ИНОПАРТНЁРА договорами на техническое обслуживание и сопровождение.

1.3.   ИНОПАРТНЁР и ПАРТНЁР будут информировать в двустороннем порядке об изменениях в перечнях продуктов и услуг. ИНОПАРТНЁР будет предлагать ПАРТНЁРУ в интересах долгосрочного сотрудничества свои новые разработки, предназначенные для деловых партнёров, для включения их в настоящий Договор.

1.4.   Настоящий Договор действителен лишь на территории … .

2. Совместная работа

2.1.   ПАРТНЁР будет осуществлять по мере сил освоение рынка сбыта для продукции ИНОПАРТНЁРА на территории Российской Федерации и предоставлять все необходимые для этого средства, включая квалифицированный персонал.

2.2. Der AUSLÄNDISCHE PARTNER stellt dem PARTNER alle für eine Vertretungstätigkeit notwendigen Informationen über die von ihm angebotenen Produkte und Leistungen zur Verfügung.

2.3. Der PARTNER stellt dem AUSLÄNDISCHEN PARTNER interessierte potentielle Kunden, wie qualifizierte Spezialisten, Dolmetscher und Vermieter von Ausstellungs- und Demonstrationsräumen, vor.

2.4. Der PARTNER übernimmt in Absprache mit dem AUSLÄNDISCHEN PARTNER folgende Tätigkeiten im Marketing-Bereich:
   – Werbung für die Produkte des AUSLÄNDISCHEN PARTNERS in der einschlägigen Presse sowie auf Fachausstellungen und -messen,
   – Pflege lebhafter Geschäftskontakte mit potentiellen Kunden, Führen von Verhandlungen über den Verkauf der in Anlage 1 aufgeführten Produkte und Leistungen,
   – Nutzung seiner Räumlichkeiten für Präsentationen, Firmenschulungen und Seminare zu Absatzfragen mit dem Ziel des Abschlusses von Geschäfts- und/oder Serviceverträgen zwischen dem AUSLÄNDISCHEN PARTNER und den Kunden.

   Der AUSLÄNDISCHE PARTNER erweist dem PARTNER erforderlichenfalls Beratungshilfe bzw. materielle oder finanzielle Unterstützung bei dessen Tätigkeit.

2.5. Die vertragschließenden Seiten informieren einander über die Marktsituation. Die Seiten erweisen sich ferner gegenseitige Unterstützung bei der Lösung von Problemen, die die Verletzung von Wettbewerbsregeln oder Autorenrechten betreffen.

2.6. Der PARTNER vertreibt die Produkte des AUSLÄNDISCHEN PARTNERS ausschließlich unter der Originalwarenbezeichnung, einschließlich Warenzeichen und Verweis auf das Autorenrecht, und stellt den potentiellen Kunden alle für die Nutzung des Produktes erforderlichen Informationen und Materialien zur Verfügung.

   Der PARTNER erteilt keine anderen als die durch den AUSLÄNDISCHEN PARTNER vorher legitimierten und in den von ihm bereitgestellten Informationsmaterialien enthaltenen Auskünfte und Informationen.

2.7. Der PARTNER hat nicht das Recht, Veränderungen an den Produkten des AUSLÄNDISCHEN PARTNERS vorzunehmen bzw. diese zu sanktionieren, wenn diese Veränderungen nicht im Einzelfall vorgesehen sind.

3. Realisierung der Aufgabe

Der PARTNER realisiert seine Tätigkeit ausschließlich im Bereich der Marktsondierung, der Erschließung kommerzieller Möglichkeiten, des Abschlusses von Verträgen sowie mit dem Ziel der Unterstützung bei der Umsetzung von Projekten.

Geschäfts- und Serviceverträge, deren Realisierung im Ergebnis der Vermittlungstätigkeit des PARTNERS erfolgt, werden zwischen dem AUSLÄNDISCHEN PARTNER und seinen Kunden geschlossen.

4. Leistungsprämien

Der AUSLÄNDISCHE PARTNER verpflichtet sich zur Bezahlung der vorher vereinbarten und vom PARTNER erbrachten Leistungen entsprechend folgenden Sätzen:

2.2.   ИНОПАРТНЁР предоставит ПАРТНЁРУ всю необходимую для посреднической деятельности информацию о предлагаемых продуктах и услугах.

2.3.   ПАРТНЁР будет представлять ИНОПАРТНЁРУ заинтересованных и потенциальных потребителей, как например, квалифицированных специалистов, переводчиков, а также лиц, предоставляющих доступ к выставочным и демонстрационным залам.

2.4.   ПАРТНЁР будет после предварительного согласования с ИНОПАРТНЁРОМ вести работу по маркетингу:
–   рекламировать продукцию ИНОПАРТНЁРА в соответствующей прессе, на специализированных выставках и ярмарках,
–   вести активную конъюнктурную работу и с потенциальными клиентами проводить переговоры на предмет продажи продуктов и услуг согласно Приложению 1,
–   проводить в своём учреждении презентации, обучение, читать доклады с ориентацией на сбыт с целью заключения коммерческих договоров и/или сервисных договоров между ИНОПАРТНЁРОМ и клиентами.

При необходимости ИНОПАРТНЁР будет консультировать ПАРТНЁРА в этой деятельности, а также в отдельных случаях оказывать материальную или финансовую помощь.

2.5.   Стороны по данному Договору будут информировать друг друга о состоянии конъюнктуры рынка. В вопросах преодоления сложностей, связанных с нарушением правил конкуренции или авторских прав, стороны будут оказывать взаимную поддержку.

2.6.   ПАРТНЁР будет предлагать продукцию ИНОПАРТНЁРА исключительно под его оригинальным названием, включая товарный знак и отметки авторского права, предоставляя потенциальным клиентам всю необходимую для эксплуатации продукта информацию и материалы.

Никаких других заверений или собственных указаний помимо тех, которые содержатся в предоставляемых ему информационных материалах, ПАРТНЁР не допустит, если они предварительно не подтверждены ИНОПАРТНЁРОМ.

2.7.   ПАРТНЁР не имеет права вносить изменения в продукцию ИНОПАРТНЁРА или санкционировать такие изменения, если таковые не предусмотрены в каждом отдельном случае.

3.   Реализация задания
ПАРТНЁР осуществляет свою деятельность исключительно в сфере подготовки рынка сбыта, освоения делового бизнеса, заключения договоров, а также с целью оказания помощи в реализации проекта.

Коммерческие и сервисные договоры, реализуемые в результате посреднической деятельности ПАРТНЁРА, заключаются между ИНОПАРТНЁРОМ и клиентами.

4.   Премии
ИНОПАРТНЁР будет производить оплату ранее согласованных услуг, предоставляемых ПАРТНЁРОМ, по следующим ставкам:

4.1. Unterstützung bei der Markterschließung und Projektrealisierung:
 – Dolmetscher/Übersetzer ... / Std.
 – Beratung/Schulung ... / Std.
 – Betreuungspersonal am Messestand und während Ausstellungen ... / Std.
 – ...

4.2. Die Provision für einen im Ergebnis der selbständigen Tätigkeit des PARTNERS ge-schlossenen Geschäftsvertrag beträgt ... % der Nettovertragssumme.

4.3. Die Provision für einen auf der gleichen Grundlage geschlossenen Servicevertrag be-trägt ... % der Nettovertragssumme für ein Jahr.

4.4. Mit Zahlung der Provision entsprechend den Punkten 4.2. und 4.3. gelten alle früher an-gefallenen Unkosten als beglichen.

4.5. Die Zahlung der genannten Provision erfolgt nur bei Gewährleistung der in Deutschland üblichen Effizienz der zu erbringenden Einzelleistungen. Abweichungen von der Qualität und Effizienz der vom PARTNER erbrachten Leistungen werden bei der Bemessung der Provision in Rechnung gestellt. Alle Preise verstehen sich inklusive Mehrwertsteuer.

Die Zahlung der im Punkt 4.1. vereinbarten Prämien erfolgt nach erfolgter Leistung; die in den Punkten 4.2. und 4.3. vereinbarten Prämien werden nach Eingang der gesamten ausstehenden Summe beim AUSLÄNDISCHEN PARTNER ausgezahlt.

5. Haftung der Seiten
Der AUSLÄNDISCHE PARTNER hat das Recht, bei nachweisbaren Verlusten, die in-folge nichtvertragsgemäßer Erfüllung der vom PARTNER eingegangenen Verpflichtun-gen entstanden sind, Schadensersatzansprüche bis zur Höhe der vereinbarten Provision geltend zu machen. Diese Vereinbarung erstreckt sich auch auf Verluste durch Verzug.

Der vorliegende Vertrag sieht keine umfangreichen Schadensersatzansprüche vor, so-fern der entstandene Schaden nicht durch eine bewußte oder grob fahrlässige Hand-lungsweise verursacht wurde.

6. Geheimhaltung
Keine der vertragschließenden Seiten hat das Recht, Betriebs- und Geschäftsgeheim-nisse bzw. andere vertrauliche Informationen und Materialien, die ihr während der Gel-tungsdauer des vorliegenden Vertrages zugänglich geworden sind, zu nutzen oder an Dritte weiterzuleiten, ohne vorher das schriftliche Einverständnis der anderen Seite ein-geholt zu haben.

7. Arbitrage

7.1. Die Seiten bemühen sich, eventuelle, im Zusammenhang mit dem vorliegenden Vertrag oder aus den Absprachen zu seiner Realisierung entstehende Streitfragen auf friedli-chem Wege zu klären.

Ein Schlichtungsversuch gilt als gescheitert, sofern eine der Seiten der anderen Seite eine entsprechende schriftliche Mitteilung zukommen läßt.

7.2. Sollte ein Schlichtungsversuch ergebnislos verlaufen, so werden die Streitfragen auf dem Vertragsgerichtsweg unter Anrufung des Vertragsgerichts bei der Handelskammer in Stockholm (Schweden) durch drei ordnungsgemäß ernannte Richter entschieden.

4.1. Оказание помощи в работе по освоению рынка и реализации проекта:
  – переводчики   ... / час
  – консультации, обучение   ... / час
  – персонал на стендах во время выставки, ярмарки   ... / час
  – ...

4.2. Комиссионное вознаграждение за состоявшийся коммерческий договор, если он явился результатом самостоятельной деятельности ПАРТНЁРА – ... % от нетто-стоимости договора.

4.3. Комиссионное вознаграждение по заключению сервисного договора – ... % от нетто-стоимости договора за 1 год.

4.4. С выплатой комиссионного вознаграждения в соответствии с пунктами 4.2. и 4.3. все ранее имевшие место затраты считаются возмещёнными.

4.5. Выплата указанных премий предполагает обеспечение принятой в Германии эффективности предоставляемых отдельных услуг. Различие в качестве и эффективности услуг, оказываемых ПАРТНЁРОМ, будет учитываться при выплате премий. Все цены указываются с учётом налога на добавленную стоимость.

  Выплата указанных в пункте 4.1. премий осуществляется после завершения оказания услуг; по пунктам 4.2. и 4.3. – после поступления всего платежа у ИНОПАРТНЁРА.

5. Ответственность сторон
При доказуемых ущербах вследствие оказания ПАРТНЁРОМ услуг, не соответствующих договорным, ИНОПАРТНЁР может выдвинуть требование о возмещении убытков вплоть до размера согласованного комиссионного вознаграждения. Данное положение распространяется также и на убытки из-за просрочек.

Крупные претензии по причинённым убыткам в связи с настоящим Договором исключаются, если это не связано с сознательным или грубым нарушением обязательств.

6. Конфиденциальность
Ни одна из сторон по Договору не имеет права использовать или передавать третьим лицам производственные, деловые тайны или какую-либо другую доверительную информацию и материалы, о которых им стало известно во время действия настоящего Договора, не имея на то предварительного письменного согласия другой стороны.

7. Арбитраж

7.1. Если в связи с настоящим Договором или из договорённости о его реализации возникнут спорные вопросы или расхождение во мнениях, обе стороны постараются прежде всего урегулировать их дружественным путём.

  Попытка к примирению считается несостоявшейся как только одна из сторон заявит об этом другой в письменной форме.

7.2. Если попытка к примирению не состоялась, то спорные вопросы будут разрешены арбитражным путём в установленном порядке арбитражным институтом Торговой палаты в Стокгольме (Швеция), тремя назначаемыми в соответствии с существующим порядком арбитрами.

7.3. Die Vertragsgerichtsklage ist in schriftlicher Form abzufassen. Das Gericht entscheidet ferner, wer die Kosten des Verfahrens zu tragen hat. Die Rechtssprechung erfolgt in … Sprache.

7.4. Alle Streitfragen sind entsprechend den Anlagen zum vorliegenden Vertrag sowie den zu seiner Realisierung getroffenen Nebenabsprachen zu klären.

7.5. Das Vertragsgericht fällt seine Entscheidung durch Mehrheitsbeschluß auf der Grundlage der im vorliegenden Vertrag vereinbarten Bedingungen und entsprechend den Rechtsnormen und Schlichtungsprinzipien im Lande der Gerichtsbarkeit.

8. Geltungsdauer des Vertrages

8.1. Der Vertrag läuft mit dem Monatsletzten des 12. Kalendermonats, beginnend mit dem Tag der Unterzeichnung, ab. Der Vertrag gilt als um weitere 12 Monate verlängert, wenn keine der Seiten drei Monate vor Vertragsende schriftlich die Kündigung erklärt.

Das Recht auf vorfristige Kündigung des Vertrages auf Grund des Eintretens außergewöhnlicher Umstände (Umstände höherer Gewalt) bleibt davon unberührt.

8.2. Aufgaben, die vor Auslaufen des Vertrages erteilt wurden, werden entsprechend den Absprachen des vorliegenden Vertrages zu Ende geführt.

8.3. Nebenabsprachen und Ergänzungen zum Vertrag bedürfen der Schriftform.

9. Schlußbestimmungen
Der Vertrag wurde in zwei Exemplaren in russischer und deutscher Sprache unterzeichnet (beide Seiten besitzen je ein Exemplar). Beide Texte sind juristisch gleichwertig.

PARTNER   AUSLÄNDISCHER PARTNER

Sitz   Sitz
Bankrequisiten   Bankrequisiten

Unterschrift   Unterschrift
Stempel   Stempel

7.3.   Арбитражный иск должен быть обоснован в письменном виде. Арбитраж также решает вопрос об отнесении расходов в связи с судебным производством. Арбитражное производство ведётся на … языке.

7.4.   Все спорные вопросы должны решаться согласно Приложениям данного Договора и всех дополнительных договорённостей по его реализации.

7.5.   Арбитраж принимает решение путём большинства голосов на основе условий данного Договора и согласно правовым нормам и принципам права об урегулировании конфликтов той страны, в которой состоится арбитражное производство.

8.   Срок действия договора

8.1.   Договор действует до окончания 12-го календарного месяца после его подписания и продлевается соответственно на следующие 12 месяцев, если за три месяца до окончания срока действия он не будет письменно расторгнут.

Право на его досрочное расторжение в письменной форме по уважительной причине (форс-мажорные обстоятельства) остаётся неизменным.

8.2.   Выданные до окончания срока действия Договора задания отрабатываются в соответствии с положениями настоящего Договора.

8.3.   Дополнительные положения и договорённости требуют только письменной формы.

9.   Заключительные условия
Настоящий Договор подписан в двух экземплярах на русском и немецком языках, по одному для каждой стороны, причём оба текста имеют одинаковую юридическую силу.

ПАРТНЁР   ИНОПАРТНЁР

Юридический адрес   Юридический адрес
Банковские реквизиты   Банковские реквизиты

Подпись   Подпись
Печать   Печать

2.7. Leasingvertrag

(Ort) _____   (Datum) _____

Die FIRMA _____ , vertreten durch

den Bevollmächtigten _____ ,
                        (Dienststellung, Familienname, Vor-, Vatername)
im weiteren LEASINGGEBER genannt, einerseits,

und

die FIRMA _____ , vertreten durch

den Bevollmächtigten _____ ,
                        (Dienststellung, Familienname, Vor-, Vatername)
im weiteren LEASINGNEHMER genannt, andererseits,

schließen folgenden Vertrag:

1.   **Gegenstand des Vertrages**
      Der LEASINGGEBER stellt dem LEASINGNEHMER den/die/das ..., im weiteren ...
      genannt, gegen Entrichtung der untengenannten Leasinggebühr für einen Zeitraum von
      ... Jahr(en) zur mietrechtlichen Nutzung zur Verfügung. Der/Die/Das ... entspricht den in
      Anlage ... zum vorliegenden Vertrag vereinbarten Erfordernissen.

      Der LEASINGNEHMER hat das Recht, den/die/das ... während der gesamten Mietdauer
      zu nutzen. Er hat jedoch nicht das Recht, seine mit dem Vertrag im Zusammenhang ste-
      henden Rechte und Pflichten sowie anderweitige Interessen, die den Vertrag berühren,
      ohne schriftliches Einverständnis des LEASINGGEBERS an Dritte abzutreten. In einem
      solchen Falle ist der LEASINGNEHMER verpflichtet, dem LEASINGGEBER eine Infor-
      mation darüber in der vom LEASINGGEBER gewünschten Form und entsprechend der
      von ihm festgelegten Frist zukommen zu lassen.

      Der LEASINGGEBER hat das Recht, seine aus dem vorliegenden Vertrag erwachsen-
      den Rechte ohne Einverständnis des LEASINGNEHMERS gänzlich oder teilweise an
      Dritte abzutreten, jedoch nicht, ohne den LEASINGNEHMER ... Tage vor Abtretung sei-
      ner Rechte davon in Kenntnis zu setzen.

2.   **Die Lieferung des/der ...**
      Lieferzeit: ...
      Lieferort: ...
      Lieferbedingungen: ...

      Der LEASINGNEHMER ist verpflichtet, bei Anlieferung des/der ... am Lieferort eine Ab-
      nahme des/der ... innerhalb der im Vertrag vereinbarten Frist vorzunehmen und dem
      LEASINGGEBER ein Übernahmeprotokoll auszuhändigen.

      Im Falle der Weigerung des LEASINGNEHMERS zur Entgegennahme des/der ... auf
      Grund nichtbehebbarer Mängel, die die vorgesehene Nutzung des/der ... ausschließen,
      ist der LEASINGNEHMER verpflichtet, den LEASINGGEBER unter Benennung der ent-
      deckten Mängel schriftlich von seiner Weigerung in Kenntnis zu setzen.

2.7. Договор о лизинге

г. _____   _____ 199 _ г.

ФИРМА _____ , именуемая в дальнейшем АРЕНДОДАТЕЛЬ,

в лице _____ ,
                       (должность, фамилия, имя, отчество)

действующего на основании доверенности, с одной стороны,

и

ФИРМА _____ , именуемая в дальнейшем АРЕНДАТОР,

в лице _____ ,
                       (должность, фамилия, имя, отчество)

действующего на основании доверенности, с другой стороны,

заключили настоящий Договор о нижеследующем:

1. Предмет договора

АРЕНДОДАТЕЛЬ предоставляет АРЕНДАТОРУ в аренду ..., именуемые в дальнейшем ..., соответствующие нижеуказанным требованиям (Приложения ...), за оговоренную ниже арендную плату и на срок ... лет.

АРЕНДАТОР получает право использовать ... в течение всего срока аренды, однако не имеет право переуступать свои права, обязанности по настоящему Договору или какие-либо вытекающие из него интересы третьему лицу без письменного согласия АРЕНДОДАТЕЛЯ. В этом случае АРЕНДАТОР обязан предоставить АРЕНДОДАТЕЛЮ данные об этом лице по форме и в срок, установленный АРЕНДОДАТЕЛЕМ.

АРЕНДОДАТЕЛЬ имеет право уступить свои права по настоящему Договору или какие-либо интересы, вытекающие из него, полностью или частично третьему лицу без согласия АРЕНДАТОРА, но с уведомлением его об этом за ... дней до уступки своих прав.

2. Поставка ...

Срок поставки: ...
Место поставки: ...
Условия поставки: ...

АРЕНДАТОР по прибытии ... на место поставки обязан произвести осмотр в срок, устанавливаемый настоящим Договором, и предоставить АРЕНДОДАТЕЛЮ Акт о приёмке.

Если АРЕНДАТОР отказывается принимать ... из-за наличия неустранимых дефектов, исключающих нормальную эксплуатацию, он обязан в письменной форме поставить в известность АРЕНДОДАТЕЛЯ и указать при этом обнаруженные недостатки.

Falls der LEASINGNEHMER dem LEASINGGEBER unabhängig von den Ursachen innerhalb einer Frist von … Wochen, beginnend ab Lieferzeitpunkt, kein Übernahmeprotokoll übergibt bzw. ihn nicht über unbehebbare Mängel informiert hat, gilt die Annahme des/der … als vollzogen.

Der LEASINGNEHMER hat ein Recht auf die vom Lieferanten gewährte Garantie für den/die/das … . Der LEASINGGEBER überträgt dem LEASINGNEHMER seine Rechte bezüglich der Geltendmachung von Reklamationsansprüchen im Zusammenhang mit Mängeln der/des …, der Einhaltung von Fristen und der Vollständigkeit der Lieferung.

3. **Leasinggebühr**

Der LEASINGNEHMER ist verpflichtet, dem LEASINGGEBER monatlich:
a) die Leasingrate in Höhe von …,
b) eine Gebühr für den Fall der unerwarteten Zerstörung, der Beschädigung oder des Verlustes des/der … in Höhe von … % der jährlichen Leasingrate
zu entrichten.

Ein Teil der Leasinggebühr (in Höhe von …) ist als Vorauszahlung zu entrichten, die Restzahlung in Höhe von … erfolgt … . Im Falle des Zahlungsverzugs hat der LEASINGNEHMER eine Vertragsstrafe in Höhe von … % der Schuldsumme pro Verzugstag zu entrichten.

Die Provision ist für den gesamten Zeitraum vom Moment der Unterzeichnung des Vertrages bis zum Moment der Zahlung der letzten vertraglich vorgesehenen Leasingrate an den LEASINGGEBER zu entrichten. Die Gebühr ist auch für den Fall zu entrichten, daß der Vertrag, aus welchen Gründen auch immer, gelöst wird.

Alle mit dem Transport des/der … zum Lieferort verbundenen Kosten trägt der LEASINGNEHMER. Der LEASINGNEHMER ist verpflichtet, dem LEASINGGEBER alle im Zusammenhang mit der Lieferung, der Nutzung oder der Rückgabe des/der … auftretenden Kosten aus Reklamations- und Gewährleistungsansprüchen zu tragen.

4. **Rechte und Pflichten des Leasingnehmers und Leasinggebers**

Der LEASINGNEHMER ist verpflichtet, dem LEASINGGEBER Informationen über seinen wirtschaftlichen Zustand in der vom LEASINGGEBER gewünschten Form und innerhalb der vom LEASINGGEBER geforderten Frist zu geben.

Der LEASINGNEHMER ist verpflichtet, den LEASINGGEBER über etwaige Veränderungen seiner juristischen oder finanziellen Situation in Kenntnis zu setzen.

Der LEASINGNEHMER übernimmt alle mit Zerstörung, Diebstahl, vorzeitigem Verschleiß und Beschädigung des/der … verbundenen Risiken, unabhängig davon, ob der verursachte Schaden reparabel oder irreparabel ist, und ob er bei der Lieferung oder zu einem späteren Zeitpunkt verursacht wurde.

Im Falle des Eintretens eines der o.g. Fälle ist der LEASINGNEHMER verpflichtet, folgendes auf seine Kosten und nach seinem Ermessen zu unternehmen:
a) den/die/das … zu reparieren bzw. ihn/sie/es durch eine(n) analoge(n), für den LEASINGGEBER annehmbare(n) … zu ersetzen. Der/die/das anstelle der mangelhaften gelieferte(n) … sind als rechtmäßige(r) Ersatz des/der ursprünglich vorgesehenen … zu betrachten und dem LEASINGGEBER zu übereignen.

Если АРЕНДАТОР, независимо от причины, не представил АРЕНДОДАТЕЛЮ в ...-недельный срок со дня прибытия ... на место доставки Акт о приёмке и не заявил о наличии недостатков ..., устранение которых невозможно, приёмка считается совершившейся.

АРЕНДАТОР пользуется на ... гарантией, выданной АРЕНДОДАТЕЛЕМ. АРЕНДОДАТЕЛЬ передаёт АРЕНДАТОРУ свои права на предъявление Поставщику претензий, связанных с дефектами ..., своевременностью и комплектностью поставки.

3. Сумма арендной платы

АРЕНДАТОР обязан уплачивать АРЕНДОДАТЕЛЮ ежемесячно:

а) арендную плату в размере ...,

б) комиссионное вознаграждение за риск случайной гибели ..., его повреждения или утрату в размере ... % годовых от общей суммы арендной платы.

Арендная плата в размере ... выплачивается единовременно в порядке предоплаты, а остальная её часть ... .

В случае задержки платежей АРЕНДАТОР выплачивает пеню с просроченной суммы в размере ... % за каждый день просрочки.

Комиссионное вознаграждение начисляется с момента подписания настоящего Договора до момента выплаты всей суммы, предусмотренной настоящим Договором, АРЕНДОДАТЕЛЮ. Комиссионное вознаграждение выплачивается даже в том случае, если действие настоящего Договора по каким-либо причинам прерывается, вне зависимости от этих причин.

Расходы, связанные с транспортировкой ... до места поставки, оплачиваются за счёт АРЕНДАТОРА. АРЕНДАТОР обязан возместить АРЕНДОДАТЕЛЮ все расходы по претензиям, обязательствам и т. д., возникающим при доставке ..., его использовании или возврате, если они имели место.

4. Права и обязательства Арендодателя и Арендатора

АРЕНДАТОР обязан предоставить АРЕНДОДАТЕЛЮ информацию о своём экономическом состоянии по форме и в срок, установленный АРЕНДОДАТЕЛЕМ.

В случае каких-либо изменений своего юридического и финансового состояния АРЕНДАТОР обязан известить об этом АРЕНДОДАТЕЛЯ.

АРЕНДАТОР принимает на себя все риски, связанные с разрушением, кражей (угоном), преждевременным износом, порчей и повреждением ..., независимо от того, исправим или неисправим ущерб, причинён этот ущерб при поставке ... или после неё.

В случае возникновения какого-либо риска АРЕНДАТОР должен за свой счёт и по своему усмотрению предпринять следующее:

а) отремонтировать ... или заменить их (его, её) на любые аналогичные ..., приемлемые для АРЕНДОДАТЕЛЯ; поставленные в замену дефектных должны рассматриваться в качестве правомерной замены первоначально предусмотренных ..., и право собственности на них должно быть передано АРЕНДОДАТЕЛЮ.

Der LEASINGNEHMER ist ferner verpflichtet, die gesamte Leasinggebühr und alle anderen im vorliegenden Vertrag vorgesehenen Zahlungen zu entrichten bzw.

b) die ausstehenden Verpflichtungen zur Zahlung der Leasinggebühr zu erfüllen und dem LEASINGGEBER eine Vertragsstrafe in Höhe von ... (Summe des Vertragsabschlusses). Die Vertragssumme ist innerhalb von ... Wochen nach Erhalt der Zahlungsaufforderung durch den LEASINGGEBER zu entrichten. Die Verpflichtung des LEASINGNEHMERS zur Entrichtung der Leasinggebühr gilt als erfüllt, wenn der LEASINGGEBER die Vertragssumme zu seiner freien Verfügung hat.

Bei Auslaufen des vorliegenden Vertrages hat der LEASINGNEHMER das Recht,
– den/die/das ... an den LEASINGGEBER zurückzugeben,
– den Leasingvertrag zu erneuern,
– den/die/das gemietete(n) ... entsprechend der bilanziellen Bewertung und unter Berücksichtigung der bereits gezahlten Leasinggebühren und der Kompensationszahlungen als Eigentum zu erwerben.

Der LEASINGNEHMER ist verpflichtet, den LEASINGGEBER ein halbes Jahr vor Auslaufen des Vertrages von seiner Entscheidung in Kenntnis zu setzen.

Der LEASINGNEHMER ist verpflichtet, den/die/das ... entsprechend den Empfehlungen des Lieferanten (Herstellers) des/der ... zu betreiben, seine/ihre Betriebssicherheit zu gewährleisten, notwendige Reparaturen und reguläre Wartungsarbeiten auf seine Kosten durchzuführen.

Der LEASINGNEHMER trägt die Verantwortung für alle materiellen und personellen Schäden, die durch die Nutzung, Lagerung, den Besitz oder Betrieb des/der ... verursacht werden.

Der LEASINGGEBER und seine Vetreter haben das Recht, den Zustand des/der ... in der Betriebszeit und die Bedingungen seiner/ihrer Nutzung zu kontrollieren.

5. **Beendigung des Vertrages**
Der Vertrag endet mit Ablauf der vertraglich vereinbarten Geltungsdauer.

Der LEASINGGEBER hat das Recht, den Vertrag in folgenden Fällen vorzeitig zu beenden:

a) Wenn der LEASINGNEHMER nicht innerhalb von ... Wochen seinen im vorliegenden Vertrag eingegangenen Zahlungsverpflichtungen nachkommt.

b) Wenn der LEASINGNEHMER nicht innerhalb einer Frist von ... Wochen die gesamte Leasinggebühr (einschließlich der fälligen Vertragsstrafe) entrichtet.

c) Wenn der LEASINGNEHMER nicht auf Forderungen zur Einhaltung der im vorliegenden Vertrag vorgesehenen Verpflichtungen reagiert und diese nicht erfüllt bzw. wenn er beim Betrieb des/der ... eine Verletzung der Vetragsbedingungen zuläßt.

d) Wenn die Firma des LEASINGNEHMERS während der Gültigkeit des vorliegenden Vertrages zu existieren aufhört (in diesem Falle ist der LEASINGNEHMER verpflichtet, dem LEASINGGEBER die vertraglich vereinbarte Summe unter Einhaltung der oben getroffenen Festlegungen zu zahlen).

Der LEASINGNEHMER hat das Recht, den Vertrag im Falle der Feststellung von nichtbehebbaren Mängeln, die eine normale Nutzung des/der ... ausschließen, bei der Übernahme zu lösen. Der LEASINGNEHMER ist verpflichtet, den LEASINGGEBER innerhalb von ... Tagen ab Tag der Lieferung schriftlich über die Kündigung des Vertrages in Kenntnis zu setzen.

6. **Verpflichtungen der Seiten nach Beendigung des Vertrages**
Mit Erhalt der Mitteilung über die Beendigung des Vertrages verliert der LEASINGNEHMER das Recht, den/die/das ... weiter zu nutzen.

За АРЕНДАТОРОМ сохраняется обязанность уплатить всю сумму арендной платы и произвести другие платежи, предусмотренные настоящим Договором, или

б) погасить всю задолженность АРЕНДОДАТЕЛЮ по выплате арендной платы и выплатить ему неустойку в размере ... (сумма закрытия сделки). Сумма закрытия сделки должна быть выплачена в течение ... недель после предъявления АРЕНДОДАТЕЛЕМ требования об уплате. Обязательство АРЕНДАТОРА внести сумму арендной платы считается выполненным по получении АРЕНДОДАТЕЛЕМ суммы закрытия сделки.

По окончании срока действия настоящего Договора АРЕНДАТОР вправе:
– вернуть ... АРЕНДОДАТЕЛЮ,
– возобновить лизинговый договор,
– приобрести арендуемые ... в собственность по остаточной балансовой стоимости с учётом выплаченной арендной платы и компенсационных платежей.

О своём выборе АРЕНДАТОР обязан сообщить АРЕНДОДАТЕЛЮ за полгода до истечения срока действия настоящего Договора.

АРЕНДАТОР обязан содержать ... в соответствии с рекомендациями Поставщика (производителя) ..., поддерживать в рабочем состоянии и производить необходимый ремонт и своевременное техническое обслуживание за свой счёт.

АРЕНДАТОР несёт ответственность за все повреждения, причинённые как людям, так и имуществу вследствие использования, хранения, владения или эксплуатации ... .

АРЕНДОДАТЕЛЬ и его представители имеют право проверять состояние ... в рабочее время, а также инспектировать условия их эксплуатации и хранения.

5. Прекращение действия договора

Действие настоящего Договора прекращается по истечении указанного в нём срока.

АРЕНДОДАТЕЛЬ вправе дать уведомление о немедленном прекращении действия настоящего Договора в следующих случаях:
а) АРЕНДАТОР в течение срока, превышающего ... недель, не выполняет своих обязательств по какому-либо виду платежей, предусмотренных настоящим Договором,
б) АРЕНДАТОР по получении требования об уплате не погашает всю сумму задолженности (включая пеню за просрочку) в течение ... недель,
в) АРЕНДАТОР не реагирует и не удовлетворяет требований по соблюдению других обязательств, предусмотренных настоящим Договором, допускает эксплуатацию ... с нарушением условий настоящего Договора,
г) в период действия настоящего Договора фирма АРЕНДАТОРА будет ликвидирована (при этом АРЕНДАТОР должен будет уплатить сумму закрытия сделки в соответствии с ранее изложенными требованиями).

АРЕНДАТОР имеет право расторгнуть настоящий Договор в случае обнаружения при приёмке ... недостатков, исключающих их нормальную работу и устранение которых невозможно. О расторжении настоящего Договора АРЕНДАТОР обязан известить АРЕНДОДАТЕЛЯ в письменной форме не позднее ... дней со дня истечения срока поставки ... .

6. Действия после закрытия сделки

При получении уведомления о закрытии сделки АРЕНДАТОР лишается права использовать ... .

Wenn der LEASINGNEHMER bei Aufhebung des Vertrages die für seine Beendigung vorgesehene Summe nicht entrichtet bzw. ausstehende Leasingraten nicht begleicht, ist der LEASINGNEHMER verpflichtet, innerhalb von … Tagen nach Erhalt einer entsprechenden Aufforderung durch den LEASINGGEBER, den/die/das … an die vom LEASINGGEBER beauftragte(n) Person(en) zu übergeben.

Dem LEASINGGEBER und der/den von ihm beauftragten Person(en) ist das Recht zum Betreten des Geländes des LEASINGNEHMERS zwecks Abtransport des/der … einzuräumen.

Im Falle des Verzugs der Rückgabe des/der … an den LEASINGGEBER nach Beendigung des Vertrages hat der LEASINGNEHMER eine Vertragsstrafe in Höhe von … % pro Verzugstag an den LEASINGGEBER zu zahlen.

Die Weiterbenutzung des/der … durch den LEASINGNEHMER nach Ablauf der vertraglich vereinbarten Frist ist nicht als Erneuerung bzw. Verlängerung des Vertrages zu betrachten.

7. Beilegung von Streitigkeiten

Streitfälle, die bei der Realisierung des Vertrages auftreten, werden auf dem Verhandlungswege gelöst. Im Falle der Unmöglichkeit der Erzielung einer gegenseitig einvernehmlichen Lösung auf dem Verhandlungswege wird das Vertragsgericht bei der Industrie- und Handelskammer in … angerufen. Die Entscheidung des Vertragsgerichtes trägt endgültigen Charakter.

Die Seiten vereinbaren, daß die Entscheidung des Vertragsgerichtes auf der Grundlage der Vertragsgerichtsbarkeit der Industrie- und Handelskammer Rußlands erfolgt.

8. Schlußbestimmungen

Der Vertrag wurde in … am … 19.. geschlossen und tritt mit Unterzeichnung in Kraft.

Der vorliegende Vertrag wurde in Russisch und … ausgefertigt, beide Texte sind juristisch gleichwertig.

LEASINGGEBER   LEASINGNEHMER

Bezeichnung der Firma   Bezeichnung der Firma
Sitz   Sitz
Bankrequisit   Bankrequisit

Unterschrift   Unterschrift
Stempel   Stempel

Если АРЕНДАТОРОМ не внесена сумма закрытия сделки или не уплачены платежи, предусмотренные настоящим Договором, АРЕНДАТОР обязан в ... -дневный срок со дня получения требования от АРЕНДОДАТЕЛЯ передать ... его доверенным лицам.

АРЕНДОДАТЕЛЬ и его доверенные лица должны получить полномочия входить на территорию АРЕНДАТОРА для осуществления своего права на изъятие ... .

За просрочку АРЕНДАТОРОМ возврата ... АРЕНДОДАТЕЛЮ после закрытия сделки с АРЕНДАТОРА взымается пеня в размере ... % за каждый день просрочки до их возвращения АРЕНДОДАТЕЛЮ.

Продолжение использования ... АРЕНДАТОРОМ по истечении срока аренды, оговоренного в настоящем Договоре, не должно рассматриваться как возобновление или продление аренды.

7. Разрешение споров

Споры, возникающие между АРЕНДОДАТЕЛЕМ и АРЕНДАТОРОМ в ходе реализации настоящего Договора, разрешаются путём переговоров, а в случае недостижения согласия – стороны обращаются к компетенции Арбитражного суда при Торгово-промышленной палате ..., который вынесет окончательное решение по спорному делу.

Стороны согласны в том, что в арбитражном производстве применяется Регламент Арбитражного суда при Торгово-промышленной палате России.

8. Заключительные условия

Договор подписан в г. ... ... 199. года и начинает действовать с момента подписания.

Настоящий Договор составлен на русском и ... языках, причём оба текста имеют одинаковую силу.

АРЕНДОДАТЕЛЬ   АРЕНДАТОР

Наименование фирмы   Наименование фирмы
Юридический адрес   Юридический адрес
Банковские реквизиты   Банковские реквизиты

Подпись   Подпись
Печать   Печать

2.8. Lizenzvertrag

(Ort) _____   (Datum) _____

Die FIRMA _____ , im weiteren LIZENZGEBER genannt,

vertreten durch _____ ,
(Dienststellung, Familienname, Vor-, Vatername)

und

die FIRMA _____ , im weiteren LIZENZNEHMER genannt,

vertreten durch _____ ,
(Dienststellung, Familienname, Vor-, Vatername)

schließen folgenden Vertrag:

1. **Ziel der Zusammenarbeit**
    Der vorliegende Vertrag wird mit dem Ziel des gewinnbringenden Absatzes von Waren und Dienstleistungen auf dem Territorium ... und der partnerschaftlichen Zusammenarbeit der Seiten zur Erzielung des bestmöglichen wirtschaftlichen Ergebnisses geschlossen.

    Vom LIZENZGEBER wurde ein unikales System zur Produktion von ... entwickelt sowie ein entsprechendes Vertriebssystem geschaffen, das sich wesentlich von anderen Systemen unterscheidet.

    Das vom LIZENZGEBER entwickelte System der Produktion und des Vertriebs zeichnet sich durch eine hohe Qualität aus, die mit dem Markenzeichen ... geschützten Erzeugnisse genießen auf den Absatzmärkten in aller Welt außerordentliche Wertschätzung, insbesondere auf dem Territorium ... .

    Der LIZENZNEHMER beabsichtigt, geschäftliche Beziehungen zur Produktion (und zum Vertrieb) von ... mit dem LIZENZGEBER zu unterhalten, die Produktion mit der Technologie des LIZENZGEBERS zu realisieren und die ständige technische Unterstützung des LIZENZGEBERS zu nutzen.

2. **Planung der Produktion**
    Zur Erreichung der genannten Ziele treffen die Seiten folgende Vereinbarung:
    a) Die Festlegung der Preise für gegenseitigen Austausch von Waren und Dienstleistungen erfolgt auf der Grundlage der marktüblichen Kriterien. Im Falle von Veränderungen des Weltmarktpreises für Waren, die Gegenstand des vorliegenden Vertrages sind, wird der Preis für jeweils ein Jahr im voraus und unter Vorbehalt vereinbart.
    b) Der LIZENZNEHMER plant die Produktion unter Berücksichtigung der Vorschläge des LIZENZGEBERS.

3. **Gegenstand des Vertrages**
    Gegenstand des vorliegenden Vertrages ist die Realisierung der Zusammenarbeit in der Produktion und beim Vertrieb von ... sowie die Vereinigung der personellen und materiellen Mittel und Ressourcen des LIZENZGEBERS und des LIZENZNEHMERS.

    Dem LIZENZNEHMER wird ... zur nutzungsrechtlichen Verfügung gestellt. Die Leistungen des LIZENZGEBERS werden ... in Rechnung gestellt. Der Preis für die erbrachten Leistungen beträgt ... .

2.8. Лицензионный договор

г. _____ _____ 199 _ г.

ФИРМА _____ , именуемая в дальнейшем ЛИЦЕНЗИАР,

в лице _____ ,
        (должность, фамилия, имя, отчество)

и

ФИРМА _____ , именуемая в дальнейшем ЛИЦЕНЗИАТ,

в лице _____ ,
        (должность, фамилия, имя, отчество)

заключили настоящий Договор о нижеследующем:

1. Цели сотрудничества

Настоящий Договор заключён с целью успешного сбыта товаров и услуг на территории ... и делового сотрудничества сторон в Договоре для достижения наилучших экономических результатов.

ЛИЦЕНЗИАРОМ разработана уникальная система производства ... , а также налажена система сбыта, существенно отличающаяся от других систем.

Система производства и сбыта ... , разработанная ЛИЦЕНЗИАРОМ, имеет высокое качество, а изделия, обозначенные торговой маркой ... , исключительно ценятся на рынках сбыта всего мира, особенно на территории ... .

ЛИЦЕНЗИАТ намерен вступить с ЛИЦЕНЗИАРОМ в производственное и деловое сотрудничество по изготовлению ... и применять для этого технологию, которой владеет ЛИЦЕНЗИАР, пользоваться постоянной технической помощью ЛИЦЕНЗИАРА.

2. Планирование производства

Для достижения указанных целей стороны договорились о следующем:
а) для установления цен во взаимном обмене товарами и услугами применяются рыночные критерии, в случае изменения мировых цен на товары, которые являются предметом данного Договора, цены будут согласовываться на каждый год вперёд с соответствующей оговоркой;
б) ЛИЦЕНЗИАТ планирует производство с учётом предложений ЛИЦЕНЗИАРА.

3. Предмет договора

Предметом данного Договора является осуществление сотрудничества и объединение в производстве и сбыте ..., средств и труда ЛИЦЕНЗИАРА и ЛИЦЕНЗИАТА.

ЛИЦЕНЗИАРОМ будут предоставлены ... .
Стоимость услуг ЛИЦЕНЗИАРА определяется в ... и составляет ... .

4. Verpflichtungen des Lizenznehmers

Der LIZENZNEHMER garantiert:
- finanzielle Mittel im Umfang von … ,
- Produktionsstätten und -anlagen entsprechend Anlage Nr. … des Vertrages,
- die Bereitstellung von Arbeitskräften im Umfang von … .

Der LIZENZNEHMER verpflichtet sich:
- entsprechend dem Produktionsprogramm des LIZENZGEBERS zu arbeiten,
- ausschließlich die Erzeugnisse des LIZENZGEBERS zu vertreiben,
- in allen Unternehmen, die Gegenstand des Lizenzvertrages sind, unter der Firmenbezeichnung … bzw. dem Warenzeichen … zu arbeiten,
- entsprechend der Technologie des LIZENZGEBERS zu arbeiten,
- ohne schriftliche Genehmigung des LIZENZGEBERS keine Erzeugnisse für Dritte zu produzieren bzw. sie an Dritte zu vertreiben,
- Stillschweigen über Angaben in der technischen Dokumentation und über Produktionsgeheimnisse bzw. über Informationen, die der LIZENZGEBER als Betriebsgeheimnisse betrachtet, zu bewahren.

Der LIZENZNEHMER verpflichtet sich ferner, für die vom LIZENZGEBER zur nutzungsrechtlichen Verfügung überlassenen Leistungen eine Lizenzgebühr in Höhe eines bestimmten Prozentsatzes vom realisierten Umsatz aus der gemeinsamen Tätigkeit (Produktion und Absatz der Erzeugnisse, die Gegenstand des Lizenzvertrages sind) zu zahlen. Die erste Zahlung beträgt … %.

Der LIZENZNEHMER ist verpflichtet, dem LIZENZGEBER eine Gebühr für technische Serviceleistungen zu zahlen und laufende Ausgaben zu erstatten. Die Gebühr beträgt … % des über den im Investitionsprogramm garantierten Produktionsumfang hinausgehenden Erlöses.

Der LIZENZNEHMER erstattet dem LIZENZGEBER die mit der notwendigen Qualifizierung seines Personals verbundenen Ausgaben.

5. Verpflichtungen des Lizenzgebers

Der LIZENZGEBER verpflichtet sich, dem LIZENZNEHMER ein Paket von Leistungen, deren genaue Bezeichnung Gegenstand der Anlage 1 und damit Vertragsbestandteil ist, für die gemeinsame Tätigkeit und Produktion zur nutzungsrechtlichen Verfügung zu stellen.

Der LIZENZGEBER erarbeitet ein Investitionsprogramm für die Produktion und gewährt die notwendige technische und organisatorische Unterstützung bei der im vorliegenden Vertrag vorgesehenen gemeinsamen Tätigkeit.

6. Gemeinsames Leitungsorgan

Zur Durchsetzung der im vorliegenden Vertrag vorgesehenen Ziele gründen die Seiten ein gemeinsames Leitungsorgan – den Wirtschaftsrat. Dieses Organ wird auf paritätischer Grundlage gebildet, zum Vorsitzenden wird eine bevollmächtigte Person von seiten des LIZENZNEHMERS ernannt. Die Kompetenzen und Vollmachten des Wirtschaftsrates werden durch Übereinkunft der Seiten (siehe Anlage 2) bestimmt.

7. Geltungsdauer des Vertrages
und Bedingungen der Beendigung des Vertrages

Der vorliegende Vertrag ist vom … bis einschließlich … gültig. Der Vertrag kann um den Zeitraum von weiteren … verlängert werden, wenn die Seiten nicht den Wunsch zur Beendigung des Vertrages erklären. In diesem Falle muß die an der Beendigung interessierte Seite die andere Seite bis zu … Monat(en) vor Auslaufen des Vertrages von der beabsichtigten Vertragsbeendigung in Kenntnis setzen. Die Kündigung muß schriftlich und als Einschreibbrief erfolgen.

4. Обязанности Лицензиата

ЛИЦЕНЗИАТ предоставит:

– финансовые средства на сумму ...;
– производственные помещения и оборудование, в соответствии с Приложением № ...;
– рабочую силу в объёме ... .

ЛИЦЕНЗИАТ обязуется:

– работать по производственной программе ЛИЦЕНЗИАРА,
– осуществлять исключительный сбыт изделий ЛИЦЕНЗИАРА,
– работать под фирменным наименованием ... и товарным знаком ... на предприятиях, работающих с предметом франшизы,
– соблюдать технологию ЛИЦЕНЗИАРА,
– не производить и не сбывать товары для третьих лиц без письменного согласия ЛИЦЕНЗИАРА,
– не разглашать сведений, содержащихся в технической документации, и секретов производства, переданных ЛИЦЕНЗИАРОМ, а также сведений, которые будут обозначены ЛИЦЕНЗИАРОМ, как секретные.

ЛИЦЕНЗИАТ обязуется выплачивать за использование предоставленных услуг вознаграждение ЛИЦЕНЗИАРУ в процентах от реализованного объёма деятельности совместного производства со сбытом изделий, являющихся предметом Договора. Размер первоначальной выплаты составляет ... %.

ЛИЦЕНЗИАТ обязан выплачивать ЛИЦЕНЗИАРУ комиссионное вознаграждение за техническую помощь, возмещать текущие расходы. Комиссионное вознаграждение составляет ... % с дохода, полученного свыше гарантированного объёма производства, предусмотренного инвестиционной программой Договора.

ЛИЦЕНЗИАТ возмещает ЛИЦЕНЗИАРУ расходы на обучение кадров.

5. Обязанности Лицензиара

ЛИЦЕНЗИАР обязан предоставить ЛИЦЕНЗИАТУ пакет услуг (перечисленные в Приложении 1 данного Договора, которое является неотъемлемой его частью) для совместного сотрудничества и производства.

ЛИЦЕНЗИАРОМ будет разработана инвестиционная программа производства, предоставлена техническая и организационная помощь для деятельности, предусмотренной данным Договором.

6. Совместный орган управления

Для выполнения цели настоящего Договора сторонами будет создан совместный орган управления – Хозяйственный комитет. Указанный Комитет создаётся на паритетных началах, председатель назначается из числа до-веренных лиц ЛИЦЕНЗИАТА. Компетенция указанного Комитета и его полномочия будут определены по согласованию сторон (см. Приложение 2 Договора).

7. Срок действия договора и условия его прекращения

Срок действия Договора определён с ... по ... .
Договор может быть продлён ещё на ..., при условии, если стороны не изъявят желания его прекратить. В этом случае, за ... месяца до истечения срока Договора любой из партнёров должен отказаться от продления в письменной форме, почтовым отправлением заказным письмом.

Die Seiten sehen die Möglichkeit der vorfristigen Kündigung des Vertrages in folgenden Fällen vor:
Wenn nach Auffassung einer der Seiten auf Grund der Nichteinhaltung der vertraglichen Vereinbarungen bzw. auf Grund des Eintretens von Umständen, wie sie im Paragraphen 8 des vorliegenden Vertrages beschrieben sind, die weitere Erfüllung des Vertrages unmöglich wird, ist diese Seite verpflichtet, der anderen Seite eine schriftliche Mitteilung der Gründe, die sie zu dieser Auffassung bewogen hat, zukommen zu lassen.

Die Seite, die eine solche Mitteilung erhalten hat, ist verpflichtet, innerhalb von ... Tagen schriftlich dazu Stellung zu nehmen und Vorschläge zur Überwindung der entstandenen Schwierigkeiten zu unterbreiten. Sollte die Beseitigung der entstandenen Schwierigkeiten unmöglich sein, so hat jede der Seiten das Recht, den Vertrag innerhalb von ... Tagen zu kündigen. Als Beginn der Kündigungsfrist gilt in diesem Falle das Datum der Zustellung der Mitteilung, daß die Schwierigkeiten unüberwindlich seien.
Im Falle der Kündigung des vorliegenden Vertrages durch schuldhaftes Verhalten einer der Seiten, kann die andere Seite Anspruch auf Schadensersatz und Entschädigung für entgangenen Gewinn geltend machen.

8. Umstände höherer Gewalt (Force majeure)

Im Falle des Eintretens von Umständen, die die teilweise oder vollständige Erfüllung des Vertrages durch eine der Seiten unmöglich machen – und zwar: Überschwemmung, Erdbeben, Export-/Importsanktionen, Kriege, kriegerische Handlungen bzw. andere, nicht von den vertragschließenden Seiten abhängende Umstände – verlängern sich die vertraglich vereinbarten Fristen zur Erbringung einer Leistung um den Zeitraum, in dem die o. g. Umstände wirkten.

Wirken die angeführten Umstände länger als ... Monate, so haben beide Seiten das Recht, den Vertrag auf Absprache für beendet zu erklären bzw. diejenige Seite, welche infolge des Wirkens der o. g. Umstände außerstande ist, ihre vertraglichen Verpflichtungen zu erfüllen, hat die andere Seite unverzüglich über Auftreten und Wegfall dieser die Vertragserfüllung behindernden Umstände in Kenntnis zu setzen.

Als geltender Nachweis für das Vorhandensein und die Dauer der o. g. Umstände gilt eine Bescheinigung, ausgestellt von der jeweils zuständigen Handelskammer im Lande des LIZENZGEBERS bzw. des LIZENZNEHMERS.

9. Arbitrage

Die Seiten bemühen sich, Streitfälle auf dem Verhandlungswege zu schlichten. Im Falle der Unmöglichkeit der Erzielung einer gegenseitig einvernehmlichen Lösung auf dem Verhandlungswege wird das internationale Vertragsgericht in Stockholm „ad hoc" zur Lösung des konkreten Streitfalles angerufen.

10. Schlußbestimmungen

Nach Unterzeichnung des Vertrages verlieren alle vorausgegangenen Verhandlungen und der dazugehörige Schriftwechsel ihre Gültigkeit.

Der Vertrag ist in je zwei Exemplaren in russischer und ... Sprache ausgefertigt, die juristisch gleichwertig sind.

LIZENZGEBER	LIZENZNEHMER
Name der Firma	Name der Firma
Sitz	Sitz
Bankrequisit	Bankrequisit
Unterschrift	Unterschrift
Stempel	Stempel

Сторонами предусмотрена возможность досрочного расторжения данного Договора по следующим основаниям:

Если, по мнению одного из партнёров, из-за несоблюдения договорных обязательств или из-за наступления обстоятельств, предусмотренных в параграфе 8 настоящего Договора, дальнейшее выполнение Договора невозможно, этот партнёр обязан направить другой стороне письменное извещение с изложением причин.

Сторона, получившая извещение, обязана в течение … дней письменно сообщить своё мнение и дать предложение по ликвидации возникших трудностей. Если устранение причин невозможно, то каждая из сторон имеет право в течение … дней расторгнуть Договор. Началом срока считается день получения почтового извещения, из которого видно, что трудности непреодолимы.

В случае расторжения указанного Договора по вине одной из сторон, другая сторона имеет право на возмещение причинённого ущерба и упущенной выгоды.

8. Форс-мажор

При возникновении каких-либо обстоятельств, препятствующих частичному или полному исполнению одной из сторон своих обязательств по настоящему Договору, а именно: наводнение, землетрясение, запрещение экспорта или импорта, война, военные операции любого характера или другие независящие от сторон обстоятельства, сроки, установленные для исполнения обязательств по настоящему Договору, передвигаются на период, равный сроку, в течение которого действовали указанные выше обстоятельства.

Если указанные обстоятельства в силе более … месяцев, то обе стороны могут по договорённости прекратить дальнейшее исполнение обязательств по данному Договору, или сторона, которая не может выполнить свои обязательства по настоящему Договору, обязана немедленно информировать другую сторону о возникновении и о прекращении обстоятельств, препятствующих исполнению её обязательств.

Надлежащим доказательством наличия указанных выше обстоятельств и их продолжительности будут служить справки, выдаваемые соответственно Торговой палатой страны ЛИЦЕНЗИАРА или ЛИЦЕНЗИАТА.

9. Арбитраж

Все споры, могущие возникнуть при исполнении настоящего Договора или в связи с ним, стороны будут пытаться урегулировать путём переговоров. В случае невозможности достичь согласия для разрешения спора, разногласия передаются на рассмотрение арбитража "ad hoc" с местом проведения в Стокгольме.

10. Заключительные условия

После подписания настоящего Договора все предыдущие переговоры и переписка по нему теряют силу.

Настоящий Договор составлен в двух экземплярах на русском и … языках, причём оба текста имеют одинаковую силу.

ЛИЦЕНЗИАР	ЛИЦЕНЗИАТ
Наименование фирмы	Наименование фирмы
Юридический адрес	Юридический адрес
Банковские реквизиты	Банковские реквизиты
Подпись	Подпись
Печать	Печать

2.9. Factoring-Vertrag

(Ort) _____ (Datum) _____

Die BANK _____ ,

vertreten durch _____ ,
                        (Dienststellung, Familienname, Vor-, Vatername)

im weiteren FAKTOR genannt,

und

die FIRMA _____ ,

vertreten durch _____ ,
                        (Dienststellung, Familienname, Vor-, Vatername)

im weiteren KUNDE genannt,

schließen folgenden Vertrag:

1. **Gegenstand des Vertrages**

Der KUNDE verpflichtet sich, während der Geltungsdauer des vorliegenden Vertrages dem FAKTOR seine aus der Erbringung vertraglich vereinbarter Leistungen resultierenden Forderungen abzutreten. Er erhält für diese Leistung eine Provision entsprechend den Vereinbarungen dieses Vertrages.

Der FAKTOR verpflichtet sich seinerseits, alle Forderungen des KUNDEN aus Exportgeschäften von Waren und Dienstleistungen in ... zu übernehmen und zu begleichen, sofern es sich um tatsächliche, während der Vertragsdauer eingegangene Verpflichtungen handelt.

Der FAKTOR verpflichtet sich zur Abrechnung der Zahlungsforderungen gegenüber dem KUNDEN und zur Gewährung entsprechender Vorauszahlungen. Er garantiert die Einlösung der ihm vom KUNDEN übergebenen Forderungen.

Der FAKTOR ist bevollmächtigt, die Übernahme der Forderungen des KUNDEN abzulehnen, wenn begründete Zweifel an der Realität dieser Forderungen bzw. an der Möglichkeit ihrer Abtretung bestehen. Der FAKTOR hat ferner das Recht, die Übernahme der Verpflichtungen des KUNDEN zu verweigern, wenn begründete Zweifel an der Zahlungsfähigkeit der Schuldner des KUNDEN bestehen.

Der KUNDE ist verpflichtet, vor Abschluß eines Vertrages mit Partnern aus ... das Einverständnis des FAKTORS mit dem geplanten Vertragsabschluß einzuholen.

Der FAKTOR ist verpflichtet, dem KUNDEN auf dessen Wunsch hin innerhalb von ... (Tagen) eine schriftliche Mitteilung über die Bonität der potentiellen Partner zukommen zu lassen. Im Falle der Weigerung zur Übernahme einzelner Forderungen durch den FAKTOR ist der FAKTOR verpflichtet, dem KUNDEN innerhalb von ... (Tagen) eine entsprechende schriftliche Mitteilung mit der ausführlichen Darlegung seiner Gründe zukommen zu lassen.

Sollte der KUNDE darauf bestehen, daß der FAKTOR Forderungen gegenüber Partnern des KUNDEN zur Begleichung übernimmt, die nicht über die nötige Bonität verfügen (Schuldner des Kunden), so kann der FAKTOR diesen KUNDEN gegenüber einen Höchstsatz geltend machen, über den er die Forderungen nicht übernimmt (Forderungslimit).

2.9. Договор о факторинге

г. _____   _____ 199 _ г.

БАНК _____ , далее именуемый ФАКТОР,

в лице _____ ,
                          (должность, фамилия, имя, отчество)

с одной стороны,

и

ФИРМА _____ , далее именуемая КЛИЕНТ,

в лице _____ ,
                          (должность, фамилия, имя, отчество)

с другой стороны,

заключили настоящий Договор о нижеследующем:

1. Предмет договора

КЛИЕНТ обязуется, что в течение срока действия данного Договора он будет представлять свои обязательства ФАКТОРУ для выкупа на рынке ... и за эту услугу получать вознаграждение в соответствии с положениями настоящего Договора.

ФАКТОР со своей стороны обязуется принять и оплатить обязательства КЛИЕНТА по сделкам экспорта товаров и услуг в ..., если эти обязательства являются истинными, в течение срока действия данного Договора.

ФАКТОР обязуется организовать учёт платёжных обязательств КЛИЕНТА, предоставить ему соответствующие авансы и гарантирует оплату переданных ему КЛИЕНТОМ обязательств.

ФАКТОР уполномочен отклонить взятие на себя требований КЛИЕНТА, если есть основание сомневаться в реальности этих требований или в возможности их передачи. ФАКТОР также имеет право отказаться от взятия на себя требований КЛИЕНТА по обязательствам, если у него есть сомнения в платёжеспособности должников КЛИЕНТА.

До заключения Договора с партнёрами из ... КЛИЕНТ должен получить согласие ФАКТОРА на этот Договор.

На запрос КЛИЕНТА о надёжности предполагаемых партнёров ФАКТОР обязан в срок до ... письменно известить об этом КЛИЕНТА. В случае отказа взять на себя отдельные требования ФАКТОР обязан в срок ... известить КЛИЕНТА в письменной форме с подробным изложением причин.

Если КЛИЕНТ настаивает на том, чтобы ФАКТОР принял к исполнению требования партнёров (должников КЛИЕНТА), которые не имеют достаточной солидности, ФАКТОР может установить в отношении этих должников максимальные суммы, свыше которых он не берёт требований (лимит требования).

Der KUNDE ist verpflichtet, in seiner Faktura den Zahlungstermin auszuweisen, der ... Tage nach Erstellung der Faktura nicht überschreiten darf. Sollte der KUNDE den Zahlungstermin überschreiten, hat der FAKTOR das Recht, die Übernahme der Forderung zu verweigern bzw. die Forderung unter Erhebung zusätzlicher Prozente und einer zusätzlichen Gebühr zu übernehmen.

2. Abtretung der Forderung (Zession)

Entsprechend dem vorliegenden Vertrag tritt der KUNDE dem FAKTOR alle zum Zeitpunkt des Vertragsabschlusses bestehenden sowie während der Geltungsdauer des Vertrages auftretenden Forderungen, die im Zusammenhang mit der Lieferung von Waren und Dienstleistungen an Geschäftspartner auf dem Territorium ... stehen, ab.

Der KUNDE garantiert das Vorhandensein und die Möglichkeit der Übertragung aller abtretbaren Forderungen an den FAKTOR, haftet jedoch nicht für die Möglichkeit der Einlösung dieser Forderungen.

Der KUNDE ist verpflichtet, im Zusammenhang mit allen ergangenen Faktura für die Lieferung von Waren bzw. die Erbringung von Dienstleistungen einen Vermerk darüber anzufertigen, daß
– er die Summe der Faktura-Forderung an den FAKTOR abtritt, und daß der Schuldner die durch ihn eingegangene Verpflichtung nur durch Zahlung der in der Faktura ausgewiesenen Summe an den FAKTOR begleichen kann,
– als FAKTOR die von ihm bevollmächtigte Bank auftritt.

3. Pflicht zur Führung der Faktura und Mitteilungspflicht

Der KUNDE ist verpflichtet, die Kopien seiner Fakturen regelmäßig dem FAKTOR vorzulegen, bevor er diese seinen Geschäftspartnern übermittelt.

Der KUNDE ist ferner verpflichtet, dem FAKTOR monatlich eine Aufstellung aller Faktura-Kopien mit Verweis auf die laufende Nummer, das Datum der Erstellung und die Summe vorzulegen.

Die Seiten vereinbaren eine einheitliche Regelung in bezug auf die Erfassung der Schuldner und ihrer Verbindlichkeiten.

In der Faktura-Rechnung und in den beizufügenden Dokumenten sind die Bezeichnung der Ware, die Liefermenge, die Qualität und die Lieferbedingungen auszuweisen. Der FAKTOR ist verpflichtet, mit dem Moment der Übernahme der Forderungen des KUNDEN eine Abrechnung für jeden einzelnen Schuldner anzulegen.

Der FAKTOR haftet gegenüber dem KUNDEN für die Richtigkeit seiner Rechnungslegung und ist verpflichtet, Schadensersatz für durch ihn schuldhaft verursachte Verluste an den KUNDEN zu leisten.

Pflicht des FAKTORS ist es im einzelnen,
– dem KUNDEN täglich Auszüge aus Rechnungsbelegen, Konten und anderen Dokumenten mit Angabe des Tagesumsatzes des Schuldners zuzusenden,
– dem KUNDEN monatlich eine Liste mit allen wegen Zahlungsverzug an die Schuldner ergangenen Mahnungen vorzulegen,
– dem KUNDEN einzeln die nach Monaten aufgeschlüsselten offenen Forderungen, Auszüge aus Rechnungsbelegen mit Angabe des Umsatzes für den zurückliegenden Monat einschließlich einer entsprechenden Bewertung der Belege zukommen zu lassen.

4. Rechnungsführung bei strittigen Forderungen

Entsprechend den Vereinbarungen des vorliegenden Vertrages kann der FAKTOR gegen Entrichtung einer zusätzlichen Gebühr die Rechnungsführung auch über nicht von ihm übernommene Schuldner und strittige Forderungen des KUNDEN realisieren.

КЛИЕНТ обязан указывать в своих счетах-фактурах срок оплаты, который не может превышать ... дней со дня выставления фактуры. Если КЛИЕНТ превысит срок, ФАКТОР имеет право не принимать на себя требование или же взять, но установить специальные дополнительные проценты и дополнительное вознаграждение.

2. Передача требования (цессия)

В соответствии с данным Договором КЛИЕНТ передаёт ФАКТОРУ все свои требования в связи с поставкой товаров и предоставлением услуг своим партнёрам на территории ... в момент подписания данного Договора, а также все требования, которые возникнут в течение срока действия данного Договора.

КЛИЕНТ гарантирует наличие и возможность передачи всех уступаемых требований ФАКТОРУ, однако за возможность оплаты этих требований не отвечает.

КЛИЕНТ обязан в отношении всех выданных фактур за поставку товаров и предоставление услуг записать положение о том,
– что он уступает сумму фактурного требования ФАКТОРУ и что должник может освободиться от своего обязательства только путём уплаты ФАКТОРУ указанной в фактуре суммы;
– что ФАКТОР является его уполномоченным банком.

3. Обязанность предоставления фактур и извещений

КЛИЕНТ должен регулярно предоставлять ФАКТОРУ копии своих счетов-фактур до дня направления их своему деловому партнёру.

КЛИЕНТ обязан ежемесячно предоставлять ФАКТОРУ подборки всех копий фактур со ссылками на их номера, даты выставления и суммы.

Сторонами настоящего Договора будет установлен единый порядок регистрации должника и его долгов.

В счёте-фактуре и прилагаемых к нему сопроводительных документах должно быть указано наименование товара, его количество, качество, условия поставки. ФАКТОР обязан с момента принятия требования КЛИЕНТА вести бухгалтерскую отчётность в отношении каждого должника.

ФАКТОР отвечает перед КЛИЕНТОМ за правильность отчётности и обязан возместить ущерб, возникший по его вине.

Обязанностью ФАКТОРА является:
– ежедневная пересылка КЛИЕНТУ выписки по счетам, выплатам и другим документам, а также выписки из счетов должников с указанием дневного оборота;
– ежемесячно представлять КЛИЕНТУ список напоминаний по всем требованиям, по которым наступил срок платежей;
– отдельно, с разбивкой по месяцам, представлять открытые требования, выписки счетов с оборотом за истекший месяц, бухгалтерски зафиксированный оборот с подведением итогов по счетам.

4. Ведение бухгалтерии по непринятым требованиям

В соответствии с настоящим Договором за особое вознаграждение ФАКТОР ведёт бухгалтерскую отчётность по должникам КЛИЕНТА и по требованиям, которые он не принял.

Der FAKTOR kann darüber hinaus auch andere Leistungen zum Forderungseinzug im Namen des KUNDEN und auf seine Rechnung erbringen.

Im Falle der Beendigung des vorliegenden Vertrages ist der FAKTOR verpflichtet, die Rechnungsführung über die Schuldner des KUNDEN innerhalb eines Jahres fortzusetzen. Der KUNDE ist verpflichtet, dem FAKTOR die hierfür vertraglich vereinbarte Gebühr zu zahlen.

5. **Vorausleistungen**

Der FAKTOR schreibt dem KUNDEN unter Abzug der Factoring-Gebühr und nach Erhalt der Kopien der Fakturen und der Dokumente die entsprechenden Forderungen gut.

Entsprechend dieser Gutschrift hat der KUNDE das Recht, über die ausgewiesene Summe unter Abzug eines bestimmten Teils, und zwar … – den der FAKTOR als Sicherheit gegen mögliche Verletzungen der Lieferbedingungen bzw. für den Fall der Weigerung des Käufers, die Ware entgegenzunehmen, einbehält – frei zu verfügen.

Die Seiten führen eine monatliche Revision der einbehaltenen Summe durch.

Der FAKTOR ist verpflichtet, dem KUNDEN alle vom Schuldner beglichenen Verpflichtungen, die von ihm zu einem früheren Zeitpunkt als Sicherheit einbehalten worden waren, innerhalb eines Banktages nach Erhalt auf das Konto des KUNDEN zu überweisen.

Sollte der KUNDE, aus welchen Gründen auch immer, über größere Summen verfügen als die auf seinem Konto gutgeschriebenen Mittel, so ist er verpflichtet, auf den Überschuß eine zusätzliche Gebühr, und zwar … % über dem üblichen Lombardsatz der Bank, in … zu entrichten.

Der FAKTOR ist verpflichtet, dem KUNDEN die Rechnungssummen in ausländischer Währung (außer der Währung im Lande des FAKTORS) nach dem von der Staatsbank (Nationalbank) … am Tag der Aushändigung der Faktura festgelegten Ankaufkurs zu überweisen. Das Währungsrisiko trägt hierbei der FAKTOR, das mit der Überweisung verbundene Risiko trägt der KUNDE.

Der FAKTOR ist verpflichtet, Kontobefugnisse vom KUNDEN einzuholen, wenn die Forderungen des KUNDEN infolge bestimmter Ursachen vollständig oder teilweise unerfüllbar sind.

6. **Vergütung der Factoring-Leistungen**

Der KUNDE ist verpflichtet, für die Erbringung der vertraglich vereinbarten Leistung durch den FAKTOR folgende Gebühren zu entrichten:
– für Zinsen und Vorauszahlung … %
– für die Buchhaltung … %
– für die Realisierung der Forderungen … %
– auf das Delkredererisiko … %.

Gesamt … %.

Die im o. g. Punkt angegebene Summe wird auf der Grundlage der Rechnung über die abgetretenen Forderungen berechnet.

Der FAKTOR hat das Recht, bei der Erteilung der Anweisung zur Gutschrift der Rechnungssumme die im Zusammenhang mit der Erbringung seiner Leistungen stehenden Ausgaben und Gebühren zu verrechnen, d. h., der FAKTOR akzeptiert die Rechnung des KUNDEN nur unter Abzug der o. g. Gebühren.

Die Provision für die übrigen Leistungen wird in der Anlage zum vorliegenden Vertrag in Abhängigkeit vom Leistungsumfang und der Einsatzdauer des FAKTORS bei der Erfüllung des Kundenauftrages festgelegt.

ФАКТОР может оказывать и другие услуги по оплате требований от имени и за счёт КЛИЕНТА.

В случае прекращения настоящего Договора ФАКТОР обязан в течение одного года после его прекращения вести бухгалтерию на должников КЛИЕНТА, а КЛИЕНТ обязан уплатить ФАКТОРУ вознаграждение за это в соответствии с настоящим Договором.

5. Авансы

ФАКТОР регистрирует в пользу КЛИЕНТА все его требования при соответствующем отчислении вознаграждения за факторинг после получения копии счёта-фактуры с приложением сопроводительных документов.

В соответствии с этой регистрацией КЛИЕНТ имеет право распоряжаться утверждённой суммой за вычетом части в размере ..., которую ФАКТОР оставляет для обеспечения возможных нарушений при поставке груза, либо в случае отказа получателя принять товар.

Проверка счёта задержанных средств сторонами производится ежемесячно.

ФАКТОР обязан все выплаченные должником суммы, ранее удержанные как обеспечение, перевести на счёт КЛИЕНТА на следующий день после их получения.

Если по какой-либо причине КЛИЕНТ располагает большими суммами, чем те, которые отражены в его счёте имеющихся средств, за избыток он обязан выплачивать дополнительные проценты, в частности, на ... % больше процентной ставки банка по ломбардным кредитам в ... .

На суммы фактур в иностранной валюте (помимо валюты страны фактора) ФАКТОР обязан начислять валюту по курсу, который утверждён в Государственном (Национальном) банке ... на день вручения фактуры при покупке иностранных платёжных средств (покупной курс), при этом весь валютный риск несёт ФАКТОР, а риск перевода несёт КЛИЕНТ.

Обязанностью ФАКТОРА является получение разрешения в отношении счёта КЛИЕНТА, если требование последнего в следствие разных причин окажется полностью или частично неисполнимым.

6. Оплата за услуги факторинга

КЛИЕНТ обязан за выполнение ФАКТОРОМ услуг по настоящему Договору выплатить следующее вознаграждение:
– за проценты и расходы по авансу ... %,
– за бухгалтерские услуги ... %,
– за оплату требований ... %,
– за риск делькредере ... %.

Итого ... %.

Сумма по предыдущему пункту рассчитывается от стоимости фактуры уступленных требований.

ФАКТОР вправе рассчитывать своё требование за выполнение факторинга таким образом, что уже при поручении фактуры он вычитает свои расходы и вознаграждение из фактурной суммы, акцептирует счёт КЛИЕНТА только в размере фактурной суммы, уменьшенной на упомянутые расходы и вознаграждение.

Вознаграждение за остальные услуги определяется на условиях и в размере, которые предусмотрены в Приложении к настоящему Договору в зависимости от объёма услуг и времени участия ФАКТОРА в выполнении действий в пользу и за счёт КЛИЕНТА.

7. **Haftung der Seiten**

Jede Seite haftet für schuldhaft verursachte, durch Nichterfüllung der vertraglich verein-barten Verpflichtungen herbeigeführte Schäden.

Der KUNDE haftet auf der Grundlage des Eintretens eines Schadensfalles, unabhängig von der Schuld, für alle Schäden, die infolge des Fehlens der Forderung oder der Un-möglichkeit ihrer Abtretung eingetreten sind.

8. **Gründe für Haftungsbefreiung**

Im Falle des Eintretens von Umständen, die die Erfüllung des Vertrages teilweise oder vollständig unmöglich machen, und zwar: Umstände höherer Gewalt, Export-/Importver-bote bzw. andere, nicht von den Seiten abhängende Umstände verlängern sich die für die Erbringung der vertraglich vereinbarten Leistung vorgesehenen Fristen um die Dauer des Wirkens dieser Umstände. Sollten die genannten Umstände länger als … Monate wirken, so können beide Seiten nach Absprache die weitere Erfüllung des Vertrages ein-stellen bzw. diejenige Seite, die infolge des Wirkens der o.g. Umstände nicht in der Lage ist, ihren vertraglichen Verpflichtungen nachzukommen, ist verpflichtet, die andere Seite unverzüglich über das Eintreten bzw. die Beendigung der zur Unmöglichkeit der Ver-tragserfüllung führenden Umstände in Kenntnis zu setzen.

9. **Vertragsdauer, Prolongation des Vertrages, Rücktritt vom Vertrag und Beendigung des Vertrages**

Der vorliegende Vertrag wurde für die Dauer von … Jahren geschlossen.

Sollte keine der Seiten den Vertrag schriftlich und nicht später als … Monate vor Ablauf der Geltungsdauer kündigen, so gilt der Vertrag automatisch als zu den gleichen Bedin-gungen verlängert.

Der Rücktritt vom Vertrag muß per Einschreiben erfolgen.

Sollte eine der Seiten zu der Auffassung gelangen, daß die Erfüllung des Vertrages auf Grund der Nichteinhaltung der Vertragsverpflichtungen durch die andere Seite bzw. in-folge des Eintretens von Umständen höherer Gewalt ernsthaft gefährdet ist, so ist sie verpflichtet, der anderen Seite eine schriftliche Mitteilung mit der Darlegung der Gründe für die Kündigung des Vertrages zukommen zu lassen.

Die Seite, die die Mitteilung über die Kündigung des Vertrages erhalten hat, ist verpflich-tet, nicht später als 30 Tage nach Erhalt der Kündigungsabsicht schriftlich Stellung zu nehmen und entsprechende Vorschläge zu unterbreiten. Sollte die die Kündigung veran-lassende Seite nach Erhalt der Vorschläge zu der Auffassung gelangen, daß diese eine Beseitigung der die Vertragserfüllung beeinträchtigenden Umstände innerhalb einer an-nehmbaren Frist nicht zulassen, so kann der Vertrag innerhalb von 30 Tagen nach Ein-gang der schriftlichen Mitteilung gelöst werden.

Im Falle der Kündigung des Vertrages sind die Seiten zur Erfüllung aller vor dem Kündi-gungstag eingegangenen Verbindlichkeiten verpflichtet.

Sollte der Vertrag durch die Schuld einer Seite gekündigt werden, hat die andere Seite das Recht, Ansprüche auf Schadensersatz und entgangenen Gewinn geltend zu ma-chen.

10. **Beilegung von Streitigkeiten**

Die Seiten bemühen sich, Streitfälle, die bei der Erfüllung des Vertrages auftreten, auf dem Verhandlungswege zu lösen. Im Falle der Unmöglichkeit der Erzielung einer gegen-seitig einvernehmlichen Lösung rufen die Seiten das Vertragsgericht bei der Industrie- und Handelskammer … an, dessen Entscheidung endgültig ist.

7. **Ответственность сторон**

Каждая из сторон несёт ответственность за ущерб, возникший по её вине вследствие ненадлежащего исполнения договорных обязательств.

КЛИЕНТ ответственен за ущерб, который возник из-за отсутствия требования или невозможности его уступки, независимо от вины, на основе самого факта возникновения ущерба.

8. **Основания освобождения от ответственности**

При возникновении каких-либо обстоятельств, препятствующих частичному или полному исполнению одной из сторон своих обязательств по настоящему Договору, а именно: наводнение, землетрясение, запрещение экспорта или импорта, война, военные операции любого характера или другие независящие от сторон обстоятельства, сроки, установленные для исполнения обязательств по настоящему Договору, передвигаются на период, равный сроку, в течение которого действовали указанные выше обстоятельства. Если указанные обстоятельства в силе более … месяцев, то обе стороны могут по договорённости прекратить дальнейшее исполнение обязательств по данному Договору, или сторона, которая не может выполнить свои обязательства по настоящему Договору, обязана немедленно информировать другую сторону о возникновении и о прекращении обстоятельств, препятствующих исполнению её обязательств.

9. **Действие, продление договора, отказ от него и прекращение**

Данный Договор заключён на … лет.

В том случае, если ни одна из сторон не откажется от Договора в письменном виде не позднее, чем за … месяца до истечения срока, на который он заключён, Договор продлевается автоматически на тех же условиях.

Отказ от Договора оформляется заказным письмом.

Если, по мнению одной из сторон, из-за несоблюдения договорных обязанностей другой стороною, или вследствие наступления обстоятельств форс-мажор, возникли существенные трудности в исполнении Договора, ведущие к его расторжению, эта сторона должна направить другой стороне письменное извещение с изложением причин, которые вызывают расторжение Договора.

Сторона, получившая извещение о расторжении Договора, обязана в срок не позднее 30 дней после его получения письменно сообщить своё мнение и дать предложения. Если из полученных предложений сторона-инициатор расторжения Договора не может ожидать устранения причин трудностей в приемлемый срок, то стороны имеют право расторгнуть Договор в течение 30 дней со дня получения письменного извещения.

В случае расторжения Договора сторонами выполняются обязательства, возникшие до дня расторжения.

Если расторжение произошло по вине одной стороны, другой партнёр имеет право на возмещение ущерба и упущенной выгоды.

10. **Разрешение споров**

Споры, возникающие между ФАКТОРОМ и КЛИЕНТОМ в ходе реализации настоящего Договора, разрешаются путём переговоров, а в случае недостижения согласия – стороны обращаются к компетенции Арбитражного суда при Торгово-промышленной палате …, который вынесет окончательное решение по спорному делу.

Die Seiten haben sich darauf geeinigt, daß für das Schiedsurteil die Satzung des Vertragsgerichtes bei der Industrie- und Handelskammer Rußlands zugrunde gelegt wird.

11. Schlußbestimmungen

Der vorliegende Vertrag wurde in ... am ...199. unterzeichnet und tritt mit Unterzeichnung in Kraft.

Der vorliegende Vertrag wurde in Russisch und ... ausgefertigt. Beide Texte sind juristisch gleichwertig.

KUNDE   FAKTOR

Name der Firma   Name der Bank
Sitz   Sitz
Bankrequisit   Bankrequisit

Unterschrift   Unterschrift
Stempel   Stempel

Стороны согласны в том, что в арбитражном производстве применяется Регламент Арбитражного суда при Торгово-промышленной палате России.

11. Заключительные условия

Договор подписан в г. ... " _____ " ... 199. года и начинает действовать с момента подписания.

Настоящий Договор составлен на русском и ... языках, причём оба текста имеют одинаковую силу.

КЛИЕНТ   ФАКТОР

Наименование фирмы   Наименование фирмы
Юридический адрес   Юридический адрес
Банковские реквизиты   Банковские реквизиты

Подпись   Подпись
Печать   Печать

2.10. Darlehensvertrag

(Ort) _____   (Datum) _____

Die BANK _____ , vertreten durch _____ ,

                                              (Dienststellung, Familienname, Vor-, Vatername)

im weiteren BANK genannt, handelnd auf der Grundlage der/des _____ ,

und

die FIRMA _____ , vertreten durch _____ ,

                                              (Dienststellung, Familienname, Vor-, Vatername)

im weiteren DARLEHENSNEHMER genannt, handelnd auf der Grundlage der/des _____ ,

schließen den vorliegenden Vertrag über die Gewährung eines Darlehens in __ (Währung) unter der Bedingung der Einhaltung der vertraglich vereinbarten Verpflichtungen seitens des DARLEHENSNEHMERS.

1.   Gegenstand des Vertrages

Die BANK verpflichtet sich, dem DARLEHENSNEHMER ein Darlehen in Höhe von … (Betrag in Worten) zum Zwecke der … und zu den nachstehend vereinbarten Bedingungen zu gewähren.

2.   Bedingungen der Darlehensgewährung und der Darlehenstilgung

Das Darlehen wird von der BANK ab dem … (Datum) gewährt und ist vom DARLEHENSNEHMER bis zum … (Datum) zurückzuzahlen.

Für die Gewährung des Darlehens legt der DARLEHENSNEHMER der BANK folgende Dokumente vor, die Vertragsbestandteil sind:
a) die Terminverpflichtung für die gesamte Darlehenssumme,
b) den Bürgschaftsbrief vom … (Datum) Nr. … bzw. den Darlehenssicherungsvertrag Nr. … vom … (Datum).

Zur Abrechnung der Kreditschuld eröffnet die BANK aus ihrer Bilanz ein Anleihekonto mit der Kontonummer … und debitiert nach Erhalt der obengenannten Dokumente bis zum … (Datum) die Darlehenssumme auf das Konto des DARLEHENSNEHMERS.

Die Tilgung des Darlehens erfolgt auf Grund der Terminverpflichtung vom Anleihekonto des DARLEHENSNEHMERS mittels Memorialorder.

Die Tilgung der fälligen Bankzinsen erfolgt ebenfalls mittels Memorialorder vom Konto des DARLEHENSNEHMERS, sofern dieser Kunde der BANK ist.
Ist der DARLEHENSNEHMER nicht Kunde der BANK, so erfolgt die Tilgung der fälligen Zinsen durch Zahlungsauftrag.

Die vorfristige Tilgung des Darlehens durch den DARLEHENSNEHMER kann ebenfalls durch Zahlungsauftrag erfolgen.

3.   Darlehenszinsen

Für die Nutzung des Darlehens zahlt der DARLEHENSNEHMER der BANK … (Summe in Worten) % p.a., beginnend mit dem Tag der Überweisung der Darlehenssumme vom Konto der BANK. Die Berechnung der Zinsen durch die BANK erfolgt am … (Datum) jeden Monats.

Der DARLEHENSNEHMER zahlt die fälligen Zinsen bis zum … (Datum) jeden Monats durch Zahlungsanweisung oder Inkassoauftrag.

2.10. Кредитный договор

г. _____   _____ 199 _ г.

БАНК _____ , далее именуемый БАНК,

в лице _____ , действующего на основании _____ ,
     (должность, фамилия, имя, отчество)

и

ФИРМА _____ , далее именуемая ЗАЁМЩИК,

в лице _____ , действующего на основании _____ ,
     (должность, фамилия, имя, отчество)

заключили настоящий Договор о предоставлении ЗАЁМЩИКУ кредита в _____ при условии выполнения ЗАЁМЩИКОМ обязательств, предусмотренных настоящим Договором.

1.   Предмет договора
БАНК обязуется предоставить ЗАЁМЩИКУ кредит в сумме ... (сумма прописью) в целях ... на условиях, предусмотренных настоящим Договором.

2.   Условия предоставления и погашения кредита
Кредит предоставляется БАНКОМ с ... (дата) и возвращается ЗАЁМЩИКОМ до ... (дата).

Для получения кредита ЗАЁМЩИК предоставляет БАНКУ следующие документы, являющиеся неотъемлемой частью настоящего Договора:
а) срочное обязательство на всю сумму кредита,
б) гарантийное обязательство от ... (дата) № ... или Договор залога № ... от ... (дата).

Для учёта задолженности по кредиту БАНК открывает ЗАЁМЩИКУ из своего баланса ссудный счёт № ... и после получения от ЗАЁМЩИКА документов, указанных в предыдущем пункте настоящего Договора, до ... (дата) зачисляет сумму задолженности ЗАЁМЩИКА на расчётный счёт ЗАЁМЩИКА.

Погашение кредита ЗАЁМЩИКОМ осуществляется БАНКОМ на основании срочного обязательства путём списания средств с расчётного счёта ЗАЁМЩИКА мемориальным ордером.
Погашение процентов, начисленных по кредиту ЗАЁМЩИКУ – клиенту БАНКА, осуществляется БАНКОМ путём списания средств с расчётного счёта ЗАЁМЩИКА мемориальным ордером.

ЗАЁМЩИК – не клиент БАНКА – погашает проценты, начисленные по кредиту, платёжным поручением.

Досрочное погашение кредита может быть также произведено ЗАЁМЩИКОМ платёжным поручением.

3.   Плата за пользование кредитом
За пользование кредитом ЗАЁМЩИК уплачивает БАНКУ ... (сумма прописью) процентов годовых, со дня перечисления средств со счёта БАНКА. Начисление процентов осуществляется БАНКОМ каждого ... числа ежемесячно.

ЗАЁМЩИК выплачивает проценты ежемесячно до ... числа каждого месяца платёжным поручением ЗАЁМЩИКА или инкассовым требованием БАНКА.

4. Sicherung des Darlehens

Der DARLEHENSNEHMER haftet für die mit dem vorliegenden Vertrag eingegangenen Verpflichtungen mit seinem gesamten, entsprechend den Gesetzen der Russischen Föderation pfändbaren Eigentum.

Zur Gewährleistung der Vertragserfüllung schließen die Seiten einen Darlehenssicherungsvertrag.

Die Annahme der gebotenen Sicherheiten durch die BANK erfolgt in Übereinstimmung mit der Gesetzgebung der Russischen Föderation.

5. Pflichten des Darlehensnehmers

Der DARLEHENSNEHMER verpflichtet sich zur Tilgung der Darlehenssumme einschließlich der fälligen Zinsen unter Einhaltung der im Punkt 2 des vorliegenden Vertrages vereinbarten Frist.

Der DARLEHENSNEHMER zahlt eine Gebühr für die Darlehensnutzung entsprechend den im Punkt 3 des vorliegenden Vertrages vereinbarten Bedingungen.

Der DARLEHENSNEHMER legt der BANK nicht später als bis zum … (Datum) eines jeden Monats seine beim Finanzamt vorgelegten und ordnungsgemäß beglaubigten Vierteljahresbilanzen mit der Aufschlüsselung der Aktiva vor.

Der DARLEHENSNEHMER gewährt der BANK auf deren Wunsch Einsicht in seine Geschäftstätigkeit und sichert ihr die Möglichkeit der Einsichtnahme in die entsprechenden Bücher und sonstige Unterlagen.

Der DARLEHENSNEHMER verpflichtet sich, keine Pfand- und Leasingverträge abzuschließen, seine Verbindlichkeiten nicht an andere abzutreten, keine Darlehen zu gewähren und keine Bürgschaften zu übernehmen, ohne vorher das Einverständnis der BANK eingeholt zu haben.

Der DARLEHENSNEHMER verpflichtet sich, das erhaltene Darlehen effektiv und unter Einhaltung der für die Darlehensgewährung gültigen Prinzipien, und zwar gemäß dem Prinzip der
– Gesichertheit des Darlehens
– Zahlungsfähigkeit
– Rückzahlbarkeit des Darlehens
– Fristentreue bei der Darlehenstilgung
– zweckgebundenen Verwendung der gewährten Mittel,
zu verwenden.

6. Haftung bei Vertragsverletzungen

Bei Nichttilgung der Darlehenssumme entsprechend den im Punkt 2 des vorliegenden Vertrages vereinbarten Fristen zahlt der DARLEHENSNEHMER der BANK eine Vertragsstrafe in Höhe von … (in Worten) % auf die Darlehenssumme, einschließlich des Jahreszinses.

Bei Verzug der Zahlung der Darlehenszinsen wird dem DARLEHENSNEHMER eine Strafe in Höhe von … % des Jahreszinses pro Verzugstag auferlegt.

Bei Nichterfüllung der im vorliegenden Vertrag vom DARLEHENSNEHMER eingegangenen Verpflichtungen ist die BANK berechtigt, alle in den einzelnen Vertragspunkten genannten Verbindlichkeiten des DARLEHENSNEHMERS im akzeptfreien Verfahren einzuziehen.

Die BANK übernimmt keine Verantwortung für die Verbindlichkeiten des DARLEHENSNEHMERS sowie für das mögliche Eintreten von Umständen höherer Gewalt.

4. Обеспечение кредита

По настоящему Договору ЗАЁМЩИК отвечает всем своим имуществом, на которое по законодательству Российской Федерации может быть обращено взыскание.

В обеспечение исполнения настоящего Договора сторонами составляется Договор о залоге имущества.

По настоящему Договору БАНК принимает залог в порядке, предусмотренном законодательством Российской Федерации.

5. Обязательства Заёмщика

ЗАЁМЩИК возвращает сумму кредита и проценты за его пользование в сроки, предусмотренные параграфом 2 настоящего Договора.

ЗАЁМЩИК выплачивает плату за пользование кредитом в соответствии с параграфом 3 настоящего Договора.

ЗАЁМЩИК предоставляет БАНКУ не позднее … числа каждого месяца квартальные бухгалтерские балансы с расшифровкой активов, представляемые в финансовые органы, удостоверенные надлежащим образом.

ЗАЁМЩИК предоставляет по требованию БАНКА информацию о своей финансово-хозяйственной деятельности, а также обеспечивает БАНКУ возможность ознакомления со своими бухгалтерскими и иными документами.

ЗАЁМЩИК, без предварительного согласия БАНКА, обязуется не заключать Договора залога и аренды имущества, не продавать свои дебиторские счета, не выдавать займов и денежных обязательств, не выступать гарантом (поручителем).

ЗАЁМЩИК обязуется эффективно использовать полученные средства на условиях соблюдения принципов кредитования, а именно:
– обеспеченности,
– платности,
– возвратности,
– срочности,
– целевого использования.

6. Ответственность за нарушение условий договора

При невозврате кредита в сроки, предусмотренные параграфом 2 настоящего Договора, ЗАЁМЩИК уплачивает БАНКУ штраф в размере … (сумма прописью) процентов годовых от суммы кредита.

При просрочке оплаты процентов за пользование кредитом БАНК взыскивает с ЗАЁМЩИКА штраф в размере … процентов годовых от задолженности за каждый день просрочки.

При невыполнении ЗАЁМЩИКОМ любых обязательств по настоящему Договору БАНК взыскивает платежи, предусмотренные вышеизложенными пунктами данной статьи Договора, и задолженность по ним в безакцептном порядке.

БАНК не несёт ответственности по обязательствам ЗАЁМЩИКА, а также при наступлении форс-мажорных обстоятельств.

7. **Geltungsdauer des vorliegenden Vertrages. Änderung des Vertrages und Beendigung des Vertrages**
Der Vertrag tritt mit dem Tag der Überweisung der Darlehenssumme vom Konto der BANK in Kraft.

Änderungen des Vertrages bedürfen der Schriftform und der Unterschrift seitens bevollmächtigter Vertreter der BANK und des DARLEHENSNEHMERS.

Der Vertrag endet mit der vollständigen Tilgung aller eingegangenen Verbindlichkeiten durch den DARLEHENSNEHMER und dem Eingang aller Zahlungen auf dem Konto der BANK.

Der vorliegende Vertrag kann im gegenseitigen Einvernehmen und bei entsprechender Angleichung der zu entrichtenden Zinsen prolongiert werden.

8. **Besondere Vereinbarungen**
Die Seiten verpflichten sich, das Bank- und Geschäftsgeheimnis zu achten und Stillschweigen über die im Vertrag getroffenen Vereinbarungen sowie über die Geschäftstätigkeit der BANK zu wahren.

Die BANK hat darüber hinaus im Einklang mit dem vorliegenden Vertrag das Recht,
a) den DARLEHENSNEHMER für zahlungsunfähig zu erklären und die Pfändung seines Eigentums entsprechend der Gesetzgebung der Russischen Föderation zu veranlassen,
b) nach eigenem Ermessen beliebige, mit der Gesetzgebung der Russischen Föderation in Übereinstimmung stehende Maßnahmen zur Tilgung des Darlehens zu ergreifen.

Die Zahlung einer Vertragsstrafe entbindet den DARLEHENSNEHMER nicht von der Einhaltung seiner vertraglich eingegangenen Verpflichtungen.

9. **Streitigkeiten**
Die Seiten bemühen sich, alle im Zusammenhang mit dem vorliegenden Vertrag stehenden Streitfälle auf dem Verhandlungswege zu lösen. Im Falle der Unmöglichkeit der Erzielung einer einvernehmlichen Lösung wird das Vertragsgericht in ... angerufen.

Dem Vertrag sind folgende Anlagen beigefügt: ...

Der vorliegende Vertrag ist in Russisch und ... geschlossen. Beide Texte sind juristisch gleichwertig.

BANK   KREDITNEHMER

Bezeichnung der Bank   Bezeichnung der Firma
Sitz   Sitz
Bankrequisiten   Bankrequisiten

Unterschrift   Unterschrift
Stempel   Stempel

7. **Срок действия настоящего договора.**
   Порядок изменения и прекращения договора
   Действие Договора начинается со дня перечисления суммы кредита со счёта БАНКА.

   Изменения в настоящий Договор вносятся в письменной форме за подписями уполномоченных лиц БАНКА и ЗАЁМЩИКА.

   Действие Договора прекращается после полного погашения ЗАЁМЩИКОМ БАНКУ всех платежей, предусмотренных настоящим Договором, и поступления их на счёт БАНКА.

   Настоящий Договор может быть пролонгирован с взаимосогласованным изменением процентов по кредиту.

8. **Особые условия**
   Стороны обязуются не передавать и разглашать третьим лицам информацию об условиях и порядке действия настоящего Договора, деятельности БАНКА, сохранять банковскую и коммерческую тайны.

   В соответствии с настоящим Договором БАНК вправе:
   а) объявить ЗАЁМЩИКА неплатёжеспособным и обратить взыскание на его имущество в соответствии с законодательством России,
   б) принимать по собственному усмотрению любые действия, направленные на погашение платежей, предусмотренных настоящим Договором, в соответствии с законодательством России.

   Уплата санкций не освобождает ЗАЁМЩИКА от исполнения обязательств по настоящему Договору.

9. **Споры по договору**
   Все споры, вытекающие из выполнения настоящего Договора, стороны решают путём переговоров и при отсутствии согласия – в арбитражном суде в г. ... .

   К Договору прилагаются следующие Приложения ... .

   Настоящий Договор составлен на русском и ... языках, причём оба текста имеют одинаковую силу.

БАНК   ЗАЁМЩИК

Наименование банка   Наименование фирмы
Юридический адрес   Юридический адрес
Банковские реквизиты   Банковские реквизиты

Подпись   Подпись
Печать   Печать

2.11. Darlehenssicherungsvertrag

(Ort) _____   (Datum) _____

Der vorliegende Vertrag dient der Sicherung der durch den Darlehensnehmer _____
im Darlehensvertrag Nr. _____ vom _____ (Datum) eingegangenen Verbindlichkeiten über
eine Summe in Höhe von _____ (Summe in Worten),
rückzahlbar innerhalb/bis _____ und wird geschlossen

zwischen

der GESCHÄFTSBANK _____ , im weiteren HYPOTHEKENNEHMER genannt,

in Person _____ ,
                            (Dienststellung, Familienname, Vor-, Vatername)

handelnd gemäß _____ ,

und

_____ , im weiteren HYPOTHEKENGEBER genannt,

in Person _____ ,
                            (Dienststellung, Familienname, Vor-, Vatername)

handelnd gemäß _____ .

1.   Gegenstand des Vertrages

Der HYPOTHEKENGEBER verpfändet dem HYPOTHEKENNEHMER folgendes Eigentum, im weiteren Pfandobjekt genannt: ... .

Der HYPOTHEKENGEBER ist von Rechts wegen Eigentümer des Pfandobjektes. Dies wird durch folgende Dokumente belegt ... . Der Eigentümernachweis ist Anlage zum vorliegenden Vertrag.

Das in Pfand gegebene Eigentum wird in einer Inventarliste erfaßt, die ebenfalls Anlage zum Vertrag ist.

Das Pfandobjekt besitzt einen Taxwert von ... und befindet sich unter der Adresse ... .

Treuhandvermögen kann nur mit Genehmigung des Eigentümers verpfändet werden. Das entsprechende Dokument ist ebenfalls Anlage zum Vertrag.

Das Pfandobjekt verbleibt dem HYPOTHEKENGEBER zur Nutzung.

2.   Verpflichtungen der Seiten

Der HYPOTHEKENGEBER verpflichtet sich:
– das Pfandobjekt auf eigene Rechnung zu versichern, wobei die Versicherungssumme nicht unter der Darlehenssumme einschließlich der für die Gesamtlaufzeit des Darlehens fälligen Zinsen liegen darf. Die entsprechende Versicherungspolice Nr. ... vom ... ist Anlage zum Vertrag.

2.11. Договор о залоге имущества (Ипотечный договор)

г. _____   _____ 199 _ г.

Настоящий Договор является обеспечением исполнения обязательств Заёмщика

_____ по кредитному Договору № ___

от _____ (дата) на сумму _____ со сроком возврата

_____ и заключён

между

КОММЕРЧЕСКИМ БАНКОМ _____ , именуемым в дальнейшем

ЗАЛОГОДЕРЖАТЕЛЬ, в лице _____ ,

(должность, фамилия, имя, отчество)

действующего на основании _____ ,

и

_____ , именуемым в дальнейшем ЗАЛОГОДАТЕЛЬ,

в лице _____ ,

(должность, фамилия, имя, отчество)

действующего на основании _____ .

1.   Предмет договора
ЗАЛОГОДАТЕЛЬ предоставляет в залог ЗАЛОГОДЕРЖАТЕЛЮ имущество ... , именуемое в дальнейшем объект залога.

Предмет залога принадлежит ЗАЛОГОДАТЕЛЮ на праве ... .
Это подтверждается следующими документами ... , которые являются Приложением к настоящему Договору.

Имущество, передаваемое в залог, перечисляется в описи, которая также является Приложением к настоящему Договору.

Имущество, передаваемое в залог, оценивается в ... на сумму ... и находится по адресу ... .

Имущество, управляемое по доверенности, передаётся в залог с разрешения собственника ... , и документ об этом также является Приложением к настоящему Договору.

Заложенное по настоящему Договору имущество остаётся в пользовании ЗАЛОГОДАТЕЛЯ.

2.   Обязанности сторон
ЗАЛОГОДАТЕЛЬ обязан:
– страховать за свой счёт предмет залога. При этом страховая сумма должна быть не меньше суммы банковской ссуды и суммы процентов за пользование кредитом за весь период действия Кредитного договора. Страховой полис № ... от ... является Приложением к настоящему Договору.

– eine weitere Verpfändung des Pfandobjektes auszuschließen.
Der HYPOTHEKENGEBER erklärt, daß das dem HYPOTHEKENNEHMER in Pfand gegebene Objekt nicht verkauft bzw. anderweitig verpfändet und frei von Ansprüchen Dritter ist.

– die erforderlichen Bedingungen für die Aufbewahrung des in Pfand gegebenen Eigentums zu schaffen, seine Sicherung zu garantieren sowie Vertretern des HYPOTHEKENNEHMERS die Kontrolle über das Vorhandensein und die Aufbewahrungsbedingungen des Pfandobjektes zu ermöglichen.
Sollte der HYPOTHEKENGEBER den Vertretern des HYPOTHEKENNEHMERS eine Kontrolle des Pfandobjektes verweigern, so erstellt der HYPOTHEKENNEHMER ein Protokoll, das die Grundlage für eine umgehende Erfüllung der im Darlehensvertrag eingegangenen und durch den vorliegenden Vertrag gesicherten Verpflichtungen bildet. In diesem Fall ist der HYPOTHEKENGEBER verpflichtet, seine im Darlehensvertrag eingegangenen Verbindlichkeiten innerhalb von ... Tagen nach Verweigerung der Kontrolle zu begleichen.

– bei Nichteinhaltung seiner mit dem Darlehensvertrag eingegangenen Verpflichtungen das Pfandobjekt innerhalb von ... Tagen, beginnend mit dem 1. Tag des Zahlungsverzugs, auf eigene Kosten zu veräußern und den aus der Veräußerung erzielten Erlös innerhalb der folgenden ... Tage zur Tilgung seiner Darlehensverbindlichkeiten an den HYPOTHEKENNEHMER zu überweisen.

Der HYPOTHEKENNEHMER verpflichtet sich:
– dem HYPOTHEKENGEBER den Differenzbetrag zurückzuerstatten, falls der aus der Veräußerung erzielte Erlös die Pfandsumme übersteigt;

– alle Handlungen zu unterlassen, die dem HYPOTHEKENGEBER eine Erfüllung seiner mit dem vorliegenden Vertrag verbundenen Verpflichtungen erschweren.

3. **Rechte der Seiten**
Der HYPOTHEKENGEBER hat das Recht:
– das Pfandobjekt zu benutzen und über das Pfandobjekt zu verfügen;

– das verpfändete Eigentum teilweise zu veräußern (einschließlich Recht auf Verkauf), wenn dabei gleichzeitig der entsprechende, durch das Pfand gesicherte Darlehensbetrag getilgt wird;

– das Pfandobjekt mit Einverständnis des HYPOTHEKENNEHMERS durch ein anderes, wertmäßig adäquates Pfandobjekt zu ersetzen.

Der HYPOTHEKENNEHMER hat das Recht:
– Vorhandensein, Größe, Zustand sowie die Aufbewahrungs- und Sicherungsbedingungen des Pfandobjektes an Hand von Dokumenten und an Ort und Stelle zu prüfen;

– vom HYPOTHEKENGEBER ein anderes als das im vorliegenden Vertrag behandelte Pfandobjekt zu fordern, wenn der HYPOTHEKENGEBER den Forderungen des HYPOTHEKENGLÄUBIGERS zur Übergabe des Pfandobjektes oder eines anderen, das Pfandobjekt ersetzenden, Eigentums nicht nachkommt;

– vom HYPOTHEKENGEBER die unverzügliche Erfüllung seiner im Darlehensvertrag eingegangenen Verpflichtungen zu fordern, wenn das Pfandobjekt verlorengeht oder beschädigt/unbrauchbar geworden ist und der HYPOTHEKENGEBER dieses Pfandobjekt daraufhin nicht innerhalb von ... Tagen, beginnend mit dem Tag des Verlustes oder der Beschädigung, durch ein anderes, gleichwertiges Pfandobjekt ersetzt hat;

– die Pfändung des Pfandobjektes zu veranlassen, wenn der HYPOTHEKENGEBER seiner Verpflichtung zur Darlehenstilgung nicht nachkommt;

– не допускать последующих залогов имущества, являющегося предметом настоящего Договора.
ЗАЛОГОДАТЕЛЬ заявляет, что имущество, передаваемое ЗАЛОГОДЕРЖАТЕЛЮ по настоящему Договору, не продано, не находится в других залогах, свободно от обязательств перед третьими лицами.

– обеспечить надлежащие условия для содержания переданного в залог имущества, гарантируя его сохранность, допускать представителей ЗАЛОГОДЕРЖАТЕЛЯ к месту нахождения заложенного имущества с целью проверки его наличия и условий его содержания.
При отказе в допуске представителей ЗАЛОГОДЕРЖАТЕЛЯ к месту нахождения заложенного имущества с целью проверки ЗАЛОГОДЕРЖАТЕЛЬ составляет акт, который является основанием для досрочного исполнения обеспеченного залогом обязательства. В этом случае кредит подлежит возврату в течение … дней после нарушения ЗАЛОГОДАТЕЛЕМ требований о проверке.

– при невыполнении своих обязательств по кредитному Договору реализовать за свой счёт предмет залога в течение … дней, начиная с первого дня просрочки, и в течение следующих … дней направить выручку на погашение задолженности по кредиту.

ЗАЛОГОДЕРЖАТЕЛЬ обязан:
– возвратить разницу, если сумма, вырученная от реализации предмета залога, превышает размер обеспеченных залогом требований ЗАЛОГОДЕРЖАТЕЛЯ.

– не допускать действий, которые затрудняли бы выполнение ЗАЛОГОДАТЕЛЕМ условий настоящего Договора.

3.   **Права сторон**
ЗАЛОГОДАТЕЛЬ имеет право:
– владеть, пользоваться и распоряжаться предметом залога.

– отчуждать заложенное имущество (в том числе продавать) частично, если при этом одновременно погашается соответствующая часть обеспеченной залогом задолженности.

– заменить, с согласия ЗАЛОГОДЕРЖАТЕЛЯ, переданное в залог имущество на другое имущество соответствующего вида, в соответствующем количестве и соответствующей стоимости.

ЗАЛОГОДЕРЖАТЕЛЬ имеет право:
– проверять по документам и фактически наличие, размер, состояние и условия содержания предмета залога.

– получить другое имущество ЗАЛОГОДАТЕЛЯ, не являющееся предметом залога по настоящему Договору, в случае необеспечения ЗАЛОГОДАТЕЛЕМ требований ЗАЛОГОДЕРЖАТЕЛЯ о передаче ему заложенного имущества или имущества, которым заменено заложенное имущество.

– требовать досрочного исполнения обеспеченных залогом обязательств, если предмет залога утрачен или испорчен и ЗАЛОГОДАТЕЛЬ не заменил его другим равноценным имуществом в течение … дней со дня утраты или порчи.

– обратить взыскание задолженности по банковской ссуде на предмет залога, если по истечении срока ссудозаёмщик не погасил задолженности.

- seine Forderungen, einschließlich aufgelaufener Zinsen und durch Tilgungsverzug verursachter Verluste vollständig aus der Realisierung des Pfandobjektes des HYPO-THEKENGEBERS zu befriedigen;

- weiteres Eigentum des HYPOTHEKENGEBERS zur Befriedigung seiner Forderungen heranzuziehen, wenn sich der Erlös aus der Veräußerung des Pfandobjektes als unzureichend für die vollständige Befriedigung der Forderungen des HYPOTHEKEN-NEHMERS erweist;

- die zeitweilige Pfändung des Pfandobjektes bis zur Erfüllung der mit dem Darlehensvertrag eingegangenen Verpflichtungen zu veranlassen, wenn der HYPOTHEKEN-GEBER die im vorliegenden Vertrag vereinbarten Bedingungen verletzt.

4. Schlußbestimmungen

Im Falle der Nichterfüllung der im Darlehensvertrag Nr. ... vom ... (Datum) eingegangenen Verpflichtungen bzw. der vorfristigen Beendigung des Vertrages hat der HYPOTHE-KENNEHMER das Recht, das ihm verpfändete Eigentum innerhalb von ... Tagen nach Eintritt der Nichterfüllung bzw. der vorzeitigen Beendigung des Vertrages zu veräußern.

Die Veräußerung des Pfandobjektes kann durch Versteigerung oder anderweitig erfolgen, wobei alle Verluste und Ausgaben zu Lasten des HYPOTHEKENSCHULDNERS gehen.

Die Veräußerung des zur Pfändung anstehenden Eigentums erfolgt in Übereinstimmung mit der Zivilprozeßordnung der Russischen Föderation.

Das Pfand bleibt auch dann erhalten, wenn das Eigentums- oder Besitzrecht am verpfändeten Objekt auf Dritte übergeht, die Forderung abgetreten bzw. die Schuld übertragen wird.

Die Rechte der Seiten im vorliegenden Vertrag werden durch das Pfandgesetz der Russischen Föderation festgelegt.

Die im vorliegenden Vertrag vereinbarten Bedingungen können bei gegenseitigem Einverständnis in schriftlicher Form verändert und ergänzt werden.

Streitfälle, die im Zusammenhang mit der Erfüllung des vorliegenden Vertrages auftreten, werden durch das Vertragsgericht in ... entschieden.

Der Vertrag wurde in ... am ... 199. unterzeichnet und tritt mit Unterschrift in Kraft.

Der Vertrag liegt in Russisch und ... vor. Beide Texte sind juristisch gleichwertig.

HYPOTHEKENNEHMER   HYPOTHEKENGEBER

Bezeichnung der Bank   Bezeichnung der Firma
Sitz   Sitz
Bankrequisiten   Bankrequisiten

Unterschrift   Unterschrift
Stempel   Stempel

- за счёт заложенного имущества ЗАЛОГОДАТЕЛЯ удовлетворить свои требования в полном объёме, включая проценты, а также убытки, причинённые просрочкой исполнения.

- получить недостающую сумму из другого имущества должника, если суммы, вырученной от реализации предмета залога, недостаточно для полного удовлетворения требований ЗАЛОГОДЕРЖАТЕЛЯ.

- обратить взыскание на предмет залога до наступления срока исполнения обеспеченного залогом обязательства в случае нарушения ЗАЛОГОДАТЕЛЕМ условий настоящего Договора.

4. Заключительные положения

В случае неисполнения должником обязательств по кредитному Договору № ... от ..., указанных в настоящем Договоре, или досрочного прекращения его действия, ЗАЛОГОДЕРЖАТЕЛЬ имеет право самостоятельно, без судебного решения, реализовывать переданное ему в залог имущество по истечении ... дней после неисполнения должником обязательств или досрочного прекращения его действия.

Реализация заложенного имущества может быть произведена с аукциона или в ином порядке с отнесением всех убытков и расходов за счёт ЗАЛОГОДАТЕЛЯ.

Реализация заложенного имущества, на которое обращается взыскание, осуществляется в соответствии с гражданским процессуальным законодательством Российской Федерации.

Залог сохраняет силу, если право собственности на заложенное имущество или право распоряжения им переходит к третьему лицу, а также в случае уступки требования или перевода долга.

Гарантии прав сторон при залоге определяются Законом Российской Федерации "О залоге".

Условия настоящего Договора могут быть изменены и дополнены по взаимному соглашению сторон в письменной форме.

Споры, возникающие в ходе исполнения настоящего Договора, рассматриваются в Арбитражном суде ... .

Договор подписан в г. ... ...199. года и начинает действовать с момента подписания.

Настоящий Договор составлен на русском и ... языках, причём оба текста имеют одинаковую силу.

ЗАЛОГОДЕРЖАТЕЛЬ   ЗАЛОГОДАТЕЛЬ

Наименование банка   Наименование фирмы
Юридический адрес   Юридический адрес
Банковские реквизиты   Банковские реквизиты

Подпись   Подпись
Печать   Печать

2.12. Marketing-Vertrag

(Ort) _____   (Datum) _____

Die FIRMA _____ , im weiteren AUFTRAGGEBER genannt,

vertreten durch _____ und handelnd

(Dienststellung, Familienname, Vor-, Vatername)

auf der Grundlage des/der _____ , einerseits,

und

die GESELLSCHAFT mit beschränkter Haftung _____ ,

im weiteren AUFTRAGNEHMER genannt,

vertreten durch _____ und handelnd

(Dienststellung, Familienname, Vor-, Vatername)

auf der Grundlage des/der _____ , andererseits,

schließen folgenden Vertrag:

1.   **Gegenstand des Vertrages**

Der AUFTRAGNEHMER übernimmt gegenüber dem AUFTRAGGEBER die Verpflich-
tung zur Erbringung der in Anlage 1 zum vorliegenden Vertrag aufgeführten Leistungen
im Marketing-Bereich, und zwar: die Durchführung von Marktanalysen sowie die Unter-
suchung der Nachfrage- und Preisentwicklung im Bereich der Produkte/Dienstleistungen
des AUFTRAGGEBERS sowie der Preisbildung auf dem Territorium … .

2.   **Gesamtwert des Vertrages. Zahlungsbedingungen**

Der AUFTRAGGEBER verpflichtet sich gegenüber dem AUFTRAGNEHMER zur Bezah-
lung der erbrachten vertraglich vereinbarten Leistungen in Höhe von … . Die Bezahlung
hat durch direkte Überweisung auf das vom AUFTRAGNEHMER angegebene Konto zu
erfolgen. Die Anweisung erfolgt innerhalb von … Banktagen nach Erhalt der Rechnung
des AUFTRAGNEHMERS in … Exemplaren.

3.   **Geltungsdauer des Vertrages, Verlängerung des Vertrages,
Rücktritt vom Vertrag und Beendigung des Vertrages**

Der Vertrag ist für die Dauer von … geschlossen.

Sollte keine der vertragschließenden Seiten den Vertrag schriftlich und nicht später als
… Monate vor Ablauf seiner Geltungsdauer kündigen, so gilt der Vertrag als automatisch
und zu denselben Bedingungen verlängert.

Der Rücktritt vom Vertrag erfolgt schriftlich in Form eines Einschreibbriefes.

Wenn nach Auffassung einer der vertragschließenden Seiten infolge der Nichteinhaltung
der vertraglichen Verpflichtungen oder des Eintretens der im Punkt 7 des vorliegenden
Vertrages vorgesehenen Umstände wesentliche Schwierigkeiten für die weitere Vertragserfüllung entstanden sind, die zur Kündigung des Vertrages führen, ist diese Seite
verpflichtet, der Gegenseite eine schriftliche Darlegung der Gründe zukommen zu lassen, die sie zu dieser Auffassung bewegten.

2.12. Договор об оказании услуг по маркетингу

г. _____   _____ 199 _ г.

ФИРМА _____ , именуемая в дальнейшем ЗАКАЗЧИК,

в лице _____ ,
　　　　　　(должность, фамилия, имя, отчество)

действующего на основании _____ , с одной стороны,

и

ТОВАРИЩЕСТВО с ограниченной ответственностью _____ ,

именуемое в дальнейшем ИСПОЛНИТЕЛЬ,

в лице _____ ,
　　　　　　(должность, фамилия, имя, отчество)

действующего на основании _____ , с другой стороны,

заключили настоящий Договор о нижеследующем:

1. **Предмет договора**
   ИСПОЛНИТЕЛЬ принимает на себя обязательства по оказанию ЗАКАЗЧИКУ комплекса услуг по маркетингу, приведённых в Приложении 1 к настоящему Договору, а именно: изучение и проведение анализа конъюнктуры рынка и потребительского спроса на продукцию/услуги ЗАКАЗЧИКА, а также ценообразования на территории ... .

2. **Общая стоимость договора. Условия платежа**
   ЗАКАЗЧИК обязуется уплатить ИСПОЛНИТЕЛЮ за оказанные услуги по настоящему Договору сумму в размере ... . Платёж за оказанные услуги будет произведён прямым переводом на счёт, указанный ИСПОЛНИТЕЛЕМ. Оплата должна быть произведена ЗАКАЗЧИКОМ в течение ... банковских дней после предоставления счёта в ... экземплярах.

3. **Срок действия договора, продление договора, отказ от него и прекращение**
   Договор заключён на срок ... .

   В том случае, если ни одна из сторон не откажется от Договора в письменном виде не позднее, чем за ... месяц(а) до истечения срока, на который он заключён, Договор продлевается автоматически на тех же условиях.

   Отказ от Договора оформляется заказным письмом.

   Если одна из сторон считает, что из-за несоблюдения договорных обязанностей другой стороною или вследствие наступления обстоятельств, предусмотренных в пункте 7 настоящего Договора, возникли существенные трудности в исполнении Договора, ведущие к его расторжению, то она должна направить другой стороне письменное извещение с изложением причин, которые вызывают расторжение Договора.

Die in Kenntnis gesetzte Seite ist verpflichtet, innerhalb von … Tagen schriftlich zu dieser Mitteilung Stellung zu nehmen und Vorschläge zur Beseitigung der entstandenen Schwierigkeiten zu unterbreiten. Wenn keiner der Vorschläge der initiierenden Seite die Beseitigung der Schwierigkeiten in einem annehmbaren Zeitraum erwarten läßt, so haben die vertragschließenden Seiten das Recht, den Vertrag innerhalb von … Tagen nach Erhalt der entsprechenden schriftlichen Mitteilung zu kündigen.

Im Falle der Vertragskündigung sind die von den Seiten bis zum Tag der Kündigung eingegangenen Verpflichtungen zu erfüllen.

4. Rechte und Pflichten der Seiten

Der AUFTRAGNEHMER hat das Recht, erforderlichenfalls zur qualitätsgerechten Erfüllung seiner vertraglich eingegangenen Verpflichtungen andere juristische oder physische Personen als Subauftragnehmer zu verpflichten.

Die Bezahlung der auf Auftragsbasis erbrachten Leistungen durch den AUFTRAGNEHMER erfolgt im Rahmen des vertraglich vereinbarten Arbeitspreises.

5. Folgen von Vertragsverletzungen

Die Seiten haften entsprechend der geltenden Gesetzgebung für die Nichterfüllung bzw. nichtvertragsgemäße Erfüllung der vereinbarten Leistungen.

Sollte der AUFTRAGNEHMER seine mit dem vorliegenden Vertrag verbundenen Verpflichtungen nicht oder nur teilweise erfüllen oder dem AUFTRAGGEBER durch schuldhaftes Verhalten einen direkten oder indirekten Schaden (einschließlich Verlust aus entgangenem Gewinn) zufügen, so ist er verpflichtet, dem AUFTRAGGEBER eine Vertragsstrafe in Höhe von … % der Vertragssumme pro Verzugstag zu zahlen.

Der AUFTRAGGEBER zahlt dem AUFTRAGNEHMER bei Verzug der Überweisung für erbrachte Leistungen eine Vertragsstrafe in gleicher Höhe (d. h. … % der Vertragssumme pro Verzugstag).

Der obenangeführte Schadensersatz wird von den Seiten als minimaler Umfang möglicher Verluste betrachtet.

6. Beilegung von Streitigkeiten. Gerichtsstand

Streitfälle, die bei der Erfüllung des Vertrages auftreten, werden auf dem Verhandlungswege gelöst. Im Falle der Unmöglichkeit der Erzielung einer gegenseitig einvernehmlichen Lösung rufen die Seiten das Vertragsgericht bei der Industrie- und Handelskammer Rußlands an, dessen Entscheidung endgültig ist.

Die Seiten haben sich darauf geeinigt, daß für das Schiedsurteil die Satzung des Vertragsgerichtes bei der Industrie- und Handelskammer Rußlands und die Vertragsprozeßordnung der Russischen Föderation zugrunde gelegt wird.

7. Umstände höherer Gewalt (Force majeure)

Die Seiten sind von der Verantwortung für die teilweise oder vollständige Nichterfüllung der Vertragsverpflichtungen befreit, wenn die Nichterfüllung auf das Eintreten von Umständen höherer Gewalt nach Vertragsabschluß als Folge außergewöhnlicher, nicht von den Seiten vorhersehbarer und nicht durch vernünftige Maßnahmen abwendbarer Ereignisse zurückzuführen ist.

Diejenige Seite, für die die Erfüllung des Vertrages auf Grund des Eintretens der genannten Umstände unmöglich geworden ist, hat die andere Seite hiervon unverzüglich und in schriftlicher Form in Kenntnis zu setzen. In diesem Fall vereinbaren die Vertreter beider Seiten dringende Maßnahmen, die von den Vertragspartnern zu ergreifen sind.

Сторона, получившая извещение о расторжении Договора, обязана в срок не позднее … дней после его получения письменно сообщить своё мнение и дать предложения. Если из полученных предложений сторона-инициатор расторжения Договора не может ожидать устранения причин трудностей в приемлемый срок, то стороны имеют право расторгнуть Договор в течение … дней со дня получения письменного извещения.

В случае расторжения Договора сторонами выполняются обязательства, возникшие до дня его расторжения.

4. Права и обязанности сторон

ИСПОЛНИТЕЛЬ имеет право в случае возникновения необходимости и в целях качественного выполнения своих обязательств по настоящему Договору привлекать на условиях подряда другие организации или физических лиц.

Оплата выполненной работы по договорам подряда производится ИСПОЛНИТЕЛЕМ в пределах согласованной цены работы по настоящему Договору.

5. Ответственность за неисполнение

За невыполнение или ненадлежащее выполнение своих обязанностей стороны несут ответственность по действующему законодательству.

В случае, если ИСПОЛНИТЕЛЬ не выполнит своих обязательств полностью или частично по данному Договору или нанесёт ЗАКАЗЧИКУ прямой или косвенный ущерб, включая упущенную выгоду, то ИСПОЛНИТЕЛЬ уплачивает ЗАКАЗЧИКУ штраф в размере … % от общей стоимости Договора за каждый день просрочки.

ЗАКАЗЧИК за каждый день просрочки перечисления денег за оказанные услуги выплачивает ИСПОЛНИТЕЛЮ пеню в таком же размере (т. е. … % от общей стоимости Договора).

Указанное выше возмещение рассматривается сторонами как минимальный размер возможных убытков.

6. Разрешение споров. Место судопроизводства

Споры, возникающие между ИСПОЛНИТЕЛЕМ и ЗАКАЗЧИКОМ в ходе реализации настоящего Договора, разрешаются путём переговоров, а в случае недостижения согласия – стороны обращаются к компетенции Арбитражного суда при Торгово-промышленной палате России, который вынесет окончательное решение по спорному делу.

Стороны согласны в том, что в арбитражном производстве применяется Регламент Арбитражного суда при Торгово-промышленной палате России и арбитражно-процессуальное законодательство Российской Федерации.

7. Обстоятельства действия непреодолимой силы (форс-мажор)

Стороны освобождаются от ответственности за частичное или полное неисполнение обязательств по настоящему Договору, если это неисполнение явилось следствием обстоятельств непреодолимой силы, возникших после заключения Договора в результате событий чрезвычайного характера, которые стороны не могли ни предвидеть, ни предотвратить разумными мерами.

Сторона, для которой создалась невозможность исполнения обязательств по настоящему Договору, должна немедленно в письменной форме известить об этом другую сторону. В этом случае представители сторон в кратчайшие сроки согласовывают действия, которые должны быть предприняты сторонами.

Sollten die o. g. Umstände länger als ... Monate andauern, so haben beide Seiten das Recht, im gegenseitigen Einvernehmen die weitere Vertragserfüllung einzustellen, bzw. hat die Seite, für die die Erfüllung der eingegangenen Vertragsverpflichtungen infolge des Wirkens dieser Umstände unmöglich geworden ist, das Recht, auf die weitere Erfüllung des vorliegenden Vertrages zu verzichten.

8. **Schlußbestimmungen**
AUFTRAGGEBER und AUFTRAGNEHMER verpflichten sich, während der Vertragserfüllung Stillschweigen gegenüber Dritten über alle mit dem Vertrag im Zusammenhang stehenden vertraulichen Informationen zu bewahren.

Sollte eine der Bestimmungen dieses Vertrages unwirksam sein, so berührt dies nicht die Wirksamkeit des Vertrages im ganzen. Anstelle der unwirksamen Bestimmung gilt diejenige rechtlich wirksame Bestimmung als vereinbart, die der unwirksamen dem Sinn und Zweck des vorliegenden Vertrages entsprechend am nächsten kommt.

Der Vertrag tritt mit Unterzeichnung in Kraft.

Ab dem Moment der Vertragsunterzeichnung verlieren der vorausgegangene Briefwechsel, alle anderen mit dem Vertragsabschluß in Zusammenhang stehenden Dokumente und Verhandlungen der Seiten ihre Gültigkeit.

Keine der vertragschließenden Seiten hat das Recht, ihre aus dem Vertrag erwachsenden Rechte und Pflichten völlig oder teilweise an Dritte abzutreten, ohne vorher das schriftliche Einverständnis der anderen Seite eingeholt zu haben.

Zusätzliche Bestimmungen und Vereinbarungen zum vorliegenden Vertrag bedürfen der Schriftform und erlangen nur dann Rechtskraft, wenn sie von dazu bevollmächtigten Vertretern der Vertragspartner unterzeichnet sind.

Die Anlagen zum Vertrag sind Vertragsbestandteil.

Der vorliegende Vertrag ist in Russisch und ... erstellt. Beide Texte sind juristisch gleichwertig.

Ort des Vertragsabschlusses   Datum des Vertragsabschlusses

AUFTRAGGEBER   AUFTRAGNEHMER

Bezeichnung der Firma   Bezeichnung der Firma
Sitz   Sitz
Bankrequisit   Bankrequisit

Unterschrift   Unterschrift
Stempel   Stempel

Если указанные обстоятельства в силе более … месяцев, то обе стороны могут по договорённости прекратить дальнейшее исполнение обязательств по данному Договору, или сторона, для которой существует невозможность выполнения, вправе отказаться от дальнейшего выполнения настоящего Договора.

8.   Заключительные условия

ЗАКАЗЧИК и ИСПОЛНИТЕЛЬ обязуются не разглашать третьим лицам полученные друг от друга в ходе выполнения условий настоящего Договора конфиденциальные сведения.

Если одно из положений настоящего Договора становится недействительным, то это не является причиной для приостановления действия остальных положений. Недействительное положение должно быть заменено соответствующим в смысловом и целевом отношении, имея в виду данный Договор, действительным положением.

Данный Договор вступает в силу с момента его подписания.

С момента подписания настоящего Договора вся предшествующая переписка, документы и переговоры между сторонами по вопросам, являющимися предметом настоящего Договора, теряют силу.

Ни одна из сторон не вправе передать третьим лицам полностью или частично свои права и обязанности по настоящему Договору без предварительного письменного согласия другой стороны.

Дополнительные положения и договорённости к настоящему Договору действительны лишь при условии, если они совершены в письменной форме и подписаны уполномоченными на то представителями сторон.

Приложения к настоящему Договору являются его неотъемлемой частью.

Настоящий Договор составлен на русском и … языках, причём оба текста имеют одинаковую силу.

Договор подписан в г. …   … 199. г.

ЗАКАЗЧИК   ИСПОЛНИТЕЛЬ

Наименование фирмы   Наименование фирмы
Почтовый адрес   Почтовый адрес
Банковские реквизиты   Банковские реквизиты

Подпись   Подпись
Печать   Печать

2.13. Servicevertrag

(Ort) _____   (Datum) _____

Die FIRMA _____ , vertreten durch _____ ,
                                                        (Dienststellung, Familienname, Vor-, Vatername)

im weiteren FIRMA genannt, einerseits,

und

die FIRMA _____ , vertreten durch _____ ,
                                                        (Dienststellung, Familienname, Vor-, Vatername)

im weiteren SERVICEUNTERNEHMEN genannt, andererseits,

schließen folgenden Vertrag:

1. **Gegenstand des Vertrages**

   Das SERVICEUNTERNEHMEN und die FIRMA stimmen darin überein, auf dem Territorium ... die technische Wartung und Reparatur der von der FIRMA produzierten Maschinen und Anlagen (im weiteren „Technik" genannt) entsprechend Anlage ... zum vorliegenden Vertrag zu realisieren.

   Die FIRMA überantwortet dem SERVICEUNTERNEHMEN alle Erzeugnisse ihres Produktionsprogramms, die sie direkt oder über Konsignationslager nach ... liefert.

2. **Pflichten des Serviceunternehmens**

   Das SERVICEUNTERNEHMEN verpflichtet sich:

   a) die technische Wartung und/oder Aufstellung der Technik der FIRMA zu übernehmen,

   b) die Technik der FIRMA innerhalb der Garantiezeit entsprechend den von der FIRMA eingegangenen Garantieverpflichtungen kostenlos zu erproben und zu reparieren,

   c) den Austausch von Teilen und Technik in der Garantiezeit vorzunehmen,

   d) die Technik nach Ablauf der Garantiezeit zu reparieren,

   e) entsprechend den gegenüber den Kunden der FIRMA eingegangenen Verpflichtungen Listen notwendiger Ersatzteile für jeden Käufer der Technik vorzubereiten,

   f) der FIRMA monatlich eine Abrechnung über die Serviceleistungen vorzulegen,

   g) der FIRMA jährlich Bestelllisten von den Ersatzteilen für jede Technikeinheit der FIRMA vorzulegen, die im Konsignationslager vorrätig zu lagern sind,

   h) die für die Betreuung der Technik der FIRMA notwendigen Ersatzteile auf der Basis eines Konsignationsvertrages zu verkaufen,

   i) die Käufer der Technik der FIRMA auf dem Territorium ... mittels Massenmedien über die Existenz des SERVICEUNTERNEHMENS zu informieren.

3. **Pflichten der Firma**

   Die FIRMA verpflichtet sich:

   a) alle für die Wartung und Reparatur der von ihr produzierten und nach ... gelieferten Technik erforderlichen Werkzeuge und Ausrüstungen zur Verfügung zu stellen,

   b) die kostenlose Ausbildung des Personals des SERVICEUNTERNEHMENS zu übernehmen,

   c) mit dem SERVICEUNTERNEHMEN rechtzeitig Ort und Zeit der Ausbildung des Personals zu vereinbaren,

2.13. Договор о сервисном обслуживании

г. _____   _____ 199 _ г.

ФИРМА _____ , в лице _____ ,
(должность, фамилия, имя, отчество)
именуемая в дальнейшем ФИРМА, с одной стороны,

и

ФИРМА _____ , в лице _____ ,
(должность, фамилия, имя, отчество)

именуемая в дальнейшем ПРЕДПРИЯТИЕ, с другой стороны,

договорились о нижеследующем:

1. Предмет договора

ПРЕДПРИЯТИЕ и ФИРМА согласны организовать на территории ... техническое обслуживание и ремонт машин и оборудования (в дальнейшем именуемые – "техника") производства ФИРМЫ в соответствии с Приложением № ... к настоящему Договору.

ФИРМА доверяет ПРЕДПРИЯТИЮ обслуживание всех изделий из программы ФИРМЫ, которые она поставляет на территорию ... непосредственно или через консигнационный склад.

2. Обязанности Предприятия

ПРЕДПРИЯТИЕ обязуется:

а) обеспечить техническое обслуживание и/или установку техники ФИРМЫ,
б) испытать и отремонтировать технику бесплатно в гарантийный срок в соответствии с гарантийными обязательствами ФИРМЫ,
в) производить замену деталей к технике в гарантийный период,
г) ремонтировать технику в послегарантийный период,
д) готовить списки необходимых запасных частей для каждого потребителя техники ФИРМЫ отдельно в соответствии с обязательствами перед ним,
е) ежемесячно представлять ФИРМЕ отчёт о состоянии сервисного обслуживания,
ж) составлять для ФИРМЫ списки деталей, которые должны храниться на консигнационном складе, ежегодно и для каждого наименования техники ФИРМЫ отдельно,
з) продавать детали, необходимые для сервисного обслуживания техники ФИРМЫ, на основе консигнационного договора,
и) через средства массовой информации известить потребителей техники ФИРМЫ на территории ... о наличии сервисного ПРЕДПРИЯТИЯ.

3. Обязанности Фирмы

ФИРМА обязуется:

а) предоставить все необходимые инструменты и оборудование для обслуживания и ремонта техники, которую изготавливает и поставляет на территорию ... ФИРМА,
б) организовать обучение персонала ПРЕДПРИЯТИЯ бесплатно,
в) предварительно согласовать с ПРЕДПРИЯТИЕМ время и место обучения персонала ПРЕДПРИЯТИЯ,

d) erforderlichenfalls auf eigene Kosten Spezialisten der FIRMA zu entsenden, die technische Unterstützung bei der Organisation des SERVICEUNTERNEHMENS und bei der Durchführung von Kursen für Käufer komplizierter Technik und für die unmittelbar mit Wartung und Reparatur beschäftigten Mitarbeiter leisten.

e) erforderlichenfalls dem SERVICEUNTERNEHMEN kostenlos Unterstützung bei der Eröffnung von Kursen für Käufer der komplizierten Technik der FIRMA auf dem Territorium ... zu gewähren. Alle mit den Kursen verbundenen Aufenthaltskosten der Auszubildenden tragen diese selbst.

4. Dokumentation

Die FIRMA ist verpflichtet, jedem Käufer der Technik eine vollständige Dokumentation zu übergeben und die Garantiebestimmungen zu erörtern.

Die FIRMA stellt dem SERVICEUNTERNEHMEN ... Exemplare der vollständigen technischen Dokumentation in ... Sprache mit detaillierter Betriebsanleitung, Hinweisen zur Lagerung und zu den elektrischen Schaltkreisen für jeden neuen Typ der gelieferten Technik zur Verfügung, ferner einen Ersatzteilkatalog sowie alle Informationen über etwaige Änderungen dieser Dokumente.

Das SERVICEUNTERNEHMEN ist verpflichtet, sich während der Montage und Vorbereitung zur Inbetriebnahme der Technik von der Vollständigkeit der technischen Dokumentation sowohl für das SERVICEUNTERNEHMEN selbst als auch für die Käufer der Technik zu überzeugen.

5. Übernahme der Technik

Das SERVICEUNTERNEHMEN verpflichtet sich zur Übernahme und Montage der Technik sowie zur Ausbildung des Personals des Käufers und schickt der FIRMA eine Kopie der Rechnung über die erbrachten Leistungen zu.

Das SERVICEUNTERNEHMEN informiert den Käufer seinerseits über die von der FIRMA gewährte Garantie und die Garantiebedingungen.

6. Garantie

Die FIRMA haftet nicht für:

a) Schäden, die auf normalen Verschleiß einzelner Teile, insbesondere schnellverschleißender Teile, zurückzuführen sind;

b) Schäden, die infolge unsachgemäßer Nutzung der Technik bzw. infolge des Wirkens von Umständen höherer Gewalt entstanden sind;

c) Beschädigungen, die beim Transport der Technik auf dem Territorium ... verursacht wurden.

Garantieansprüche entfallen ferner, wenn:

a) an der Technik Veränderungen ohne Vorliegen des schriftlichen Einverständnisses der FIRMA vorgenommen wurden,

b) die Technik durch Schuld Dritter oder infolge des Wirkens von Umständen höherer Gewalt unbrauchbar geworden ist,

c) einzelne Teile durch nicht den Standards entsprechende Teile ersetzt wurden.

7. Provision

Für den Service der von ihr verkauften Technik verpflichtet sich die FIRMA, dem SERVICEUNTERNEHMEN eine Provision in Höhe von ... % vom Nettoverkaufspreis der Technik zu zahlen.

Die Zahlung der Provision erfolgt entsprechend dem zusätzlich geschlossenen Vertretungsvertrag.

г) в случае необходимости направлять специалистов ФИРМЫ за свой счёт для оказания технического содействия в организации сервисного обслуживания и курсов для потребителей сложной техники ФИРМЫ, а также работников, непосредственно занимающихся сервисным обслуживанием,

д) бесплатно оказывать помощь сервисному ПРЕДПРИЯТИЮ по открытию курсов для потребителей сложной техники ФИРМЫ на территории ..., в случае необходимости. Все расходы по пребыванию специалистов на курсах несут сами обучающиеся.

4. Документация

ФИРМА обязана предоставить каждому покупателю техники ФИРМЫ полную документацию и разъяснить правила гарантийного обслуживания.

ФИРМА предоставляет сервисному ПРЕДПРИЯТИЮ ... экземпляров полной технической документации на ... языке с подробными инструкциями по эксплуатации и содержанию, с электрическими схемами на каждый новый тип поставленной техники, каталог запасных частей, а также всю информацию об изменениях в любом из этих документов.

В процессе монтажа и подготовки к эксплуатации сервисное ПРЕДПРИЯТИЕ должно убедиться в том, что на них имеется вся необходимая техническая документация как для самого ПРЕДПРИЯТИЯ, так и для покупателя.

5. Приёмка оборудования

ПРЕДПРИЯТИЕ должно обеспечить приёмку и монтаж оборудования, обучение персонала покупателей и выслать ФИРМЕ копию отчёта о проделанной работе.

ПРЕДПРИЯТИЕ извещает покупателя о гарантии, которую даёт ФИРМА на свою технику, и о способе использования этой гарантии.

6. Гарантия

ФИРМА не несёт ответственность за:

а) нормальный износ отдельных элементов, в частности, быстроизнашивающихся;

б) повреждения, возникшие вследствие неквалифицированного использования поставленного оборудования, а также вследствие наступления обстоятельств непреодолимой силы;

в) повреждения, которые могут возникнуть при перевозке на территории ...

Гарантия недействительна, если:

а) в оборудование и машины внесены какие-либо изменения без письменного согласия ФИРМЫ,

б) если оборудование стало непригодным для использования по вине третьих лиц либо в результате действия непреодолимой силы,

в) запасные части были заменены нестандартными запасными частями.

7. Комиссионное вознаграждение

За сервисное обслуживание проданной техники ФИРМА обязуется выплачивать ПРЕДПРИЯТИЮ комиссионные в размере ... % от нетто продажной цены на технику.

Выплата комиссионных должна производиться в соответствии с Договором о коммерческом представительстве.

Das SERVICEUNTERNEHMEN hat das Recht, die Betreuung und Wartung der Technik der FIRMA nach Ablauf der Garantiezeit zu übernehmen. Die Bezahlung dieser Leistungen erfolgt unmittelbar durch den Nutzer der Technik entsprechend dem bestätigten Listenpreis.

8. **Kontrolle der Qualität der Serviceleistungen**
Die FIRMA hat das Recht, die Arbeit des SERVICEUNTERNEHMENS sowie die Einhaltung der von ihr zur Verbesserung der Arbeit des SERVICEUNTERNEHMENS erteilten Auflagen zu kontrollieren.

Die Kontrolle durch Inspektoren und die Befolgung der von der FIRMA erteilten Auflagen sind für das SERVICEUNTERNEHMEN obligatorisch.

9. **Gültigkeitsdauer des Vertrages, Beendigung des Vertrages und Änderungen zum Vertrag**
Der vorliegende Vertrag wurde für die Dauer von … Jahren geschlossen und gilt automatisch als zu denselben Bedingungen verlängert, wenn keine der Seiten später als … Monate vor Gültigkeitsablauf des Vertrages die Kündigung erklärt.

Im Falle der Verletzung der Vertragsvereinbarungen durch eine der Seiten kann der Vertrag vorfristig gekündigt werden.

Ist die Kündigung des Vertrages auf schuldhaftes Verhalten einer der Seiten zurückzuführen, so hat die andere Seite das Recht, Schadensersatz (einschließlich Schadensersatz für entgangenen Gewinn) entsprechend den Bestimmungen des Zivilrechts geltend zu machen.

Der Vertrag endet ferner bei Kündigung des Vertretungsvertrages. Änderungen und Ergänzungen zum vorliegenden Vertrag bedürfen der Übereinstimmung der Seiten und müssen in Schriftform erfolgen.

10. **Umstände höherer Gewalt (Force majeure)**
Die Seiten sind von der Verantwortung für die teilweise oder vollständige Nichterfüllung der Vertragsverpflichtungen befreit, wenn die Nichterfüllung auf das Eintreten von Umständen höherer Gewalt nach Vertragsabschluß als Folge außergewöhnlicher, nicht durch die Seiten vorhersehbarer und nicht durch vernünftige Maßnahmen abwendbarer Ereignisse zurückzuführen ist.

Diejenige Seite, für die die Erfüllung des Vertrages auf Grund des Eintretens der obengenannten Umstände unmöglich geworden ist, hat die andere Seite hiervon unverzüglich und in schriftlicher Form in Kenntnis zu setzen. In diesem Fall vereinbaren die Vertreter beider Seiten dringende Maßnahmen, die von den Vertragspartnern zu ergreifen sind.

Sollten die genannten Umstände die normale Vertragserfüllung länger als drei Monate behindern, so hat die Seite, für die die Erfüllung der eingegangenen Vertragsverpflichtungen infolge des Wirkens dieser Umstände unmöglich geworden ist, das Recht, den Vertrag zu beenden.
In diesem Fall nehmen die Seiten eine Verrechnung der sich auf den Vertrag beziehenden, zum Zeitpunkt der Beendigung des Vertrages bestehenden Verbindlichkeiten vor.

11. **Beilegung von Streitigkeiten**
Alle mit dem vorliegenden Vertrag im Zusammenhang stehenden oder aus ihm hervorgegangenen Streitfälle werden auf dem Verhandlungswege gelöst.

Sollte die Streitfrage nicht beigelegt werden können, so kann der Streit gemäß den Bestimmungen des Vertretungsvertrages vor dem Vertragsgericht ausgetragen werden.

In allen übrigen, nicht durch den vorliegenden Vertrag behandelten Fragen gelten die Bestimmungen des Bürgerlichen Gesetzbuches im Lande des Vertragsabschlusses.

ПРЕДПРИЯТИЕ имеет право осуществлять сервисное обслуживание техники ФИРМЫ в послегарантийный период. Оплата будет производиться непосредственно пользователями техники ФИРМЫ по утверждённому прейскуранту.

8. Контроль за качеством сервисного обслуживания

ФИРМА имеет право контролировать работу сервисного обслуживания ПРЕДПРИЯТИЯ, выполнение рекомендаций ФИРМЫ, направленных на улучшение работы ПРЕДПРИЯТИЯ.

Инспекторские проверки и выполнение рекомендаций ФИРМЫ обязательны для ПРЕДПРИЯТИЯ.

9. Срок действия договора, его прекращение и изменение

Данный Договор заключён на ... года и автоматически продлевается, если ни одна из сторон не откажется от Договора не позднее ... месяцев до истечения срока его действия.

Договор может быть прекращён досрочно в случае нарушения одной из сторон условий настоящего Договора.

Если расторжение данного Договора произошло по вине одной из сторон, другая сторона имеет право на возмещение ущерба (включая возмещение упущенной выгоды) по общим правилам гражданского права.

Данный Договор прекращает своё действие при расторжении Договора о коммерческом представительстве.
Любые изменения и дополнения к настоящему Договору должны быть согласованы сторонами и совершены в письменной форме.

10. Форс-мажор

Стороны освобождаются от ответственности за частичное или полное неисполнение обязательств по настоящему Договору, если это неисполнение явилось следствием обстоятельств непреодолимой силы, возникших после заключения Договора, в результате событий чрезвычайного характера, которые стороны не могли предвидеть или предотвратить разумными мерами.

Сторона, для которой создалась невозможность исполнения обязательств по настоящему Договору, должна немедленно в письменном виде информировать об этом другую сторону. В этом случае представители сторон в кратчайшие сроки должны согласовать действия, которые будут предприняты сторонами.

Если указанные выше обстоятельства будут препятствовать нормальному выполнению обязательств по настоящему Договору в течение трёх месяцев с даты их возникновения, сторона, для которой существует невозможность исполнения обязательств, вправе отказаться от дальнейшего выполнения Договора.
В этом случае стороны произведут взаимные расчёты, связанные с выполнением обязательств по настоящему Договору на момент его прекращения.

11. Разрешение споров

Все споры и разногласия, могущие возникнуть из настоящего Договора или в связи с ним, стороны будут решать путём переговоров.

Если разногласия устранить не удалось, спор может быть перенесён в арбитраж в соответствии с пунктом о разрешении споров Договора о коммерческом представительстве.

Во всём остальном, что не предусмотрено настоящим Договором, к отношениям сторон применяются общие нормы гражданского законодательства страны, в которой Договор заключён.

12. **Geheimhaltung**

Keine der Seiten hat das Recht, Betriebs- oder Geschäftsgeheimnisse oder irgendwelche anderen vertraulichen Informationen oder Materialien, die ihr während der Geltungsdauer des vorliegenden Vertrages zugänglich geworden sind, an Dritte zu übergeben ohne vorheriges schriftliches Einverständnis der anderen Seite.

Keine der vertragschließenden Seiten hat das Recht, ihre aus dem Vertrag erwachsenden Rechte und Pflichten völlig oder teilweise an Dritte abzutreten, ohne vorher das schriftliche Einverständnis der anderen Seite eingeholt zu haben.

13. **Inkrafttreten des Vertrages**

Der vorliegende Vertrag tritt nach Unterzeichnung durch die Seiten und Registrierung beim ... in Kraft.

Die Seiten verpflichten sich, alle Maßnahmen zum Erhalt der Genehmigung und zur Registrierung des Vertrages zu ergreifen.

14. **Schlußbestimmungen**

Der vorliegende Vertrag wurde in ... in vier Exemplaren in Russisch und ... ausgefertigt und unterzeichnet. Jede Seite erhält je ein Exemplar in jeder Sprache. Beide Vertragstexte sind juristisch gleichwertig.

FIRMA   SERVICEBETRIEB

Postadresse   Postadresse
Bankrequisiten   Bankrequisiten

Unterschrift   Unterschrift
Stempel   Stempel

12. Конфиденциальность

Ни одна из сторон не имеет права использовать или передавать третьим лицам производственные, деловые тайны, какую-либо другую доверительную информацию и материалы, о которых ей стало известно во время действия настоящего Договора, не имея на это предварительного письменного согласия другой стороны.

Ни одна из сторон не вправе передать третьим лицам полностью или частично свои права и обязанности по настоящему Договору без предварительного письменного согласия другой стороны.

13. Вступление договора в силу

Данный Договор вступает в силу после его подписания обеими сторонами и регистрации в … .

Стороны обязуются принять все меры для получения разрешения и регистрации данного Договора.

14. Заключительные положения

Настоящий Договор подписан в г. … и составлен в 4 экземплярах на русском и … языках, по 2 экземпляра для каждой стороны, причём оба текста имеют одинаковую силу.

ФИРМА	ПРЕДПРИЯТИЕ
Почтовый адрес	Почтовый адрес
Банковские реквизиты	Банковские реквизиты
Подпись	Подпись
Печать	Печать

2.14. Vertretungsvertrag

(Ort) _____   (Datum) _____

Die FIRMA _____ , Produzent und Lieferant von _____ ,

vertreten durch _____ ,
(Dienststellung, Familienname, Vor-, Vatername)

im weiteren VOLLMACHTGEBER genannt, einerseits,

und

die FIRMA _____ , als Generalvertreter auf dem Territorium _____ ,

vertreten durch _____ ,
(Dienststellung, Familienname, Vor-, Vatername)

im weiteren VERTRETER genannt, andererseits,

schließen folgenden Vertrag:

1. **Gegenstand des Vertrages**
   Der VOLLMACHTGEBER beauftragt und der VERTRETER übernimmt die Geschäfts-
   vertretung des Produktionsprogramms der Firma des VOLLMACHTGEBERS, der ...
   (Name des Unternehmens) auf dem Territorium ... .

2. **Verpflichtungen des Vertreters**
   Der VERTRETER verpflichtet sich,
   – Verhandlungen mit potentiellen Auftraggebern des VOLLMACHTGEBERS auf dem
     Territorium ... zu führen,
   – die Erzeugnisse des VOLLMACHTGEBERS zu den vom VOLLMACHTGEBER garan-
     tierten Bedingungen und Preisen anzubieten,
   – den Absatzmarkt zu analysieren nach Abstimmung der Seiten,
   – Werbung für die Produkte des VOLLMACHTGEBERS in den Medien zu machen,
   – den VOLLMACHTGEBER über alle Arten seiner Tätigkeit und über alle Umstände zu
     informieren, die für den Absatz der Erzeugnisse relevant und Gegenstand der Vertre-
     tung sind,
   – im Namen des VOLLMACHTGEBERS sämtliche Bestellungen für Erzeugnisse, die
     Gegenstand der Vertretung sind, entgegenzunehmen und unverzüglich an den VOLL-
     MACHTGEBER weiterzuleiten,
   – die Geschäftsinteressen des VOLLMACHTGEBERS zu wahren und ihn über alle
     Arten der Verletzung der Rechte des VOLLMACHTGEBERS in Kenntnis zu setzen,
   – nicht die Interessen anderer Firmen auf dem Territorium ... zu vertreten, deren Er-
     zeugnispalette ähnlich der des VOLLMACHTGEBERS ist,
   – das Stillschweigen über die Bedingungen des vorliegenden Vertrages nicht ohne
     schriftliches Einverständnis des VOLLMACHTGEBERS zu brechen,
   – im Falle der Beendigung der Vertretungstätigkeit alle vom VOLLMACHTGEBER er-
     haltenen, jedoch nicht genutzten Gegenstände und Publikationsmaterialien des
     VOLLMACHTGEBERS, die dem VERTRETER nicht übereignet worden sind, zurück-
     zugeben.

2.14. Договор на коммерческое представительство

г. _____ _____ 199 _ г.

ФИРМА _____ , изготовитель и поставщик _____ ,

в лице _____ ,
(должность, фамилия, имя, отчество)

именуемая в дальнейшем ДОВЕРИТЕЛЬ, с одной стороны,

и

ФИРМА _____ , как генеральный представитель на территории _____ ,

в лице _____ ,
(должность, фамилия, имя, отчество)

именуемая в дальнейшем ПРЕДСТАВИТЕЛЬ, с другой стороны,

заключили настоящий Договор о нижеследующем:

1. **Предмет договора**
   ДОВЕРИТЕЛЬ поручает, а ПРЕДСТАВИТЕЛЬ принимает на себя коммерческое представительство производственной программы фирмы ДОВЕРИТЕЛЯ, а именно ... (наименование фирмы) на территории ... .

2. **Обязанности Представителя**
   ПРЕДСТАВИТЕЛЬ обязуется:

   – участвовать в переговорах с потенциальными заказчиками на продукцию ДОВЕРИТЕЛЯ на территории ...,

   – предлагать продукцию ДОВЕРИТЕЛЯ на условиях и по ценам, которые гарантирует ДОВЕРИТЕЛЬ,

   – по согласованию сторон вести изучение рынка сбыта,

   – рекламировать продукцию ДОВЕРИТЕЛЯ в средствах массовой информации,

   – извещать ДОВЕРИТЕЛЯ о всех видах деятельности и обстоятельствах, которые имеют значение для продажи продукции, составляющей предмет представительства,

   – от имени ДОВЕРИТЕЛЯ принимать все заказы на продукцию, которая является предметом представительства, и немедленно сообщать о них ДОВЕРИТЕЛЮ,

   – охранять коммерческие интересы ДОВЕРИТЕЛЯ, извещать его о всех видах нарушения его прав,

   – не участвовать в представительстве других фирм на территории ... , производственная программа которых сходна с производственной программой ДОВЕРИТЕЛЯ,

   – не разглашать условий настоящего Договора без письменного согласия ДОВЕРИТЕЛЯ,

   – в случае прекращения представительских отношений вернуть все полученные, но не использованные предметы и публикации ДОВЕРИТЕЛЯ, не переданные в собственность ПРЕДСТАВИТЕЛЯ.

3. **Verpflichtungen des Vollmachtgebers**
    Der VOLLMACHTGEBER verpflichtet sich,
    - weder auf dem Territorium ... noch außerhalb dieses Territoriums einen anderen VERTRETER für den Verkauf seiner Erzeugnisse zu haben,

    - seine Erzeugnisse ausschließlich über den VERTRETER zu vertreiben, wozu er ihn regelmäßig mit der erforderlichen Menge von Erzeugnissen versorgt,

    - den VERTRETER regelmäßig mit Werbematerialien und Erzeugnismustern zu versorgen,

    - den VERTRETER regelmäßig über die Verkaufsbedingungen und die Preisentwicklung sowie über die Veränderung dieser Bedingungen innerhalb von ... Tagen zu informieren,

    - dem VERTRETER innerhalb von ... Tagen schriftlich die Auftragserfüllung zu bestätigen,

    - die Erzeugnisse mit den Begleitdokumenten entsprechend der für die Auftragserfüllung vorgesehenen Festlegungen zu versenden,

    - im Falle des direkten oder indirekten Verkaufs der Erzeugnisse über den Exporteur ... an den Kunden ohne Beteiligung des VERTRETERS dem VERTRETER die Kopien des Briefwechsels und der Rechnungen zukommen zu lassen. In diesem Falle gilt der Verkauf als über den VERTRETER realisiert.

    - auf seine Kosten notwendige Dienstreisen von Fachleuten abzusichern,

    - die Unkosten für notwendige technische und andere Hilfsleistungen zurückzuerstatten,

    - zur Gewährleistung eines erfolgreichen Absatzes der Erzeugnisse des VOLLMACHT-GEBERS auf seine Kosten die Ausbildung des Personals der Vertretung durchzuführen und erforderlichenfalls bei Sortimentsänderungen zusätzliche Bildungsmaßnahmen zu realisieren,

    - den VERTRETER rechtzeitig von auftretenden Schwierigkeiten bei der Erfüllung von Vertragsverpflichtungen gegenüber Dritten zu informieren,

    - den VERTRETER über die in seinem Lande geltenden Außenhandelsbestimmungen zu informieren,

    - dem VERTRETER regelmäßig die in den Vertragsbedingungen vereinbarte Provision zu zahlen.

4. **Provision und Unkostenerstattung**
    Für alle mit physischen und juristischen Personen realisierten Geschäfte wird dem VERTRETER unabhängig von der Art des Vertragsabschlusses eine Provision in Höhe von ... % des Geschäftsvolumens gezahlt.
    Die Provision wird auf der Grundlage des Netto-Fakturapreises der gelieferten Ware bestimmt.

    Die Auszahlung der Provision erfolgt am Ende eines jeden Monats für alle in diesem Monat realisierten Lieferungen, deren Bezahlung durch den VOLLMACHTGEBER zu bestätigen ist.

    Am letzten Tag eines jeden Monats stellt der VOLLMACHTGEBER eine Gutschrift auf die Vertreterprovision für alle in diesem Monat getätigten Geschäfte aus.

    Der VERTRETER bestätigt die Übereinstimmung der Gutschrift mit seinen Rechnungsbelegen über Debetavis. Unmittelbar nach Erhalt der Bestätigung der Richtigkeit der Abrechnungen überweist der VOLLMACHTGEBER die Provision auf das Konto des VERTRETERS.

3. **Обязанности Доверителя**

ДОВЕРИТЕЛЬ обязуется:

– не иметь ни на территории ..., ни за её пределами другого ПРЕДСТАВИТЕЛЯ для продажи изделий,

– продавать свою продукцию исключительно через ПРЕДСТАВИТЕЛЯ, для чего регулярно снабжать его необходимым количеством этой продукции,

– регулярно снабжать ПРЕДСТАВИТЕЛЯ рекламным материалом и образцами продукции,

– регулярно информировать ПРЕДСТАВИТЕЛЯ об условиях продажи и ценах, извещать его об изменении цен и условий продажи за ... дней,

– в течение ... дней письменно подтвердить ПРЕДСТАВИТЕЛЮ исполнение заказов,

– отправлять продукцию со всей сопроводительной документацией, предусмотренной соответствующими правилами оформления заказов,

– в случае прямой или косвенной продажи продукции покупателям через экспортёра ... без участия ПРЕДСТАВИТЕЛЯ, направить последнему копии всей переписки и счетов-фактур, в этом случае продажа считается заключённой через ПРЕДСТАВИТЕЛЯ,

– за свой счёт осуществлять командирование специалистов,

– возмещать расходы за техническую и специальную помощь,

– за свой счёт производить обучение персонала ПРЕДСТАВИТЕЛЯ для успешной продажи продукции ДОВЕРИТЕЛЯ, при изменении ассортимента, при необходимости, организовывать дополнительное обучение,

– своевременно извещать ПРЕДСТАВИТЕЛЯ о сложностях в реализации сделки, заключённой с третьим лицом,

– извещать ПРЕДСТАВИТЕЛЯ о режиме внешней торговли в своей стране,

– регулярно выплачивать комиссионное вознаграждение в соответствии с условиями данного Договора.

4. **Комиссионное вознаграждение и возмещение расходов**

За все совершённые сделки с физическими и юридическими лицами, независимо от способа заключения, ПРЕДСТАВИТЕЛЮ выплачивается комиссионное вознаграждение в размере ... % от объёма сделки.

Вознаграждение рассчитывается от нетто-фактурной стоимости поставленного товара.

Выплата производится в конце каждого месяца за все осуществлённые в этом месяце поставки, оплата которых подтверждена ДОВЕРИТЕЛЕМ.

В последний день каждого месяца ДОВЕРИТЕЛЬ выставляет кредитную запись, которой подтверждает комиссионные для ПРЕДСТАВИТЕЛЯ за все сделки месяца.

ПРЕДСТАВИТЕЛЬ подтверждает соответствие кредитной записи своим расчётным документам через дебет-авизо. Немедленно после получения подтверждения от ПРЕДСТАВИТЕЛЯ правильности расчётов комиссионные переводятся на счёт ПРЕДСТАВИТЕЛЯ.

Der VOLLMACHTGEBER ist verpflichtet, die Provision am Tage der Rechnungslegung bzw. nicht später als ... Tage nach diesem Datum zu überweisen.

Bei Lieferungen in Partien bzw. bei Erfordernis erfolgt die Abrechnung und Überweisung der Provision entsprechend der tatsächlichen Lieferung, der Fakturierung und der Zahlungen.

Dem VERTRETER wird ferner Provision aus Geschäften gezahlt, die nach Ablauf des vorliegenden Vertrages realisiert, jedoch mit Hilfe des VERTRETERS während der Gültigkeitsdauer des Vertrages angebahnt wurden, wenn diese Geschäfte nicht später als ... Monate nach Ablauf des vorliegenden Vertrages abgeschlossen wurden.

Die Vertreterprovision wird in ... ausgezahlt.

Neben der Vertreterprovision und der Unkostenerstattung kann der VOLLMACHTGEBER dem VERTRETER auf eigene Initiative weitere Leistungszulagen zahlen.

5. **Eröffnung eines Konsignationslagers**
Der VOLLMACHTGEBER verpflichtet sich, erforderlichenfalls über den VERTRETER ein Konsignationslager zu eröffnen, um den Absatz seiner Erzeugnisse auf dem ... Markt sicherzustellen.

Die Bedingungen für die Arbeit des Konsignationslagers, die Rechte und Pflichten der Seiten werden in einem gesonderten Vertrag auf der Grundlage der Gesetzgebung ... geregelt.

6. **Werbung**
Alle Kosten für im Auftrage des VOLLMACHTGEBERS und in seinem Interesse durchgeführte Sonderwerbung in Massenmedien sowie für die Teilnahme an ... Ausstellungen und Messen trägt der VOLLMACHTGEBER. Das Personal der Vertretung wird zur Messebetreuung herangezogen.

7. **Geltungsdauer des Vertrages**
Der vorliegende Vertrag wurde für die Dauer von ... geschlossen. Er gilt nach dem Gültigkeitsablauf für eine unbestimmte Frist, sofern keine der Seiten ... Monate vor Vertragsablauf die Kündigung erklärt.

Bei Beendigung des Vertrages hat der VERTRETER die Möglichkeit, begonnene Geschäfte (auch jene, die im Kündigungszeitraum begonnen wurden) zu beenden und die vertraglich vereinbarte Provision zu erhalten.

Der Vertrag kann im 1. Jahr seiner Gültigkeit nur auf Grund des Eintretens von Umständen höherer Gewalt gekündigt werden.

8. **Umstände höherer Gewalt (Force majeure)**
Im Falle des Eintretens von Umständen höherer Gewalt, die die teilweise oder vollständige Erfüllung des Vertrages für eine der Seiten unmöglich machen – und zwar: Überschwemmung, Erdbeben, Export-/Importsanktionen, Kriege, kriegerische Handlungen bzw. andere, nicht von den vertragschließenden Seiten abhängende Umstände –, verschieben sich die vertraglich vereinbarten Fristen zur Erbringung einer Leistung um den Zeitraum, in dem die o. g. Umstände fortwirkten.

Wirken die angeführten Umstände länger als ... Monate, so haben beide Seiten das Recht, die weitere Vertragserfüllung auf Absprache abzubrechen, bzw. diejenige Seite, welche infolge des Wirkens der o. g. Umstände außerstande ist, ihre vertraglichen Verpflichtungen zu erfüllen, hat die andere Seite unverzüglich über das Eintreten und den Wegfall der Umstände, die zur Unmmöglichkeit der Vertragserfüllung geführt haben, in Kenntnis zu setzen.

ДОВЕРИТЕЛЬ обязан перевести комиссионные в день их расчёта или не позднее ... дней после этой даты.

При поставках партиями или по требованию расчёт комиссионных и их почтовый перевод осуществляются по фактической поставке, фактурированию и платежам.

ПРЕДСТАВИТЕЛЮ выплачивается комиссионное вознаграждение и за сделки, заключённые после прекращения настоящего Договора, но с помощью ПРЕД-СТАВИТЕЛЯ и в период действия данного Договора, при условии, что эти сделки были заключены не позднее ... месяцев после прекращения Договора.

Комиссионное вознаграждение выплачивается в ... .

Наряду с комиссионными и возмещением расходов ДОВЕРИТЕЛЬ может по своей инициативе выплатить ПРЕДСТАВИТЕЛЮ денежную премию за достигнутые результаты.

5. Открытие консигнационного склада

ДОВЕРИТЕЛЬ обязуется в случае необходимости обеспечить открытие консигнационного склада для сбыта своей продукции на ... рынке через ПРЕДСТАВИТЕЛЯ.

Условия работы консигнационного склада, права и обязанности сторон будут отрегулированы отдельным договором в соответствии с ... законодательством.

6. Реклама

Все расходы за специальную рекламу в средствах массовой информации, а также участие в ... выставках и ярмарках по заданию ДОВЕРИТЕЛЯ и в его интересах несёт последний.

Персонал ПРЕДСТАВИТЕЛЯ будет использоваться при проведении ярмарок и выставок для дежурства на стендах и дачи пояснений.

7. Срок действия договора

Данный Договор заключён на ... .

По истечении срока Договор продолжает своё действие на неопределённый срок, пока одна из сторон не известит другую о прекращении действия Договора за ... месяцев до его окончания.

При отказе от Договора ПРЕДСТАВИТЕЛЬ будет иметь возможность завершить начатые сделки, а также сделки, начатые в период отказного срока, и получить комиссионные, предусмотренные настоящим Договором.

В первый год действия Договор может быть прекращён только при наступлении форс-мажорных обстоятельств.

8. Форс-мажор

При возникновении каких-либо обстоятельств действия непреодолимой силы, препятствующих частичному или полному исполнению одной из сторон своих обязательств по настоящему Договору, а именно: наводнение, землетрясение, запрещение экспорта или импорта, война, военные операции любого характера или другие независящие от сторон обстоятельства, сроки, установленные для исполнения обязательств по настоящему Договору, передвигаются на период, равный сроку, в течение которого действовали указанные выше обстоятельства.

Если указанные обстоятельства существуют более ... месяцев, то обе стороны могут по договорённости прекратить дальнейшее исполнение обязательств по данному Договору, или сторона, которая не может выполнить свои обязательства по настоящему Договору, обязана немедленно информировать другую сторону о возникновении и о прекращении обстоятельств, препятствующих исполнению её обязательств.

9. **Arbitrage**
Die Seiten bemühen sich, alle Streitfälle aus diesem Vertrag und in bezug auf diesen auf dem Verhandlungswege zu schlichten. Im Falle der Umöglichkeit der Erzielung einer gegenseitig einvernehmlichen Lösung auf dem Verhandlungswege wird das internationale Vertragsgericht in Stockholm „ad hoc" zur Lösung des konkreten Streitfalles angerufen.

10. **Inkrafttreten des Vertrages**
Der vorliegende Vertrag tritt nach Unterzeichnung und Registrierung bei den für die Erteilung von Export-/Importgenehmigungen für die entsprechenden Produkte zuständigen Behörden in Kraft.

11. **Änderungen und Ergänzungen zum Vertrag**
Alle Änderungen und Ergänzungen zum Vertrag können nur im beiderseitigen Einverständnis der Partner vorgenommen werden und bedürfen der Schriftform. Übereinkunft per Fax oder Telegramm ist zulässig.

12. **Abtretung (Zession)**
Die Seiten stimmen darin überin, daß die Abtretung einzelner Rechte und Pflichten des Vertrages sowie des Vertretungsvertrages im ganzen an Dritte nur im Einverständnis mit dem Vertragspartner zulässig ist.

Der Rechtsnachfolger der jeweiligen Seite übernimmt unmittelbar alle im Vertrag vereinbarten Rechte und Pflichten einschließlich der Rechte und Pflichten, die mit der Lösung von Streitfällen entsprechend Paragraph 9 des vorliegenden Vertrages verbunden sind.

13. **Vorfristige Kündigung des Vertrages**
Die Seiten sehen die Möglichkeit einer vorfristigen Kündigung des Vertrages in folgenden Fällen vor:
Wenn nach Auffassung einer der vertragschließenden Seiten infolge der Nichteinhaltung der vertraglichen Verpflichtungen oder des Eintretens der im Paragraph 8 des vorliegenden Vertrages vorgesehenen Umstände die weitere Vertragserfüllung unmöglich ist, ist diese Seite verpflichtet, der Gegenseite eine schriftliche Darlegung der Gründe zukommen zu lassen, die sie zu dieser Auffassung bewegten.

Die in Kenntnis gesetzte Seite ist verpflichtet, innerhalb von ... Tagen schriftlich zu dieser Mitteilung Stellung zu nehmen und Vorschläge zur Beseitigung der entstandenen Schwierigkeiten zu unterbreiten. Ist die Beseitigung der zur Nichterfüllung des Vertrages führenden Ursachen nicht möglich, so hat jede der vertragschließenden Seiten das Recht, den Vertrag innerhalb von ... Tagen zu kündigen. Als Beginn der Kündigungsfrist gilt das Datum der Zustellung der Mitteilung über die Unmöglichkeit der Beseitigung der entstandenen Schwierigkeiten.

14. **Schlußbestimmungen**
Nach Unterzeichnung des Vertrages verlieren alle vorausgegangenen Verhandlungen und der dazugehörige Schriftwechsel ihre Gültigkeit.

Der vorliegende Vertrag ist in 8 Exemplaren in russischer und ... Sprache (je 4 Exemplare in Russisch und ...) ausgefertigt. Beide Texte sind juristisch gleichwertig.

VOLLMACHTGEBER   VERTRETER

Name der Firma   Name der Firma
Sitz   Sitz
Bankrequisit   Bankrequisit

Unterschrift / Stempel   Unterschrift / Stempel

9.   **Арбитраж**

Все споры, могущие возникнуть при исполнении настоящего Договора или в связи с ним, стороны будут пытаться урегулировать путём переговоров. В случае невозможности достичь согласия для разрешения спора, разногласия передаются на рассмотрение арбитража "ad hoc" с местом проведения в Стокгольме.

10.   **Вступление договора в силу**

Данный Договор вступает в силу после его подписания обеими сторонами и регистрации в учреждениях, дающих разрешение на экспорт и импорт продукции данного профиля.

11.   **Изменения и дополнения к договору**

Все изменения в Договор и дополнения к нему могут вноситься только по согласованию сторон в письменном виде. Письменными считаются и договорённости между представителями сторон, достигнутые путём обмена телеграммами или телексами.

12.   **Уступка (цессия) договора**

Стороны согласны с тем, что передача отдельных прав и обязанностей, как и всего Договора на коммерческое представительство, может осуществляться третьим лицом только с предварительного согласия другой стороны Договора.

Правопреемник стороны в Договоре непосредственно принимает на себя права и обязанности из данного Договора, в том числе права и обязанности с решением споров и разногласий по смыслу параграфа 9 данного Договора.

13.   *Досрочное расторжение договора*

Сторонами предусмотрена возможность досрочного расторжения данного Договора по следующим основаниям:
Если, по мнению одного из партнёров, из-за несоблюдения договорных обязательств или из-за наступления обстоятельств, предусмотренных в параграфе 8 настоящего Договора, дальнейшее выполнение Договора невозможно, этот партнёр обязан направить другой стороне письменное извещение с изложением причин.

Сторона, получившая извещение, обязана в течение … дней письменно сообщить своё мнение и дать предложение по ликвидации возникших трудностей. Если устранение причин невозможно, то каждая из сторон имеет право в течение … дней расторгнуть Договор. Началом срока считается день получения почтового извещения, из которого видно, что трудности непреодолимы.

14.   **Заключительные положения**

После подписания настоящего Договора все предыдущие переговоры и переписка по нему теряют силу.

Настоящий Договор составлен в 8 экземплярах на русском и … языках, из которых 4 на русском и 4 на … языке, причём оба текста имеют одинаковую юридическую силу.

ДОВЕРИТЕЛЬ   ПРЕДСТАВИТЕЛЬ

Наименование фирмы   Наименование фирмы
Юридический адрес   Юридический адрес
Банковские реквизиты   Банковские реквизиты

Подпись / Печать   Подпись /Печать

2.15. Gesellschaftsvertrag
Gesellschaft mit beschränkter Haftung „ … "

(Ort) …   (Datum) …

1.   Form. Sitz. Dauer der Tätigkeit

1.1.   Die Gesellschaft, eine Gesellschaft mit beschränkter Haftung unter der Firma
„ … " GmbH,

wird gegründet von den Gesellschaftern
… (Name und Adresse des ausländischen Gesellschafters),

und

… (Name und Adresse des russischen Gesellschafters),

nachfolgend als GESELLSCHAFTER bezeichnet, auf Grund des Gesllschafterbeschlus-
ses zwecks Ausübung einer gemeinsamen unternehmerischen Tätigkeit.

1.2.   Die Gesellschaft hat ihren Sitz in …, Rußland.

1.3.   Die Gesellschaft wird auf unbestimmte Zeit errichtet.

2.   Gegenstand der Tätigkeit der Gesellschaft und rechtlicher Status

2.1.   Gegenstand der Tätigkeit der Gesellschaft ist … .

2.2.   Die Tätigkeit der Gesellschaft wird nicht auf die im vorliegenden Vertrag ausgewiesenen
Tätigkeitsfelder beschränkt. Die Gesellschaft ist berechtigt, andere Arten von Geschäftstätigkeit auszuüben, sofern diese nicht im Widerspruch zur geltenden Gesetzgebung
stehen.

2.3.   Die Gesellschaft ist berechtigt, sich an weiteren Unternehmen mit unterschiedlichem
rechtlichem Status als persönlich haftende Gesellschafterin zu beteiligen sowie insbesondere die Geschäftsführung solcher Unternehmen zu übernehmen.

2.4.   Die Gesellschaft ist eine juristische Person nach russischer Gesetzgebung. Sie verfügt
über gesondertes Eigentum, erwirbt und veräußert Vermögensrechte und persönliche
Nichteigenturnsrechte und haftet mit ihrem Eigentum, sie kann Kläger und Beklagter in
Schiedsgerichtsverfahren sein; sie ist berechtigt, allen dem Gesetz und dem vorliegenden Vertrag nicht widersprechenden Arten von Geschäften sowohl auf dem Territorium
der Russischen Föderation als auch im Ausland nachzugehen.

2.5.   Die Gesellschaft kann in jedem Bank- und Kreditinstitut ein Rubel- bzw. Valutakonto
eröffnen.

2.6.   Rechte und Pflichten einer juristischen Person erwirbt die Gesellschaft nach der Eintragung in das staatliche Handelsregister entsprechend den geltenden Vorschriften.

2.7.   Die von der Gesellschaft geschlossenen Geschäfte unterliegen, sofern im Gesetz oder
im vorliegenden Vertrag nichts anderes vorgesehen ist, der russischen Gesetzgebung,
wenn sie auf dem Territorium der RF getätigt werden, bzw. der Gesetzgebung des jeweiligen Landes, in dem die Geschäfte getätigt werden.

2.15. Учредительный договор Товарищества с ограниченной ответственностью " ... "

г. ...   ... 199. г.

1. Форма. Местонахождение. Продолжительность деятельности

1.1. ТОВАРИЩЕСТВО С ОГРАНИЧЕННОЙ ОТВЕТСТВЕННОСТЬЮ " ... ", именуемое в дальнейшем Т.О.О., создаётся следующими Участниками:

... (реквизиты иностранного Инвестора),

и

... (реквизиты российского Участника),

именуемыми в дальнейшем УЧРЕДИТЕЛЯМИ, на основе решения УЧРЕДИТЕ-ЛЕЙ с целью осуществления совместной хозяйственной деятельности.

1.2. Местонахождение Т.О.О. – г. ..., Россия.

1.3. Продолжительность деятельности Т.О.О. не ограничивается.

2. Предмет деятельности и правовое положение Т.О.О.

2.1. Предметом деятельности Т.О.О. являются: ...

2.2. Деятельность Т.О.О. не ограничивается видами деятельности, оговоренными в настоящем Договоре. Т.О.О. может заниматься другими видами деятельности, не противоречащими действующему законодательству.

2.3. Т.О.О. имеет право участвовать в качестве УЧРЕДИТЕЛЯ в создании других коммерческих структур с различными видами организационно-правовых форм, в том числе осуществлять управление этими структурами.

2.4. Т.О.О. является юридическим лицом по российскому законодательству: имеет обособленное имущество, приобретает и отчуждает имущественные и личные неимущественные права и несёт обязанности, может быть истцом и ответчиком в арбитраже, суде и третейском суде; вправе совершать любые, не противоречащие закону и настоящему Договору, сделки, как на территории Российской Федерации, так и за границей.

2.5. Т.О.О. открывает счета в любых финансово-кредитных учреждениях, как в рублях, так и иностранной валюте.

2.6. Права и обязанности юридического лица Т.О.О. приобретает с даты его государственной регистрации в установленном порядке.

2.7. Если иное не предусмотрено законом или Договором, к сделкам Т.О.О., совершённым на территории Российской Федерации, применяется соответствующее российское законодательство; к сделкам, совершённым за границей – законодательство соответствующего государства.

2.8.   Die Gesellschaft hat einen eigenen Stempel mit der Bezeichnung der Firma, einen Sie-gelstempel, ein eigenes Firmenlogo, Kopfbögen und anderes Zubehör.

2.9.   Das Vermögen der Gesellschaft gehört den GESELLSCHAFTERN (Beteiligten) als Ge-samthändern.

2.10. Für die Verbindlichkeiten der Gesellschaft trägt der Staat keine Verantwortung, ebenso haftet die GmbH nicht für Verbindlichkeiten des Staates. Die GESELLSCHAFTER haften für die von der Gesellschaft eingegangenen Verbindlichkeiten lediglich in der Höhe ihres Anteils am Stammkapital.

2.11. Das Ausscheiden aus der Gesellschaft befreit den GESELLSCHAFTER nicht von seinen früher übernommenen Verpflichtungen gegenüber der Gesellschaft, ebenso wie die Ver-pflichtungen der Gesellschaft gegenüber dem betroffenen GESELLSCHAFTER bis zu dem Zeitpunkt voll wirksam bleiben, an dem die eingegangenen Verpflichtungen erfüllt sind.

3.   Stammkapital. Anteile

3.1.   Für die Errichtung des Unternehmens und die Aufnahme der Geschäftstätigkeit wird ein Stammkapital in Höhe von … Rbl. gebildet. Die Höhe der Stammeinlage kann im weite-ren auf Beschluß der Gesellschafterversammlung verändert werden.

3.2.   Die Einlagen der GESELLSCHAFTER in das Stammkapital betragen:
       … Rbl.
       … Rbl.

3.3.   Die Einlage in das Stammkapital kann in Rubel oder sonstiger Währung (entsprechend dem Kurs der Staatsbank am Tag der Einzahlung) erbracht werden. Die Einlage kann in Form von Immobilien, Einrichtungen, Ausrüstungen oder sonstiger materieller Werte sowie in Form von Wertpapieren, Grundstücks- oder Wassernutzungsrechten sowie von Rechten betreffend der Ausnutzung von Naturressourcen erfolgen. Die Bewertung der Einlage erfolgt durch gemeinsamen Beschluß der GESELLSCHAFTER.

3.4.   Abgesehen von der Form der Einzahlung wird der Einlagewert in Rubel gerechnet. Die künftige wertmäßige Veränderung der materiellen Einlage beeinflußt die ursprüngliche Anteilsgröße am Stammkapital nicht.

3.5.   Sollte das Eigentum eines GESELLSCHAFTERS der GmbH nur zur Nutzung übergeben worden sein, so wird der Wert der Einlage und damit die Anteilsgröße des GESELL-SCHAFTERS auf der Basis der Nutzungsgebühr für den in den Gründungsdokumenten vorgesehenen oder für einen anderen durch die GESELLSCHAFTER festgelegten Zeit-raum bestimmt, sofern in den Gründungsdokumenten nichts anderes vereinbart wurde.

3.6.   Mindestens 50 % des Stammkapitals sind innerhalb von 30 Tagen nach der Registrie-rung der Gesellschaft einzuzahlen, und der Zahlungsnachweis ist der Registrierungs-behörde vorzulegen. Die übrigen 50 % des Stammkapitals hat die Gesellschaft im Ver-laufe des ersten Geschäftsjahres einzuzahlen.

3.7.   Derjenige GESELLSCHAFTER der GmbH, der seinen Anteil vollständig eingezahlt hat, erhält ein Anteilspapier, das kein Wertpapier darstellt.

2.8. Т.О.О. имеет печать со своим наименованием (эмблемой), угловой штамп, свой товарный знак, фирменные бланки и другие реквизиты.

2.9. Имущество Т.О.О. принадлежит его УЧРЕДИТЕЛЯМ (Участникам) на праве общей долевой собственности.

2.10. Государство не несёт ответственности по обязательствам Т.О.О., последнее не отвечает по обязательствам государства.
УЧРЕДИТЕЛИ отвечают по обязательствам Т.О.О. лишь в пределах своей доли вклада в Уставной капитал.

2.11. Выход из Т.О.О. не освобождает УЧРЕДИТЕЛЯ (Участника) от ранее принятых на себя обязательств по отношению к Т.О.О. и, равным образом, не прекращает ранее возникших обязательств Т.О.О. перед УЧРЕДИТЕЛЕМ до тех пор, пока данные обстоятельства не будут исполнены в полном объёме надлежащим образом.

3. Уставной капитал. Вклады

3.1. Для создания и начала деятельности Т.О.О. из взносов УЧРЕДИТЕЛЕЙ формируется Уставной фонд в размере … .
В дальнейшем Уставной фонд может изменяться по решению собрания УЧРЕДИТЕЛЕЙ.

3.2. Вклады в Уставной фонд УЧРЕДИТЕЛЕЙ составляют:
… – (рублей),
… – (рублей).

3.3. Взнос в Уставной фонд может быть оплачен в рублях или иностранной валюте (по курсу Госбанка на день внесения). Взнос может быть принят в форме зданий, сооружений, оборудования и других материальных ценностей, ценных бумаг, прав пользования землёй, водой, другими природными ресурсами. Оценка стоимости взноса определяется совместным решением УЧРЕДИТЕЛЕЙ.

3.4. Независимо от формы оплаты вклада его размер выражается в рублях. Последующее изменение стоимости имущества, внесённого в качестве вклада, не влияет на размер доли, соответствующей этому имуществу в Уставном фонде.

3.5. В случаях, когда имущество передано Участником Т.О.О. только в пользование, размер вклада и, соответственно, доля УЧРЕДИТЕЛЯ определяется исходя из арендной платы за пользование этим имуществом, исчисленной за весь указанный в учредительных документах срок деятельности общества или другой установленный Участниками срок, если иное не предусмотрено учредительными документами.

3.6. В течение 30 дней после регистрации Т.О.О. не менее 50 % его Уставного капитала должно быть оплачено и справка об оплате представлена по месту регистрации Т.О.О. В течение первого года деятельности Т.О.О. должна быть оплачена вторая половина Уставного капитала.

3.7. УЧРЕДИТЕЛЮ Т.О.О., полностью внёсшему свой вклад, выдаётся свидетельство, не относящееся к категории ценных бумаг.

3.8.   Der GESELLSCHAFTER ist berechtigt, mit Zustimmung von mehr als 50 % der GESELLSCHAFTER seinen Anteil (ganz oder teilweise) an einen oder mehrere andere GESELLSCHAFTER derselben Gesellschaft sowie an Dritte abzutreten.

Für den Fall des Verkaufs eines Geschäftsanteils oder von Teilen eines Geschäftsanteils besitzen die übrigen GESELLSCHAFTER das Vorkaufsrecht im Verhältnis ihrer Stammeinlagen.

Mit der Abtretung eines Geschäftsanteils oder von Teilen eines Geschäftsanteils an Dritte werden gleichzeitig alle Rechte und Pflichten des GESELLSCHAFTERS, der die Abtretung des Geschäftsanteils vollständig oder teilweise vornimmt, an diesen Dritten übertragen.

Der Geschäftsanteil eines GESELLSCHAFTERS kann, nachdem er vollständig eingezahlt ist, von der Gesellschaft selbst erworben werden. In diesem Fall ist die Gesellschaft verpflichtet, diesen Anteil den übrigen GESELLSCHAFTERN für den Zeitraum von einem Jahr zu überlassen. Während dieser Zeit erfolgen die Gewinnausschüttung, die Abstimmung und die Quorumbestimmung im höchsten Organ ohne Berücksichtigung des erworbenen Geschäftsanteils.

3.9.   Bei Ausschluß eines GESELLSCHAFTERS aus der Gesellschaft erhält er eine Entschädigung im Verhältnis seines Geschäftsanteils entsprechend der ordnungsgemäß erstellten Jahresbilanz des Jahres, in dem er ausgeschieden ist. Auf Forderung des GESELLSCHAFTERS und mit Zustimmung der Gesellschaft kann der Geschäftsanteil des ausscheidenden GESELLSCHAFTERS in natura ganz oder teilweise zurückerstattet werden. Der ausscheidende GESELLSCHAFTER erhält den ihm zustehenden Gewinnanteil für das letzte Jahr seiner Mitgliedschaft. Das von dem GESELLSCHAFTER an die Gesellschaft nur zur Nutzung übergebene Vermögen wird in materieller Form ohne Entgelt zurückgegeben.

3.10. Im Falle der Liquidation eines der GESELLSCHAFTER (juristische Person) bzw. im Falle des Ausscheidens durch Tod (natürliche Person) geht der ihm gehörende Anteil am Stammkapital proportional in der festgelegten Art und Weise an seine Rechtsnachfolger (Erben) über.

Der Geschäftsanteil ist unteilbar. Sind mehrere Rechtsnachfolger (Erben) vorhanden, so ruhen alle Rechte der Rechtsnachfolger des verstorbenen GESELLSCHAFTERS, mit Ausnahme des Rechts auf Dividende, bis die Rechtsnachfolger (Erben) einen gemeinsamen Vertreter bestellt haben, der nur ganzheitlich ihre Rechte wahrnehmen kann.

Weigert sich der Rechtsnachfolger (Erbe), GESELLSCHAFTER der GmbH zu werden, erhält er eine Entschädigung in natura für den Anteil des ausgeschiedenen GESELLSCHAFTERS oder eine finanzielle Entschädigung, wobei die Wertermittlung per Tag der Reorganisation der GmbH vorgenommen wird. In diesem Fall wird die Höhe des Stammkapitals entsprechend reduziert, ist aber innerhalb eines Jahres durch zusätzliche Einlagen der verbleibenden GESELLSCHAFTER (Beteiligten) bzw. durch die Aufnahme neuer GESELLSCHAFTER wieder auf den ursprünglichen Stand aufzustocken.

3.11. Die Finanzmittel der Gesellschaft werden auf Bankkonten für Rubel- und Valutamittel eingezahlt. Die Kontoeröffnung und die Abwicklung des Zahlungsverkehrs erfolgen entsprechend der geltenden Gesetzgebung.

4.   Aufbau und Verwaltung der Gesellschaft

4.1.   Die Geschäftsführung erfolgt durch die GESELLSCHAFTER persönlich bzw. durch das angestellte Personal.

3.8.   УЧРЕДИТЕЛЬ Т.О.О. может с согласия большинства (более 50 %) остальных УЧ-РЕДИТЕЛЕЙ уступить свою долю (часть доли) одному или нескольким УЧРЕДИ-ТЕЛЯМ этого же Т.О.О. или третьим лицам.

Участники Т.О.О. пользуются преимущественным правом приобретения доли (части доли) уступающего её Участника пропорционально внесённым ими долям в Уставной фонд Т.О.О.

При передаче доли (части доли) третьему лицу происходит одновременный переход к нему всех прав и обязанностей, принадлежащих УЧРЕДИТЕЛЮ, уступа-ющему её полностью или частично.

Доля Участника после полного внесения им вклада может быть приобретена самим Т.О.О. В этом случае Т.О.О. обязано передать её другим Участникам в течение 1 года. В течение срока владения Т.О.О. вкладом распределение при-были, а также голосование и определение кворума в высшем органе произво-дится без учёта приобретённой Т.О.О. доли.

3.9.   При выходе Участника из Т.О.О. ему выплачивается стоимость части имущества Т.О.О., пропорциональная его доле после утверждения отчёта за год, в котором он вышел из Т.О.О. По требованию Участника и с согласия Т.О.О. вклад может быть возвращён полностью или частично в натуральной форме. Выбывшему Участнику выплачивается причитающаяся ему часть прибыли, полученной Т.О.О. в данном году до момента его выхода. Имущество, переданное УЧРЕДИТЕЛЕМ Т.О.О. только в пользование, возвращается в натуральной форме без вознаграж-дения.

3.10. В случае ликвидации УЧРЕДИТЕЛЯ – юридического лица (смерти УЧРЕДИТЕЛЯ – физического лица), принадлежащая ему доля имущества Т.О.О., пропорцио-нальная его вкладу, переходит в установленном порядке к его правопреемникам (наследникам).

Доля вклада неделима. Если имеется несколько правопреемников (наследников), их права не реализуются, за исключением права на получение прибыли, до на-значения одного из них общим представителем по доверенности.

При отказе правопреемника (наследника) от вступления в Т.О.О. ему выдаётся в денежной или натуральной форме принадлежащая выбывшему доля в имущест-ве, стоимость которой определяется на день реорганизации Т.О.О. В этом случае размер Уставного фонда Т.О.О. подлежит соответствующему уменьшению, но должен быть восполнен в течение 1 года путём дополнительных взносов осталь-ными УЧРЕДИТЕЛЯМИ (Участниками) либо путём приёма новых Участников Т.О.О.

3.11. Денежные средства Т.О.О. хранятся на расчётных счетах в учреждениях банков в российской и иностранной валюте. Открытие счетов и расчётные операции осу-ществляются в соответствии с требованиями законодательства.

4.   Структура и управление Т.О.О.

4.1.   Управление Т.О.О. осуществляется собственниками имущества Т.О.О. – УЧРЕ-ДИТЕЛЯМИ (Участниками) как лично, так и с использованием труда наёмного персонала.

4.2.   Verwaltungsorgane der GmbH sind:
– die Gesellschafterversammlung
– die Geschäftsführung (Geschäftsführer)
– die Revisionskommission.

4.3.   Das höchste Organ der GmbH ist die Gesellschafterversammlung. Jeder GESELL-SCHAFTER kann sich in der Gesellschafterversammlung durch einen anderen GESELL-SCHAFTER oder einen Dritten vertreten lassen. Die Vertreter der GESELLSCHAFTER können für eine ständige Vertretung oder für einen begrenzten Zeitraum von ... Jahren bestellt werden.

Der GESELLSCHAFTER ist berechtigt, seinen Vertreter zu jeder Zeit zu ersetzen, nachdem die anderen GESELLSCHAFTER davon in Kenntnis gesetzt wurden.

Der GESELLSCHAFTER ist berechtigt, seine Stimme in der Versammlung an einen anderen GESELLSCHAFTER oder an den Vertreter eines anderen GESELLSCHAFTERS abzutreten. Die GESELLSCHAFTER besitzen Stimmrecht im Verhältnis ihrer Anteile am Stammkapital.

In Fällen, bei denen die persönlichen Interessen eines GESELLSCHAFTERS unmittelbar berührt werden, zum Beispiel in der Frage des Ausschlusses eines GESELLSCHAF-TERS aus der Gesellschaft, nimmt der betreffende GESELLSCHAFTER oder sein Vertreter in der Regel nicht an der Abstimmung teil.

4.4.   Die ausschließliche Kompetenz der Versammlung erstreckt sich auf:
a) die Festlegung der Tätigkeitsbereiche der Gesellschaft, die Jahresbilanz und die Bestätigung des Jahresabschlußberichtes;
b) die Änderung oder Ergänzung der Gründungsdokumente;
c) die Entscheidung über die Höhe zusätzlicher Einlagen durch eigene GESELLSCHAF-TER sowie über Form und Verfahrensweise der Einzahlung dieser Einlagen;
d) den Erwerb von Geschäftsanteilen einzelner GESELLSCHAFTER;
e) die Aufnahme und den Ausschluß von GESELLSCHAFTERN;
f) die Bestellung der Geschäftsführer und des Hauptbuchhalters, die Entscheidung über die Revisionskommission.
g) die Bestätigung der Jahresbilanz der GmbH, der Rechnungslegung der Revisionskommission, Art und Weise der Gewinnverteilung und -verwendung, die Festlegung des Verfahrens zur Deckung von Verlusten;
h) die Entscheidung zur Emission von Wertpapieren der GmbH sowie zum Erwerb von Wertpapieren anderer Strukturen;
i) die Gründung von Tochterunternehmen, Filialen und Vertretungen;
j) Beschlüsse über die materielle Haftung der Amtspersonen der GmbH u. a.

(Die Kompetenz der Gesellschafterversammlung kann sich nach eigenem Ermessen auch auf andere Fragen erstrecken.)

Die in den Punkten a), b) und e) aufgeführten Fragen bedürfen der einstimmigen Entscheidung durch die GESELLSCHAFTER. Alle übrigen Fragen können durch einfachen Mehrheitsbeschluß entschieden werden.

4.5.   Die Gesellschafterversammlung hat kein Recht, direkten Einfluß auf die geschäftlich-administrative Tätigkeit der Geschäftsführung zu nehmen.

4.6.   Die Gesellschafterversammlung entscheidet alle anstehenden Fragen in ihren Sitzungen. In Ausnahmefällen kann die Entscheidung über ein Problem durch Befragung der GESELLSCHAFTER erfolgen. In diesem Fall werden die zur Entscheidung und Abstimmung anstehenden Fragen den GESELLSCHAFTERN zur schriftlichen Stellungnahme zugeschickt.

4.2.   Органами управления являются:
  – Собрание УЧРЕДИТЕЛЕЙ (Участников),
  – Дирекция (Директор),
  – Ревизионная комиссия.

4.3.   Высший орган Т.О.О. – Собрание Участников (Собрание) – состоит из Участников или назначенных ими представителей. Представители Участников могут быть постоянными либо назначаемыми на срок до ... лет.

Участник вправе в любое время заменить своего представителя в Собрании, поставив в известность об этом других Участников.

Участник Т.О.О. вправе передать свои полномочия на участие в Собрании другому Участнику или представителю другого Участника Т.О.О. Участники обладают количеством голосов, пропорциональным размеру их долей в Уставном фонде.

В случаях, когда решением собрания могут быть непосредственно затронуты интересы лишь одного Участника, в частности, при рассмотрении вопроса об исключении Участника из Т.О.О., как правило, этот Участник или его представитель в голосовании не участвует.

4.4.   К исключительной компетенции Собрания относится:
  а) определение основных направлений деятельности Т.О.О., утверждение её планов и отчётов об их исполнении;
  б) изменение и дополнение Учредительных документов Т.О.О.;
  в) установление размера, формы и порядка внесения Участниками дополнительных вкладов;
  г) решение вопроса о приобретении Т.О.О. доли Участника;
  д) приём новых Участников и исключение Участников из Т.О.О.;
  е) назначение Директора, главного бухгалтера, решение вопроса о формировании Ревизионной комиссии;
  ж) утверждение годовых отчётов деятельности Т.О.О., утверждение отчётов Ревизионной комиссии, направлений, использования и порядка распределения прибыли, определение порядка покрытия убытков;
  з) принятие решения о выпуске ценных бумаг Т.О.О., а также о покупке ценных бумаг других структур;
  и) создание дочерних предприятий, филиалов и представительств;
  к) вынесение решения о привлечении к имущественной ответственности должностных лиц Т.О.О. и др.

(К компетенции Собрания Участники могут отнести и другие вопросы по своему усмотрению.)

По вопросам, указанным в пунктах а), б), д), решения Участниками принимаются единогласно. По всем остальным вопросам решения принимаются простым большинством голосов.

4.5.   Вмешательство Собрания в оперативно-распорядительную деятельность Управляющего (Директора) недопустимо.

4.6.   Собрание, как правило, решает вопросы на своих заседаниях. Но в отдельных случаях допустимо разрешение вопросов методом опроса. В этом случае проект решения или вопросы для голосования рассылаются Участникам, которые должны письменно сообщить по ним своё мнение.

Alle GESELLSCHAFTER sind innerhalb von 10 Tagen nach Eingang der letzten Stellungnahme über die getroffene Entscheidung in Kenntnis zu setzen.

4.7.   Die Gesellschafterversammlung gilt als abstimmungsfähig, wenn durch die anwesenden GESELLSCHAFTER (bzw. ihre Vertreter) mehr als 60 % der Stimmanteile für die Abstimmung zur Verfügung stehen. In Fragen, die ein einstimmiges Abstimmungsergebnis erfordern, gilt die Versammlung als abstimmungsfähig, wenn alle GESELLSCHAFTER (bzw. ihre Vertreter) anwesend sind.

4.8.   Jeder GESELLSCHAFTER hat das Recht, die Erörterung einer Frage in der Gesellschafterversammlung zu fordern, sofern er diese Frage nicht später als 25 Tage vor Durchführung der Versammlung stellt.

4.9.   Die Gesellschafterversammlung wird mindestens zweimal im Jahr einberufen.

4.10. Der Geschäftsführer (Direktor) führt die laufenden Geschäfte der Gesellschaft.

In die Kompetenz des Geschäftsführers (der Geschäftsführung) fallen alle Fragen der Geschäftstätigkeit der Gesellschaft mit Ausnahme der in den Gründungsdokumenten festgelegten Kompetenzen der Gesellschafterversammlung.

4.11. Der Geschäftsführer (die Geschäftsführung) ist der Gesellschafterversammlung rechenschaftspflichtig und für die Umsetzung ihrer Beschlüsse verantwortlich. Der Geschäftsführer wird durch die Gesellschafterversammlung für die Dauer von … bestellt. Zu diesem Zweck schließt die Gesellschafterversammlung mit dem Geschäftsführer einen Anstellungsvertrag ab.

4.12. Der Geschäftsführer kann ohne Vollmacht im Namen der Firma tätig werden, er vertritt die Interessen der Firma gegenüber russischen und ausländischen juristischen und natürlichen Personen, er verfügt über das Eigentum der Gesellschaft, schließt Verträge (darunter auch Arbeitsverträge), erteilt Vollmachten, eröffnet Giro- und andere Konten, hat Verfügungsgewalt über die Mittel der Gesellschaft, erteilt Weisungen, die für das Personal der GmbH verbindlich sind.

5.   Revisionskommission

5.1.   Die Revisionskommission wird mit dem Ziel der Kontrolle der Finanztätigkeit der Gesellschaft gegründet.

Die Revisionskommission setzt sich aus einigen GESELLSCHAFTERN zusammen. Anstelle einer Revisionskommission kann die GmbH auch eine unabhängige Buchprüfungsfirma mit der Kontrolle der Finanzen beauftragen.

5.2.   Der von der Revisionskommission oder der Buchprüfungsfirma erstellte Bericht zur Jahresbilanz wird allen GESELLSCHAFTERN der GmbH vorgelegt. Ohne den Bericht kann die Jahresbilanz nicht durch die GESELLSCHAFTER bestätigt werden.

6.   Haftung

6.1.   Ein GESELLSCHAFTER, der der Erfüllung seiner Verpflichtungen systematisch nicht oder in nicht angemessener Weise nachkommt bzw. die Erfüllung der Geschäftsaufgaben der Gesellschaft behindert, kann auf der Grundlage einer einstimmig getroffenen Entscheidung aus der Gesellschaft ausgeschlossen werden.

В течение 10 дней с момента получения сообщения от последнего Участника голосования все они должны быть уведомлены о принятом решении.

4.7. Собрание считается правомочным, если на нём присутствуют Участники (представители Участников), обладающие в совокупности более чем 60 % голосов, а по вопросам, требующим единогласия – все Участники (представители Участников).

4.8. Любой из Участников вправе требовать рассмотрения вопроса на Собрании при условии, что он был информирован о повестке дня не позднее, чем за 25 дней до начала Собрания.

4.9. Собрание созывается не реже 2 раз в год.

4.10. Управляющий (Директор) осуществляет текущее руководство деятельностью Т.О.О.

К компетенции Директора (дирекции) относятся все вопросы деятельности Т.О.О., за исключением отнесённых Учредительными документами к компетенции Собрания Участников.

4.11. Дирекция (Директор) подотчётна Собранию и отвечает за выполнение его решений. Директор назначается Собранием сроком на … . При этом с ним заключается трудовой договор.

4.12. Директор без доверенности действует от имени Т.О.О., представляет его интересы перед всеми российскими и иностранными юридическими и физическими лицами, распоряжается имуществом Т.О.О., заключает договоры, в том числе трудовые, выдаёт доверенности, открывает в банках расчётные и иные счета, пользуется правом распоряжения средствами и даёт указания, обязательные для персонала Т.О.О.

5. Ревизионная комиссия

5.1. Ревизионная комиссия создаётся для осуществления контроля за финансовой деятельностью Т.О.О.

Она создаётся из нескольких Участников Т.О.О. В то же время Т.О.О. может, не создавая Ревизионной комиссии, заключить контракт с независимой аудиторской фирмой.

5.2. Заключение по годовым отчётам и балансам, составленным Ревизионной комиссией или аудиторской фирмой, доводится до сведения всех Участников Т.О.О. Без данного заключения баланс утверждению Собранием Участников не подлежит.

6. Ответственность

6.1. УЧРЕДИТЕЛЬ (Участник) Т.О.О., систематически не выполняющий или ненадлежащим образом исполняющий свои обязанности, либо препятствующий своими действиями достижению целей Т.О.О., может быть исключён на основе единогласного решения Собрания Участников Т.О.О.

6.2. Ein GESELLSCHAFTER hat das Recht, in Übereinstimmung mit der Gesetzgebung der Russischen Föderation ein Vertragsgericht oder ein Gericht anzurufen, um eine von der Gesellschafterversammlung unter Verstoß gegen das Gesetz oder gegen die Gründungsdokumente getroffene Entscheidung für ungültig erklären zu lassen, wenn diese Entscheidung in Abwesenheit des GESELLSCHAFTERS (seines Vertreters) getroffen wurde, oder der betreffende GESELLSCHAFTER (bzw. sein Vertreter) in bezug auf diese Entscheidung bewußt getäuscht wurde, oder sich der GESELLSCHAFTER (sein Vertreter) bei der Annahme der Entscheidung in der Minderheit befanden.

6.3. Die Behandlung von Streitfällen der Gesellschaft mit ihren GESELLSCHAFTERN und Vertragspartnern erfolgt entsprechend der Gesetzgebung der Russischen Föderation.

6.4. Im Falle des Eintretens von Umständen höherer Gewalt ist ein GESELLSCHAFTER von seiner Haftung befreit, sofern er die Gesellschaft binnen 10 Tagen nach Eintritt der genannten Umstände davon in Kenntnis gesetzt hat. Andernfalls tritt keine Haftungsbefreiung zugunsten des betreffenden GESELLSCHAFTERS ein.

7. Geschäftsgeheimnis der Gesellschaft

7.1. Als Geschäftsgeheimnis sind zu verstehen:
a) beliebige Informationen, die aus kommerziellem Interesse von tatsächlichem oder potentiellem Wert für die Gesellschaft sind und aus deren Übergabe an Dritte der Gesellschaft Schaden erwachsen kann;
b) Informationen, die nicht als allgemein bekannt bzw. als auf gesetzlichem Wege allgemein zugänglich einzustufen sind;
c) Informationen, die von der Gesellschaft in entsprechender Art und Weise für vertraulich erklärt wurden und für deren Geheimhaltung die Gesellschaft die erforderlichen Maßnahmen ergreift.

7.2. Die Gesellschaft sichert den Schutz ihres Geschäftsgeheimnisses.

8. Beendigung der Tätigkeit der Gesellschaft

8.1. Die Gesellschaft beendet ihre Geschäftstätigkeit durch Änderung ihres juristischen Status (Fusion, Anschluß, Ausgründung) oder Liquidation.

8.2. Eine Reorganisation der Gesellschaft zieht den Übergang der Rechte und Pflichten der Gesellschaft auf ihre Rechtsnachfolger nach sich.

8.3. Die Einstellung der Geschäftstätigkeit der Gesellschaft erfolgt entweder auf Beschluß der Gesellschafterversammlung oder auf Gerichtsbeschluß.

8.4. Die Liquidation der Gesellschaft erfolgt dann, wenn:
a) die Gesellschaft für bankrott erklärt wird;
b) eine Entscheidung über das Verbot der weiteren Tätigkeit der Gesellschaft auf Grund von Verstößen gegen die geltende Gesetzgebung getroffen wird und die festgestellten Gesetzesverstöße nicht in der vorgegebenen Frist beseitigt bzw. die Art der Geschäftstätigkeit nicht geändert wird;
c) die Gründungsdokumente der Gesellschaft per Gerichtsentscheid für ungültig erklärt werden;
d) andere, durch den Gesetzgeber vorgesehene Gründe vorliegen.

8.5. Die Gesellschaft gilt mit dem Moment der vorgenommenen Änderung der Eintragung im Handelsregister als reorganisiert oder liquidiert.

6.2. УЧРЕДИТЕЛЬ (Участник) Т.О.О. вправе обратиться в соответствии с законодательством Российской Федерации в арбитражный суд или суд с заявлением о признании недействительным решения Собрания Участников Т.О.О., вынесенного в нарушение закона или Учредительных документов, при условии, что такое решение принято в отсутствие Участника (его представителя), либо он или его представитель был намеренно введён в заблуждение относительно существа решения, либо остался при вынесении решения в меньшинстве.

6.3. Все споры, возникающие между сторонами при исполнении настоящего Договора, стороны договорились рассматривать в соответствии с законодательством РФ.

6.4. УЧРЕДИТЕЛЬ (Участник) Т.О.О. освобождается от ответственности в случае возникновения форс-мажорных обстоятельств, о наступлении которых он обязан сообщить Т.О.О. в письменном виде не позднее 10 дней с момента возникновения этих обстоятельств. В противном случае, ссылка УЧРЕДИТЕЛЯ (Участника) на форс-мажорные обстоятельства не освобождает его от ответственности.

7. Коммерческая тайна Т.О.О.

7.1. Под коммерческой тайной понимается:
а) любая деловая информация, имеющая действительную или потенциальную ценность для Т.О.О. по коммерческим причинам, утечка которой может нанести ущерб Т.О.О.;
б) информация, которая не является общеизвестной или общедоступной на законных основаниях;
в) информация, которая соответствующим образом обозначена, и Т.О.О. осуществляются надлежащие меры по сохранению её конфиденциальности.

7.2. Т.О.О. организует охрану своей коммерческой тайны.

8. Прекращение деятельности Т.О.О.

8.1. Прекращение деятельности Т.О.О. происходит путём её реорганизации (слияния, присоединения, выделения) или ликвидации.

8.2. Реорганизация Т.О.О. влечёт за собой переход прав и обязанностей, принадлежащих Т.О.О., к её правопреемникам.

8.3. Прекращение деятельности Т.О.О. производится по решению Собрания Участников Т.О.О. либо по решению суда.

8.4. Т.О.О. ликвидируется также в случаях:
а) признания Т.О.О. банкротом;
б) если принято решение о запрете деятельности Т.О.О. из-за невыполнения условий, установленных законодательством, и в предусмотренный решением срок не обеспечено соблюдение этих условий или не изменён вид деятельности;
в) если решением суда будут признаны недействительными учредительные акты о создании Т.О.О.;
г) по другим основаниям, предусмотренным законодательными актами.

8.5. Т.О.О. считается реорганизованным или ликвидированным с момента внесения изменений в реестр государственной регистрации.

8.6. Die Liquidation der Gesellschaft erfolgt durch eine von ihr bestellte Liquidationskommission. Im Falle der Beendigung der Geschäftstätigkeit der Gesellschaft auf Beschluß eines Schiedsgerichtes oder Gerichtes bestellen diese Organe die Liquidationskommission.

Alle Vollmachten der Gesellschaft gehen mit dem Moment der Bildung der Liquidationskommission auf diese über. Die Liquidationskommission bewertet das Eigentum der Gesellschaft, ermittelt ihre Gläubiger und Schuldner und rechnet mit ihnen ab, ergreift Maßnahmen zur Begleichung der Verbindlichkeiten der Gesellschaft gegenüber Dritten und gegenüber den GESELLSCHAFTERN, erstellt die Liquidationsbilanz und legt sie der Gesellschafterversammlung vor.

8.7. Finanzielle Mittel der Gesellschaft, einschließlich des Liquidationserlöses aus der Veräußerung von Eigentum der Gesellschaft werden nach Begleichung der offenen Verbindlichkeiten gegenüber Gläubigern und Angestellten zwischen den GESELLSCHAFTERN entsprechend ihrem Anteil am Stammkapital ausgeschüttet. Das von den GESELLSCHAFTERN zur Nutzung eingebrachte materielle Eigentum wird ohne zusätzlichen finanziellen Ausgleich an diese zurückgegeben.

8.8. Die Liquidationskommission übernimmt entsprechend der geltenden Gesetzgebung die materielle Haftung für von ihr im Zuge der Liquidation verursachte Verluste der Gesellschaft.

9. Unkosten

Die mit der Erstellung und Registrierung des vorliegenden Gesellschaftervertrages verbundenen Unkosten in Höhe von ... trägt die Gesellschaft.

10. Schlußbestimmungen

Geschehen zu ... am ... 199.

Der Vertrag liegt in ... Exemplaren in russischer und ... Sprache vor. Beide Texte sind juristisch gleichwertig.

Vollständige Angaben der Gesellschafter

Adresse
Bankrequisiten

Unterschrift
Stempel

Anmerkung: In der Russischen Föderation ist für die Registrierung einer Gesellschaft mit beschränkter Haftung (sowie für die Unternehmen mit ausländischer Kapitalbeteiligung) die Erstellung einer Satzung und eines Gesellschaftsvertrages erforderlich. Beide Dokumente enthalten im wesentlichen dieselben Punkte und unterscheiden sich lediglich in der Ausführlichkeit der Darstellung. Um eine Doublierung beider Dokumente zu vermeiden, haben sich die Autoren entschlossen, im vorliegenden Buch das Muster für einen Gesellschaftsvertrag in vollständiger Fassung aufzuführen.

8.6.   Ликвидация Т.О.О. производится им назначенной ликвидационной комиссией, а в случаях прекращения деятельности Т.О.О. по решению арбитражного суда или суда – ликвидационной комиссией, назначаемой этими органами.

С момента назначения ликвидационной комиссии к ней переходят полномочия по управлению делами Т.О.О. Ликвидационная комиссия оценивает имущество Т.О.О., выявляет его дебиторов и кредиторов и рассчитывается с ними, принимает меры к оплате долгов Т.О.О. третьим лицам, а также его Участникам, составляет ликвидационный баланс и представляет его Собранию участников Т.О.О.

8.7.   Имеющиеся у Т.О.О. денежные средства, включая выручку от распродажи его имущества при ликвидации, после расчётов с бюджетом, по оплате труда персонала Т.О.О., кредиторами, распределяются ликвидационной комиссией между Участниками пропорционально доле в Уставном фонде. Имущество, переданное его участниками в пользование, возвращается в натуральной форме без вознаграждения.

8.8.   Ликвидационная комиссия несёт, в установленном порядке, имущественную ответственность за ущерб, который она причинила Т.О.О. при ликвидации.

9.   Расходы

Расходы по оформлению этого Договора и его регистрации, составляющие ..., Т.О.О. принимает на себя.

10.   Заключительные положения

Договор подписан в г. ...   ... 199. г.

Настоящий Договор составлен в ... экземплярах на русском и ... языках, причём оба текста имеют одинаковую силу.

Полные сведения о сторонах:

их адреса
банковские реквизиты

Подпись
Печать

Примечание: Для регистрации в Российской Федерации Товарищества с ограниченной ответственностью (как предприятия с иностранными инвестициями) необходимо составление Устава и Учредительного договора. Оба эти документа содержат ряд аналогичных положений и отличаются только подробностью их изложения. Для того чтобы не дублировать оба документа, мы приводим образец Учредительного Договора в полном изложении.

3. Alphabetische Wörterverzeichnisse

Die vorliegenden alphabetischen Wörterverzeichnisse sind als Ergänzung zu den Teilen 1 und 2 des Arbeitsbuches „Vertragsentwürfe" angelegt. Sie enthalten je ca. 500 Stichwörter. Als Stichwörter wurden Substantive, Adjektive, Verben, substantivierte Adjektive sowie vereinzelt nominale und verbale Wortfügungen, Präpositionen und präpositionale Fügungen aufgenommen. Bei Verben werden beide Aspekte angegeben, zuerst der perfektive und dann der imperfektive Aspekt.

In den Wortgruppen ersetzt die Tilde das jeweilige Stichwort. In runden Klammern werden mögliche kontextuelle Erweiterungen angegeben, sofern diese Erweiterungen stark usualisiert sind und den Charakter fester Wendungen annehmen. In eckigen Klammern werden Äquivalente (Synonyme) angegeben,

z. B. **гото́вность** Bereitschaft
  – ~ **к отгру́зке [отпра́вке] (това́ра)** Versandbereitschaft (einer Ware)

Die substantivischen Stichwörter und ihre Entsprechungen werden nach folgenden lexikographischen Prinzipien erfaßt:
1. Adjektiv + Kernwort;
2. Kernwort + abhängiges Substantiv;
3. Substantiv + abhängiges Kernwort;
4. Präposition + abhängiges Kernwort;
5. Verb + abhängiges Kernwort;

z. B.: **гара́нтия** Garantie
  – **ба́нковская ~** Bankgarantie [Bürgschaft]
  – **~ ка́чества** Qualitätsgarantie
  – **су́мма -и** Höhe der Garantie
  – **воспо́льзоваться/по́льзоваться -ей** die Garantie in Anspruch nehmen

  Frist срок
  – **festgesetzte ~** ука́занный срок
  – **Ablauf der ~** истече́ние сро́ка
  – **eine ~ abstimmen** согласова́ть/согласо́вывать срок

Im deutschen Teil werden bei der alphabetischen Ordnung der Wortgruppen die Artikel nicht berücksichtigt.

Auf grammatische Angaben zu den Stichwörtern wird weitgehend verzichtet. Eine Ausnahme bildet die Rektion der Verben, die in runden Klammern durch das jeweilige Interrogativpronomen veranschaulicht wird,

z. B.: **вы́слать/высыла́ть (что?)** versenden [verschicken, avisieren]

Häufig werden bei verbalen Stichwörtern auch Partizipialformen aufgeführt,

z. B.: **допусти́ть/допуска́ть (что?)** zulassen
  – **(быть) допу́щен(а)** zugelassen (werden)

Bei einigen Substantiven wird die Endung des Nominativs Plural angegeben. Es handelt sich dabei um solche Benennungen, die überwiegend im Plural gebraucht werden, z. B.:

докумéнт(ы) Dokumente [Papiere, Unterlagen]

Bei Stichwörtern mit mehreren, in ihrer Bedeutung stark voneinander abweichenden Äquivalenten (Polyseme) werden die verschiedenen Einzelbedeutungen mit vorangestellten Ziffern versehen, z. B.:

взыскáть/взы́скивать *(что?)* 1. einziehen [pfänden], 2. erheben

Gleichlautende Wörter mit grundlegend verschiedener Bedeutung (Homonyme) werden als verschiedene Stichwörter behandelt und mit hochgestellten Ziffern versehen, z. B.:

счёт[1] Rechnung

счёт[2] Konto

A

ава́нс Vorauszahlung [Vorschuß, Avance]
– **проце́нты по -у** Zinsen auf einen Vorschuß
– **расхо́ды по -у** Vorschußkosten
авианакладна́я Luftfrachtbrief
а́дрес Adresse
– **(по́лный) юриди́ческий ~** (vollständige) juristische Adresse [Sitz]
– **не по -у** falsch adressiert
– **указа́ть/ука́зывать ~** eine Adresse angeben
аккредити́в Akkreditiv
– **безотзы́вный ~** unwiderrufliches Akkreditiv
– **дели́мый ~** teilbares Akkreditiv
– **подтверждённый ~** bestätigtes Akkreditiv
– **платёж -а** Bezahlung des Akkreditivs
– **откры́ть/открыва́ть ~** ein Akkreditiv eröffnen
– **пролонги́ровать ~** ein Akkreditiv prolongieren
акт Protokoll
– **комме́рческий ~** 1. Schadensprotokoll [Reklamationsprotokoll], 2. Tatbestandsaufnahme, 3. Mängelrüge
– **прие́мно-сда́точный ~** Übergabe-Übernahme-Protokoll
– **прие́мочный ~** Übernahmeprotokoll
– **рекламацио́нный ~** 1. Schadensprotokoll [Reklamationsprotokoll], 2. Tatbestandsaufnahme, 3. Mängelrüge
– **~ испыта́ний** Testprotokoll
– **~ сда́чи** Abnahmeprotokoll
– **~ сда́чи-прие́мки (това́ра)** Übergabe-Übernahme-Protokoll
– **подписа́ть/подпи́сывать ~** ein Protokoll unterzeichnen
– **соста́вить/составля́ть ~** ein Protokoll schreiben [aufsetzen]
арбитра́ж Schiedsgericht [Arbitrage]
– **ме́сто -а** Ort des Schiedsgerichts
– **подлежа́ть разреше́нию в -е** der Entscheidung durch ein Schiedsgericht unterliegen
арбитра́жный, -ая, -ое, -ые Schieds(gerichts)- [Arbitrage-]
– **~ иск** Schiedsgerichtsklage
– **~ произво́дство** Schiedsverfahren
– **~ суд** Schiedsgericht [Vertragsgericht]
обраща́ться к компете́нции -ого суда́ ein Schiedsgericht anrufen
аре́нда Miete
– **догово́р -ы [на -у, об -е]** Mietvertrag [Pachtvertrag]
– **предоста́вить/предоставля́ть в -у** vermieten
– **сдать/сдава́ть в -у** vermieten

аренда́тор Mieter [Pächter, Leasingnehmer]
аре́ндная пла́та Miete [Mietpreis]
аре́ндный догово́р Mietvertrag [Pachtvertrag]
арендова́ть mieten
арендода́тель Vermieter [Leasinggeber]
ауди́торская фи́рма Buchprüfungsfirma

Б

ба́зис поста́вки Lieferbasis
банк Bank
ба́нковский, -ая, -ое, -ие Bank-
– **~ ве́ксель** Bankwechsel
– **~ гара́нтия** Bankgarantie
– **~ день** Banktag
в течение ... -их дней innerhalb von ... Banktagen
– **~ дове́ренность** Bankvollmacht
– **~ коми́ссия** Bankprovision [Bankgebühr]
– **~ (платёжное) поруче́ние** Bankanweisung
– **~ реквизи́ты** Bankrequisiten [Bankadresse, Bankverbindung]
– **~ ссу́да** Bankanleihe
ба́ртерная сде́лка Bartergeschäft
ба́ртерный догово́р Bartervertrag
безакце́птный поря́док akzeptfreies Verfahren
– **в -ом -дке** im akzeptfreien Verfahren
бухга́лтерская отчётность Rechnungslegung
быстроизна́шивающиеся дета́ли Verschleißteile [schnellverschleißende Teile]

В

валю́та Währung
– **в указа́нной -е** in der angegebenen Währung
ве́ксель Wechsel *(fin.)*
– **ба́нковский** Bankwechsel
вес бру́тто Bruttogewicht
вес не́тто Nettogewicht
взнос Einlage
– **~ учреди́телей** Stammeinlage der Gesellschafter
– **оплати́ть/опла́чивать ~** eine Einlage einzahlen [einbringen]
– **приня́ть/принима́ть ~** eine Einlage annehmen
взыска́ние Einzug [Pfändung]
– **обрати́ть/обраща́ть ~ на иму́щество** eine Pfändung des Eigentums veranlassen
взыска́ть/взы́скивать *(что?)* 1. einziehen [pfänden], 2. erheben
– **~ иму́щество** Eigentum einziehen [pfänden]
– **~ штраф** eine Strafe erheben

вина́ Schuld
- ~ в наруше́нии догово́ра Schuld am Vertragsbruch
- ~ в просро́чке платежа́ Schuld am Zahlungsverzug
- ~ в просро́чке поста́вки това́ра Schuld am Lieferverzug
- по -é продавца́ durch Schuld des Verkäufers
- доказа́ть/дока́зывать отсу́тствие свое́й -ы das Fehlen eigener Schuld nachweisen

вклад Beitrag [Einlage]
- дополни́тельный ~ zusätzliche Einlage
- ~ в уста́вный [уставно́й] капита́л Beitrag zum Stammkapital [Stammeinlage]
- до́ля -а Anteil am Stammkapital
- разме́р -а Höhe der Einlage
- внести́/вноси́ть ~ eine Einlage einbringen

владе́лец Eigentümer [Inhaber]
- ~ гру́за Frachteigentümer
- ~ фи́рмы Firmeninhaber

внести́/вноси́ть (что?) 1. beibringen, 2. vornehmen, 3. einbringen
- ~ ба́нковскую гара́нтию eine Bankgarantie beibringen
- ~ вклад eine Einlage einbringen
- ~ заме́ну това́ра den Austausch einer Ware vornehmen
- ~ необходи́мые исправле́ния notwendige Nachbesserungen vornehmen
- ~ предложе́ние einen Vorschlag einbringen [unterbreiten]

возвра́т Rückgabe [Rückzahlung, Tilgung]
- ~ изде́лий Rückgabe einer Ware
- ~ креди́та Rückzahlung eines Kredits
- ~ това́ра Rückgabe einer Ware
- просро́чка -а (креди́та) Tilgungsverzug (Kredit)

возврати́ть/возвраща́ть (что?) zurückgeben [zurückzahlen]
- ~ креди́т einen Kredit zurückzahlen
- ~ това́р eine Ware zurückgeben

возмести́ть/возмеща́ть (кому? что?) 1. ersetzen, 2. (zurück)erstatten
- ~ сто́имость eine Summe (zurück)erstatten
- ~ теку́щие расхо́ды laufende Kosten erstatten
- ~ убы́ток [уще́рб] den Schaden ersetzen

возмеще́ние 1. Ersatz, 2. (Rück-)Erstattung
- ~ убы́тков [уще́рба] Schadensersatz
- ~ упу́щенной вы́годы [при́были] Ersatz für entgangenen Gewinn
- обяза́ться/обя́зываться к -ю sich zum Ersatz verpflichten
- тре́бовать -я Ersatz fordern

вознагражде́ние Provision
- комиссио́нное ~ Provisionsvergütung
- ~ по заключе́нию догово́ра Provision für einen Vertragsabschluß

(быть) впра́ве 1. berechtigt (sein), 2. recht haben, 3. im Recht (sein)

всле́дствие infolge
- ~ небре́жного хране́ния infolge unsachgemäßer Lagerung
- ~ небре́жной маркиро́вки infolge unsachgemäßer Markierung
- ~ небре́жного транспортиро́вки infolge unsachgemäßen Transports
- ~ ненадлежа́щей упако́вки infolge ungeeigneter Verpackung
- ~ непра́вильного обслу́живания infolge unsachgemäßer Wartung
- ~ примене́ния изде́лия не по назначе́нию infolge zweckentfremdeter Nutzung
- ~ чрезме́рной нагру́зки infolge übermäßiger Belastung

вступи́ть/вступа́ть в си́лу in Kraft treten
- Догово́р [контра́кт] всту́пит в си́лу с моме́нта (его подписа́ния). Der Vertrag tritt mit (Unterschrift) in Kraft.

вступле́ние в си́лу Inkrafttreten

вы́куп Rauskauf [Asset deal, Auslösung]

вынесе́ние реше́ния Urteilsfällung

вы́нести/выноси́ть (оконча́тельное) реше́ние eine (endgültige) Entscheidung fällen

вы́платить/выпла́чивать (что?) (aus)zahlen
- ~ комиссио́нные Provision (aus)zahlen
- ~ проце́нты Zinsen (aus)zahlen
- (быть) вы́плачен(а) ausgezahlt (werden)

выполне́ние Erfüllung
- досро́чное ~ vorfristige Erfüllung
- ~ догово́ра [контра́кта] Vertragserfüllung
- ~ зака́за Auftragserfüllung

вы́полнить/выполня́ть (что?) erfüllen [einhalten]
- ~ договорённость eine Vereinbarung einhalten
- ~ свои обяза́тельства seine Verpflichtungen erfüllen [einhalten]
- (быть) вы́полнен(а) erfüllt [eingehalten] (werden)

вы́слать/высыла́ть (что?) versenden [verschicken, avisieren]
- ~ извеще́ние о гото́вности к отпра́вке [отгру́зке] (това́ра) Versandbereitschaft (einer Ware) avisieren
- ~ техни́ческую документа́цию eine technische Dokumentation verschicken

вы́ставить/выставля́ть (что?) ausstellen
- ~ счёт-факту́ру eine Faktura-Rechnung ausstellen
- (быть) вы́ставлен(а) ausgestellt (werden)

вы́чет Abzug
– **за -ом ...** nach Abzug von ...
  за -ом комиссио́нных nach Abzug der Provision

Г

гаранти́йный, -ая, -ое, -ые Garantie-
– ~ **испыта́ние** Garantietest
– ~ **обяза́тельства** Garantieverpflichtungen
– ~ **письмо́** Garantiebrief
– ~ **показа́тели** Garantiekennzahlen [Garantieparameter]
– ~ **срок (составля́ет)** die Garantiefrist (beträgt)
  в тече́ние -ого сро́ка innerhalb der Garantiefrist
гара́нтия Garantie
– **ба́нковская ~** Bankgarantie [Bürgschaft]
  внести́/вноси́ть ба́нковскую -ю eine Bankgarantie beibringen
– ~ **исполне́ния обяза́тельств** Vertragsgarantie
– ~ **ка́чества** Qualitätsgarantie
– **су́мма -и** Höhe der Garantie
– **продле́ние -и** Verlängerung der Garantie
– ~ **(не) де́йствует** die Garantie gilt (nicht)
– ~ **(не) отно́сится к** *(чему?)* die Garantie bezieht sich (nicht) auf ...
– ~ **(не) распространя́ется на** *(что?)* die Garantie erstreckt sich (nicht) auf ...
– **воспо́льзоваться/по́льзоваться -ей** die Garantie in Anspruch nehmen
– **предоста́вить/предоставля́ть -ю** die Garantie gewähren
год Jahr
– **за исте́кший ~** für das Vorjahr
го́лос Stimme
голосова́ние Abstimmung
госстанда́рт staatlich festgelegter Standard
(быть) гото́в(а) bereit (sein)
– **Това́р гото́в к отпра́вке.** Die Ware ist versandbereit.
гото́вность Bereitschaft
– ~ **к испыта́ниям** Bereitschaft zur Erprobung
– ~ **к отгру́зке [отпра́вке] (това́ра)** Versandbereitschaft (einer Ware)
– **извеще́ние о -и** Mitteilung über die Bereitschaft
– **сообщи́ть/сообща́ть о -и** Bereitschaft signalisieren
гра́фик (поста́вок) (Liefer-)Grafik
– **несоблюде́ние -а** Nichteinhaltung der Grafik
– **про́тив -а** entgegen dem (Termin-)Plan
– **согла́сно -у** laut (Termin-)Plan
– **оговори́ть/огова́ривать ~** die Grafik vereinbaren

– **утверди́ть/утвержда́ть ~** eine Grafik bestätigen
груз Fracht [Ware]
– **владе́лец -а** Frachteigentümer
– **засы́лка -а** Fehlversand der Ware
– **маркиро́вка -а** Markierung der Fracht
– **наименова́ние -а** Frachtbezeichnung
– **опла́та -а** Bezahlung der Fracht
– **отгру́зка [отпра́вка] -а** Versand der Ware
– **перево́зка -а** Transport der Ware
– **перегру́зка -а** Umladen der Ware
– **сохра́нность -а** Unversehrtheit der Ware
– **транспортиро́вка -а** Transport der Ware
– **хране́ние -а** Lagerung der Ware
– **ненадлежа́щее обраще́ние с -ом** unsachgemäßer Umgang mit der Ware
– **застрахова́ть/застрахо́вывать ~** die Ware versichern (lassen)
– **предохрани́ть/предохраня́ть ~ от поврежде́ний** die Ware vor Beschädigung bewahren [schützen]
– **предохрани́ть/предохраня́ть ~ от корро́зии** die Ware vor Korrosion bewahren [schützen]
– **содержа́ть/держа́ть ~ в надлежа́щем ви́де** die Ware in ordnungsgemäßem Zustand lagern
грузовладе́лец Frachteigentümer
грузоотправи́тель Frachtabsender
грузополуча́тель Adressat [Frachtempfänger]
– **наименова́ние -я** Bezeichnung des Frachtempfängers

Д

да́та Datum
– ~ **вы́дачи ж/д накладно́й** Datum der Ausstellung desEisenbahnfrachtbriefes
– ~ **госуда́рственной регистра́ции (в торго́вый рее́стр)** Datum der Eintragung (ins Handelsregister)
– ~ **извеще́ния по́рта о прибы́тии гру́за** Datum der Mitteilung an den Hafen über die Ankunft der Fracht
– ~ **коносаме́нта** Datum des Konnossements
– ~ **оконча́ния де́йствия догово́ра** Datum der Vertragsbeendigung
– ~ **отгру́зки (това́ра)** Versanddatum
– ~ **перево́зки гру́за че́рез грани́цу** Datum des Grenzübertritts der Fracht
– ~ **получе́ния извеще́ния** Zustellungsdatum
– ~ **поста́вки** Lieferdatum
  Да́той поста́вки счита́ется ... Als Lieferdatum gilt ...
– ~ **почто́вой квита́нции** Datum des Zustellungsbelegs

– ~ приёмно-сда́точного а́кта Datum des Übergabe-Übernahme-Protokolls
– ~ пу́ска (обору́дования) в эксплуата́цию Datum der Inbetriebnahme (einer Anlage)
– с -ы ... ab ...-datum [ab Datum der/des ...]
– указа́ть/ука́зывать -у ein Datum angeben
дебито́р Kreditnehmer [Darlehensnehmer, Schuldner, Debitor]
де́йствие Gültigkeit [Geltung]
– ~ догово́ра [контра́кта] Gültigkeit des Vertrages
– поря́док -я (догово́ра) Geltungsbedingungen des Vertrages [Vertragsmodalitäten]
– срок -я (догово́ра) Gültigkeitsfrist [Geltungsdauer]
действи́тельный, -ая, -ое, -ые gültig
– призна́ть/признава́ть (не) -ым für (un)-gültig erklären
(быть) действи́телен (-льна) gültig (sein)
– Настоя́щий контра́кт действи́телен при усло́вии ... Der vorliegende Vertrag gilt unter der Voraussetzung, ...
де́йствовать gelten
– Гара́нтия де́йствует в тече́ние ... ме́сяцев. Die Garantie gilt innerhalb von ... Monaten.
– Догово́р де́йствует до ... Der Vertrag gilt bis ...
– ..., де́йствующий на основа́нии ... auf der Grundlage von ... handelnd
де́йствующий, -ая, -ее, -ие geltend
– ~ законода́тельство geltende Gesetzgebung
деклара́ция Deklaration [Erklärung]
– тамо́женная ~ Zollerklärung
– ~ о хара́ктере гру́за Frachterklärung
делькре́дере (indekl.) Delkredere
– риск ~ Delkredererisiko
день Tag
– ба́нковский ~ Banktag
– ~ просро́чки Verzugstag
– ~ возникнове́ния форс-мажо́рных обстоя́тельств Tag des Eintretens von Umständen höherer Gewalt
– ~ получе́ния извеще́ния Tag der Zustellung
– ~ пу́ска обору́дования в эксплуата́цию Tag der Inbetriebnahme der Anlage
– за ~ (просро́чки) pro (Verzugs-)Tag
– со дня ... vom Tag ... an
дефе́кт Defekt [Mangel]
– обнару́жить/обнару́живать ~ einen Mangel entdecken
– устрани́ть/устраня́ть ~ einen Mangel beseitigen
дефе́ктный, -ая, -ое, -ые defekt [mangelhaft]
– ~ обору́дование defekte Anlage
– ~ това́р defekte Ware

– оказа́ться/ока́зываться -ым sich als defekt erweisen
дире́ктор Geschäftsführer
– собра́ние -о́в Vorstandssitzung
– сове́т -о́в Vorstand
дли́тельный, -ая, -ое, -ые langfristig [langzeitig]
– ~ срок lange Frist [langfristig]
догово́р на ~ срок langfristiger Vertrag
– ~ хране́ние (гру́за) langfristige Lagerung
дове́ренное лицо́ bevollmächtigte Person
дове́ренность Vollmacht
– ба́нковская ~ Bankvollmacht
дове́ренный, -ая Bevollmächtigte(r)
довери́тель Vollmachtgeber
догова́ривающиеся сто́роны vertragschließende Seiten
догово́р Vertrag
– аре́ндный ~ Mietvertrag [Pachtvertrag]
– ба́ртерный ~ Bartervertrag
– ипоте́чный ~ Hypothekenvertrag [Darlehenssicherungsvertrag]
– консигнацио́нный ~ Konsignationsvertrag
– креди́тный ~ Kreditvertrag
– лицензио́нный ~ Lizenzvertrag
– настоя́щий ~ vorliegender Vertrag
– се́рвисный ~ Servicevertrag
– трудово́й ~ Arbeitsvertrag
– учреди́тельный ~ Gesellschaftsvertrag
– ~ аре́нды [на аре́нду, об аре́нде] Mietvertrag [Pachtvertrag]
– ~ даре́ния Schenkungsvertrag
– ~ ку́пли-прода́жи [на ку́плю-прода́жу, о ку́пле-прода́же] Kaufvertrag
– ~ на́йма [о на́йме] Mietvertrag [Pachtvertrag]
– ~ перево́зки [на перево́зку, о перево́зке] Transportvertrag
– ~ подря́да [на подря́д] Werkvertrag
– ~ поста́вки [на поста́вку, о поста́вке] Liefervertrag
– ~ страхова́ния [о страхова́нии] Versicherungsvertrag
– ~ техни́ческого обслу́живания [на техни́ческое обслу́живание, о техни́ческом обслу́живании] Wartungsvertrag
– ~ на вре́менное по́льзование Nutzungsvertrag
– ~ на комме́рческое представи́тельство [о комме́рческом представи́тельстве] Vertretungsvertrag
– ~ на обслу́живание Servicevertrag
– ~ на оказа́ние услу́г Dienstleistungsvertrag
– ~ на предоставле́ние тури́стских услу́г Reisevertrag
– ~ на рекла́му [о рекла́ме] Werbevertrag
– ~ на уча́стие [об уча́стии] в ... Vertrag über die Beteiligung an ...

– ~ на э́кспорт/и́мпорт (това́ра) Export-/ Importvertrag

– ~ о вы́даче долгосро́чной ссу́ды на индивидуа́льное строи́тельство Bausparvertrag

– ~ о депози́тном вкла́де Anlagevertrag [Sparvertrag]

– ~ о зало́ге иму́щества Kreditsicherungs- vertrag [Hypothekenvertrag]

– ~ о ли́зинге Leasingvertrag

– ~ о марке́тинге Marketing-Vertrag

– ~ об откры́тии консигнацио́нного скла́да Vertrag über die Eröffnung eines Konsignationslagers

– ~ о партнёрском сотру́дничестве Vertrag über partnerschaftliche Zusammen- arbeit

– ~ о повыше́нии квалифика́ции Aus- bildungsvertrag

– ~ о произво́дстве изде́лий из мате- риа́ла зака́зчика Vertrag über die Produk- tion von Erzeugnissen auf Auftragsbasis

– ~ о профессиона́льном обуче́нии Aus- bildungsvertrag

– ~ о се́рвисном обслу́живании Wartungs- und Servicevertrag

– ~ о совме́стной де́ятельности (в о́бласти ...) Vertrag über gemeinsame Tätigkeit (auf dem Gebiet ...)

– ~ о фа́кторинге Factoring-Vertrag

– ~ о франши́зе Franchise-Vertrag [Lizenz- vertrag]

– де́йствие -а Gültigkeit des Vertrages

– дополне́ние к -у [по -у] Ergänzung zum Vertrag

– измене́ние к -у [по -у] Änderung des Vertrages [zum Vertrag]

– истече́ние -а Ablauf des Vertrages

– назва́ние -а Bezeichnung des Vertrages

– но́мер -а Nummer des Vertrages

– о́бщая су́мма -а Gesamtwert [Gesamt- summe] des Vertrages

– огово́рка в -е Vertragsvereinbarung [Vertragsabrede]

– пара́граф в -е Vertragsparagraph

– подписа́ние -а Vertragsunterzeichnung

– положе́ние -а Vertragsbestimmung

– предме́т -а Vertragsgegenstand

– прекраще́ние -а Vertragsbeendigung

– приложе́ние к -у Anlage zum Vertrag

– прое́кт -а Vertragsentwurf

– пункт -а Vertragspunkt [Klausel]

– регистра́ция -а Registrierung [Eintragung] eines Vertrages

– срок де́йствия -а Geltungsdauer [Gültig- keitsdauer]

– сто́имость -а Wert des Vertrages

– сторона́ в -е Vertragsseite

– су́мма -а Vertragssumme

– усло́вия -а Vertragsbedingungen

– усту́пка -а (в це́лом) Abtretung des Ver- trages (im ganzen)

– цена́ -а Vertragspreis

– часть -а Vertragsbestandteil

– ~ всту́пит в си́лу der Vertrag tritt in Kraft

– ~ де́йствует der Vertrag gilt

– вы́полнить/выполня́ть ~ einen Vertrag erfüllen

– заключи́ть/заключа́ть ~ einen Vertrag (ab)schließen

– обжа́ловать ~ einen Vertrag einklagen [anfechten]

– отказа́ться/отка́зываться от -а vom Vertrag zurücktreten

– отступи́ться/отступа́ться от -а vom Vertrag zurücktreten

– подписа́ть/подпи́сывать ~ einen Ver- trag unterzeichnen

– прекрати́ть/прекраща́ть ~ einen Vertrag beenden

– продли́ть/продлева́ть ~ einen Vertrag verlängern

– расто́ргнуть/расторга́ть ~ einen Vertrag kündigen

– реализова́ть/реализо́вывать ~ einen Vertrag realisieren

– соста́вить/составля́ть ~ einen Vertrag aufsetzen [ausfertigen]

договорённость Absprache [Vereinbarung, Übereinkunft]

– вы́полнить/выполня́ть ~ eine Verein- barung einhalten

– дости́чь/достига́ть -и eine Übereinkunft erzielen

договори́ться/догова́риваться (о чём?) vertraglich vereinbaren

– ~ о нижесле́дующем folgende vertrag- liche Vereinbarung treffen

догово́рный, -ая, -ое, -ые vertraglich [Vertrags-]

– ~ обяза́тельства vertragliche Verpflich- tungen

– ~ срок Vertragsfrist [Vertragsdauer]

– ~ цена́ Vertragspreis

– на -ых нача́лах auf vertraglicher Grundlage

доказа́тельство Beweis

доказа́ть/дока́зывать (что?) beweisen

– ~ отсу́тствие свое́й вины́ seine Unschuld beweisen

докуме́нт(ы) Dokumente [Papiere, Unter- lagen]

– отгру́зочные -ы Versandpapiere

– платёжные -ы Zahlungspapiere

– расчётные -ы Rechnungsunterlagen

– страховы́е -ы Versicherungsunterlagen

– това́рные -ы Warenpapiere

– товаросопроводи́тельные -ы Waren- begleitpapiere

– **тра́нспортные -ы** Transportdokumente
– **учреди́тельные -ы** Gründungsunterlagen
– **переда́ть/передава́ть -ы** Dokumente
weitergeben
– **предъяви́ть/предъявля́ть ~** ein Dokument [Papiere] vorlegen
документа́ция Dokumentation
– **недостове́рная ~** fehlerhafte Dokumentation
– **техни́ческая ~ [техдокумента́ция]**
technische Dokumentation
– **некомпле́ктность [неполнота́] -и**
Unvollständigkeit der Dokumentation
– **отсу́тствие -и** Fehlen der Dokumentation
– **вы́слать/высыла́ть -ю** eine Dokumentation verschicken
– **подтверди́ть/подтвержда́ть -ю** eine
Dokumentation bestätigen
– **предста́вить/представля́ть -ю (на ...
языке)** eine Dokumentation (in ... Sprache)
bereitstellen
долг(и́) Schuld(en)
– **оплати́ть/опла́чивать ~** eine Schuld
bezahlen
– **погаси́ть/погаша́ть свой ~** eine Schuld
tilgen
должни́к Schuldner
до́ля Anteil [Quote, Stammeinlage]
– **~ вкла́да (недели́ма)** Anteil am Stammkapital (ist unteilbar)
– **переда́ча -и** Abtretung eines Anteils
– **переда́ть/передава́ть -ю** einen Anteil
abtreten [abgeben]
– **приобрести́/приобрета́ть -ю** einen
Anteil erwerben
– **уступи́ть/уступа́ть -ю** einen Anteil abtreten
дополне́ние (-я) Ergänzung(en)
– **~ к приложе́нию** Ergänzung zur Anlage
– **~ к [по] догово́ру [контра́кту]** Ergänzung zum Vertrag
допоста́вить/допоставля́ть (что?) nachliefern
– **~ недостаю́щее коли́чество (това́ра)**
die Fehlmenge nachliefern
– **(быть) допоста́влен(а)** nachgeliefert
(werden)
допоста́вка Nachlieferung
допусти́ть/допуска́ть (что?) zulassen
– **~ наруше́ние усло́вий догово́ра** eine
Verletzung der Vertragsbedingungen zulassen
– **~ просро́чку** einen Verzug zulassen
– **(быть) допу́щен(а)** zugelassen (sein/
werden)
досро́чный, -ая, -ое, -ые vorfristig
– **~ поста́вка** vorfristige Lieferung
– **~ выполне́ние догово́ра** vorfristige Vertragserfüllung

– **~ прекраще́ние** vorfristige Beendigung
– **~ расторже́ние** vorfristige Kündigung
доста́вка Anlieferung
– **~ това́ра** Anlieferung der Ware
– **расхо́ды по -е това́ров** Lieferkosten
дублика́т Duplikat
– **~ ж/д накладно́й** Duplikat des Eisenbahnfrachtbriefes
– **~ коносаме́нта** Duplikat des Seefrachtbriefes [Konnossements]
– **~ счёта** Duplikat der Rechnung

Е

евростанда́рт Eurostandard
едини́ца измере́ния Maßeinheit
единовре́менный, -ая, -ое, -ые einmalig
– **~ вы́плата проце́нтов** einmalige Zinsauszahlung
единогла́сие Einstimmigkeit
– **при -и** bei Einstimmigkeit
ежего́дный, -ая, -ое, -ые jährlich
ежедне́вный, -ая, -ое, -ые täglich
ежеме́сячный, -ая, -ое, -ые monatlich
еженеде́льный, -ая, -ое, -ые wöchentlich

Ж

жа́лоба Beschwerde [Klage]
жиросчёт Girokonto

З

заво́д Werk
– **~-изготови́тель** Herstellerwerk
– **фра́нко-~** frei Werk [ex works]
зада́ток Anzahlung [Vorschuß]
задержа́ться/заде́рживаться sich verzögern
– **Откры́тие аккредити́ва заде́рживается на ... дней.** Die Eröffnung des
Akkreditivs verzögert sich um ... Tage.
– **Поста́вка обору́дования заде́рживается до ...** Die Lieferung der Anlage verzögert sich bis zum ...
заде́ржка Verzug [Rückstand]
– **~ платеже́й** Zahlungsverzug
– **~ погру́зки [поста́вки]** Lieferverzug
– **при -е** bei Verzug
– **с -ой** mit Verzug
задо́лженность (по креди́ту) Kreditschuld
заём Anleihe [Kredit]
заёмщик Kreditnehmer [Darlehensnehmer]
зака́з Auftrag [Bestellung]
– **выполне́ние -а** Auftragserfüllung
– **при -е** bei Auftrag [Bestellung]
заказа́ть/зака́зывать (что?) bestellen
– **~ дополни́тельную па́ртию това́ра**
eine zusätzliche Warenpartie bestellen

– ~ товáр eine Ware bestellen
– (быть) закáзан(а) bestellt (werden)
заказнóе письмó Einschreibbrief
закáзчик Auftraggeber [Besteller]
заключи́тельный, -ая, -ое, -ые Schluß-
– ~ перегово́ры Schlußverhandlungen
– ~ положéния Schlußbestimmungen
заключи́ть/заключáть (что?)
  (ab)schließen
– ~ догово́р [контрáкт] einen Vertrag
  (ab)schließen
– ~ протокóл (о намéрениях) eine
  Absichtserklärung (ab)schließen
– ~ (генерáльное) соглашéние eine
  (Grundsatz-)Vereinbarung (ab)schließen
– ~ страховóе соглашéние [страхóвку]
  eine Versicherung (ab)schließen
– (быть) заключён (заключенá)
  geschlossen (sein/werden)
  Догово́р заключён на рýсском и
  англи́йском языкáх. Der Vertrag wurde
  in russischer und englischer Sprache geschlossen.
закóн Gesetz
– примени́ть/применя́ть ~ ein Gesetz anwenden
законодáтельство Gesetzgebung
– дéйствующее ~ geltende Gesetzgebung
– (обще)граждáнское ~ Zivilgesetzgebung
– республикáнское ~ republikanische
  Gesetzgebung
– (не) противорéчащий -у der Gesetzgebung (nicht) widersprechend [zuwider-
  laufend]
– примени́ть/применя́ть ~ die Gesetzgebung anwenden
залóг Pfand [Hypothek]
– ~ имýщества Kreditsicherung [Hypothek]
– объéкт [предмéт] -а Pfandobjekt
– взять/брать в ~ in Pfand nehmen
– передáть/передавáть (имýщество) в
  ~ (Eigentum) in Pfand geben [verpfänden]
– предостáвить/предоставля́ть в ~ in
  Pfand geben [verpfänden]
– приня́ть/принимáть ~ ein Pfand annehmen
залогодáтель Hypothekenschuldner [Hypo-
  thekengeber]
залогодержáтель Hypothekengläubiger
  [Hypothekennehmer, Hypothekar]
залóженное имýщество verpfändetes
  Eigentum
заложи́ть имýщество Eigentum verpfänden [in Pfand geben]
замéна Austausch [Ersatz]
– ~ дефéктного оборýдования Austausch
  [Ersatz] einer defekten Anlage
– ~ забракóванного товáра Austausch
  [Ersatz] defekter Ware

– внести́/вноси́ть -у товáра einen Austausch der Ware vornehmen
– подтверди́ть/подтверждáть -у einen
  Austausch bestätigen
– трéбовать -ы einen Austausch fordern
замени́ть/заменя́ть (что? чем?) 1. aus-
  tauschen, 2. ersetzen
– ~ дефéктное оборýдование нóвым
  eine defekte Anlage durch eine neue ersetzen
запасны́е чáсти Ersatzteile
заплати́ть/плати́ть (кому? что?)
  (be)zahlen
– ~ единоврéменную сýмму eine einmalige Summe (be)zahlen [eine einmalige
  Zahlung vornehmen]
застраховáть/застрахóвывать (что? от
  чего?) versichern (lassen)
– ~ грýз eine Fracht [Ware] versichern
  (lassen)
– ~ оборýдование eine Anlage [Ausrüstung]
  versichern (lassen)
– ~ товáр от ... eine Ware gegen ... versichern (lassen)
– ~ от всех ри́сков gegen alle Risiken versichern (lassen)
– ~ от краж gegen Diebstahl versichern
  (lassen)
– ~ от поврежде́ний gegen Beschädigung
  versichern (lassen)
– ~ от пожáра gegen Brand versichern
  (lassen)
– ~ от протéчки водопровóдных труб
  gegen Wasserschäden versichern (lassen)
– ~ от утрáты gegen Verlust versichern
  (lassen)
– (быть) застрахóван(а) versichert
  (werden/sein)
засы́лка Fehlversand
– ~ грýза Fehlversand der Fracht

И

избежáть/избегáть (чего?) vermeiden
– ~ поврежде́ния товáра eine Beschädigung der Ware vermeiden
– ~ утрáты товáра den Verlust der Ware
  vermeiden
избы́ток Überschuß
извести́ть/извещáть (кого? о чём?) in
  Kenntnis setzen
– ~ незамедли́тельно unverzüglich in
  Kenntnis setzen
– ~ о при́нятом решéнии über die
  getroffene Entscheidung in Kenntnis setzen
– ~ по телегрáфу per Telex in Kenntnis
  setzen
– ~ по фáксу per Fax in Kenntnis setzen
извещéние Mitteilung

– заблаговре́менное ~ rechtzeitige Mitteilung
– несвоевре́менное ~ verspätete Mitteilung
– пи́сьменное ~ schriftliche Mitteilung
– ~ об отгру́зке [отпра́вке] това́ра Mitteilung über den Versand der Ware
– ~ о гото́вности к испыта́ниям (обору́дования) Mitteilung über die Bereitschaft zur Erprobung (einer Anlage)
– ~ о гото́вности (това́ра) к отпра́вке [отгру́зке] Mitteilung über die Versandbereitschaft (einer Ware)
– ~ о расторже́нии догово́ра Mitteilung über die Kündigung eines Vertrages
– да́та -я Datum der Mitteilung
– получе́ние [поступле́ние] -я Erhalt [Zustellung] einer Mitteilung
– вы́слать/высыла́ть ~ eine Mitteilung schicken
– отпра́вить/отправля́ть ~ eine Mitteilung abschicken
– получи́ть/получа́ть ~ eine Mitteilung erhalten
изготови́тель Hersteller [Produzent]
изде́лие Erzeugnis
– возвра́т -й Rückgabe einer Ware
– моде́ль -я Erzeugnismodell
– тип -я Erzeugnistyp
измене́ние (-я) Änderung(en)
– ~ по догово́ру [контра́кту] Änderung des Vertrages [zum Vertrag]
– ~ сро́ка Fristenänderung [Terminänderung]
– ~ сто́имости Preisänderung
– соверши́ть/соверша́ть ~ Änderungen vornehmen
иму́щество Eigentum
– зало́женное ~ verpfändetes Eigentum
– обосо́бленное ~ gesondertes Eigentum
– взыска́ть/взы́скивать ~ Eigentum einziehen [pfänden]
– заложи́ть ~ Eigentum verpfänden [in Pfand geben]
– ~ принадлежи́т ... das Eigentum gehört...
инспекти́рование Inspektion [Prüfung, Test]
– ~ материа́лов Prüfung von Materialien
– ~ обору́дования Prüfung der Anlage
инстру́кция Anleitung [Vorschrift]
– отгру́зочные -и Versandinstruktionen
– техни́ческие -и technische Instruktionen
– ~ по испыта́нию (обору́дования) Versuchsanleitung
– ~ по монтажу́ (обору́дования) Montageanleitung
– ~ по техни́ческому обслу́живанию Wartungsvorschrift
– ~ по эксплуата́ции (обору́дования) Bedienungsanleitung
информа́ция Information

– делова́я ~ geschäftliche Information
– довери́тельная ~ vertrauliche Information
– конфиденциа́льная ~ vertrauliche Information
– (не)общедосту́пная ~ (nicht) allgemein zugängliche Information
– (не)общеизве́стная ~ (nicht) allgemein bekannte Information
– уте́чка -и Durchsickern von Informationen
– переда́ть/передава́ть -ю eine Information weitergeben
информи́ровать (кого? о чём?) informieren [in Kenntnis setzen]
иск (gerichtliche) Klage
– гражда́нский ~ Zivilklage
исполне́ние Erfüllung [Einhaltung]
– нека́чественное ~ рабо́т mangelhafte Erledigung eines Auftrages
– по́лное ~ при́нятых на себя́ обяза́тельств vollständige Einhaltung der eingegangenen Verpflichtungen
– части́чное ~ teilweise Einhaltung [Erfüllung]
– ~ догово́рных обяза́тельств [обяза́тельств по контра́кту] Einhaltung von Vertragsverpflichtungen
исполни́тель Auftragnehmer
испо́лнить/исполня́ть (что?) erfüllen [einhalten]
– ~ догово́рные обяза́тельства [обяза́тельства по догово́ру] die Vertragsverpflichtungen erfüllen
– ~ при́нятые на себя́ обяза́тельства die eingegangenen Verpflichtungen erfüllen [einhalten]
– (быть) испо́лнен(а) erfüllt [eingehalten] (werden/sein)
исправле́ние Nachbesserung [Mängelbeseitigung]
– ~ недоста́тков обору́дования Beseitigung von Mängeln [Nachbesserung] an der Anlage
– внести́/вноси́ть -я Nachbesserungen vornehmen
испыта́ние Test [Erprobung, Versuch]
– гаранти́йное ~ Garantietest
– ~ обору́дования Test [Erprobung] einer Anlage
– акт [протоко́л] -й Testprotokoll
– срок -я (обору́дования) Probefrist [Erprobungsfrist] (einer Anlage, Ausrüstung)
– провести́/проводи́ть ~ eine Erprobung [einen Test] durchführen
исте́ц Kläger
истече́ние Ablauf
– ~ догово́ра [контра́кта] Ablauf eines Vertrages
– ~ (ука́занного) сро́ка Fristablauf [Ablauf der (angegebenen) Frist]

– по -ю [-и] (ука́занного сро́ка) nach Ablauf (der angegebenen Frist)
– при -и bei Ablauf
исчи́слить/исчисля́ть *(что?)* bemessen [festlegen]
– ~ срок eine Frist errechnen

К

ка́чество Qualität
– ~ материа́лов Qualität von Materialien
– ~ това́ра Qualität der Ware
– гара́нтия -а Qualitätsgarantie
– прете́нзии по -у Qualitätsreklamation
– сертифика́т -а [о -е] Qualitätsgutachten [Qualitätszertifikat, -zeugnis]
– подтверди́ть/подтвержда́ть ~ сертифика́том Qualität durch ein Qualitätsgutachten bestätigen
клие́нт Kunde [Klient]
коли́чество Menge [Quantität]
– недостаю́щее ~ (това́ра) Fehlmenge (der Warenlieferung)
– ~ (поставля́емого) това́ра Menge der (zu liefernden) Ware
– ~ упако́ванных предме́тов Kollianzahl
– прете́нзии по -у Mengenreklamation
комиссио́нный, -ая, -ое, -ые Provisions- [Kommissions-]
– ~ вознагражде́ние Provisionsvergütung
– ~ сбо́ры Provisionsgebühr [Kommissionsgebühr]
комиссио́нные *(Subst. Pl.)* Provision
– консигнацио́нные ~ Konsignationsgebühr
– разме́р -ых Höhe der Provision
– за вы́четом -ых nach Abzug der Provision
– упла́та -ых Zahlung einer Provision
– вы́платить/выпла́чивать ~ Provision (aus)zahlen
– начи́слить/начисля́ть ~ Provision anrechnen
– перевести́/переводи́ть ~ (на счёт) Provision (auf ein Konto) überweisen
– перечи́слить/перечисля́ть ~ Provision überweisen
– рассчита́ть/рассчи́тывать ~ Provision berechnen
– установи́ть/устана́вливать ~ Provision festlegen [vereinbaren]
коми́ссия 1. Provision, 2. Kommission
– ба́нковская ~ Bankprovision [Bankgebühr]
– ликвидацио́нная ~ Liquidationskommission
комме́рческий, -ая, -ое, -ие Geschäfts- [geschäftlich]
– ~ акт 1. Schadensprotokoll [Reklamationsprotokoll], 2. Tatbestandsaufnahme, 3. Mängelrüge

– ~ представи́тельство Geschäftsvertretung
– ~ причи́ны geschäftliche Gründe
– ~ та́йна Geschäftsgeheimnis
компенса́ция Ersatz [Ausgleich, Kompensation]
– ~ убы́тков Schadensersatz
компле́ктность Vollständigkeit
– ~ обору́дования Vollständigkeit der Anlage
– ~ поста́вки Vollständigkeit der Lieferung
комплекту́ющие *(Subst. Pl.)* Zubehör
– набо́р -их Satz von Zubehörteilen
коносаме́нт Konnossement [Seefrachtbrief]
– дублика́т -а Duplikat des Konnossements
– оригина́л -а Original des Konnossements
консигна́нт Konsignant
консигна́тор Konsignatar
консигнацио́нный, -ая, -ое, -ые Konsignations-
– ~ догово́р Konsignationsvertrag
– ~ комиссио́нные Konsignationsgebühr
– ~ склад Konsignationslager
консигна́ция Konsignation
– пери́од [срок] -и Konsignationszeitraum
контраге́нт Kontrahent [Vertragspartner]
контра́кт Vertrag
– де́йствие -а Gültigkeit des Vertrages
– дополне́ние к -у [по -у] Ergänzung zum Vertrag
– измене́ние к -у [по -у] Änderung des Vertrages [zum Vertrag]
– истече́ние -а Ablauf des Vertrages
– назва́ние -а Bezeichnung des Vertrages
– но́мер -а Nummer des Vertrages
– о́бщая су́мма -а Gesamtwert [Gesamtsumme] des Vertrages
– огово́рка в -е Vertragsvereinbarung [Vertragsabrede]
– пара́граф в -е Vertragsparagraph
– подписа́ние -а Vertragsunterzeichnung
– положе́ние -а Vertragsbestimmung
– предме́т -а Vertragsgegenstand
– прекраще́ние -а Vertragsbeendigung
– приложе́ние к -у Anlage zum Vertrag
– прое́кт -а Vertragsentwurf
– пункт -а Vertragspunkt [Klausel]
– регистра́ция -а Registrierung [Eintragung] eines Vertrages
– срок де́йствия -а Geltungsdauer [Gültigkeitsdauer]
– сто́имость -а Wert des Vertrages
– сторона́ в -е Vertragsseite
– су́мма -а Vertragssumme
– усло́вия -а Vertragsbedingungen
– усту́пка -а (в це́лом) Abtretung des Vertrages (im ganzen)
– цена́ -а Vertragspreis
– часть -а Vertragsbestandteil

– ~ вступит в силу der Vertrag tritt in Kraft
– ~ действует der Vertrag gilt
– выполнить/выполнять ~ einen Vertrag erfüllen
– заключить/заключать ~ einen Vertrag (ab)schließen
– обжаловать ~ einen Vertrag einklagen [anfechten]
– отказаться/отказываться от -а vom Vertrag zurücktreten
– отступить/отступаться от -а vom Vertrag zurücktreten
– подписать/подписывать ~ einen Vertrag unterzeichnen
– прекратить/прекращать ~ einen Vertrag beenden
– продлить/продлевать ~ einen Vertrag verlängern
– расторгнуть/расторгать ~ einen Vertrag kündigen
– реализовать/реализовывать ~ einen Vertrag realisieren
– составить/составлять ~ einen Vertrag aufsetzen [ausfertigen]
конфиденциальность Vertrauensschutz [Geheimnisschutz]
– сохранение -и Geheimhaltung
копия Kopie
– ~ ответов на письма-претензии Kopie der Antwort auf Reklamationsbriefe
– ~ писем-претензий Kopie der Reklamationsschreiben
– ~ счетов-фактур Kopie der Faktura-Rechnungen
краткосрочный, -ая, -ое, -ые kurzfristig
– ~ кредит kurzfristiger Kredit
– ~ заём kurzfristige Anleihe
кредит Kredit [Darlehen]
– долгосрочный ~ langfristiger Kredit
– краткосрочный ~ kurzfristiger Kredit
– среднесрочный ~ mittelfristiger Kredit
– ~ в сумме ... ein Kredit in Höhe von ...
– проценты по -у Zinsen auf einen Kredit
– возврат -а Rückzahlung eines Kredits
– задолженность по -у Kreditschuld
– погашение -а Kredittilgung
– срок предоставления -а Kreditlaufzeit
– возвратить/возвращать ~ einen Kredit zurückzahlen
– воспользоваться/пользоваться -ом einen Kredit nutzen
– погасить/погашать ~ einen Kredit tilgen
– предоставить/предоставлять ~ einen Kredit gewähren
кредитная запись Kreditgutschrift
кредитный договор Kreditvertrag
кредитор Kreditgeber [Darlehensgeber, Kreditor, Gläubiger]

кредитоспособность Kreditfähigkeit [Bonität]
кредитосъёмщик Kreditnehmer [Darlehensnehmer, Schuldner]
купля Kauf

Л

лизинг Leasing
ликвидационный, -ая, -ое, -ые Liquidations-
– ~ комиссия Liquidationskommission
– ~ баланс Liquidationsbilanz
ликвидация (фирмы) Liquidation (einer Firma)
– при -и bei Liquidation [im Falle der Liquidation]
лист Blatt
– дорожный ~ Transportzettel
– упаковочный ~ Packliste [Packzettel]
лицензиар Lizenzgeber [Franchise-Geber]
– обязанность -а Pflicht(en) des Lizenzgebers
лицензиат Lizenznehmer [Franchise-Nehmer]
– обязанность -а Pflicht(en) des Lizenznehmers
лицензионный, -ая, -ое, -ые Lizenz-
– ~ договор Lizenzvertrag
– ~ орган Lizenzbehörde
– ~ палата Lizenzkammer
лицензия Lizenz
– импортная ~ [~ на импорт] Importlizenz
– экспортная ~ [~ на экспорт] Exportlizenz
– дата выдачи -и Datum der Lizenzerteilung
– область действия -и Geltungsbereich der Lizenz
– срок действия -и Geltungsdauer der Lizenz
– условия действия -и Geltungsbedingungen der Lizenz
лицо Person
– физическое ~ natürliche Person
– юридическое ~ juristische Person

М

маркировка Markierung
– некачественная ~ minderwertige Markierung
– ненадлежащая ~ mangelhafte [ungeeignete] Markierung
– неполноценная ~ unzureichende Markierung
– ~ груза Markierung der Fracht
– расходы по -е товаров Markierungskosten
– стоимость -и Kosten für die Markierung
мемориальный ордер Memorialorder

ме́ра (-ы) Maßnahme(n)
– ~ **к урегули́рованию спо́ров** Maßnahmen zur Schlichtung von Streitfällen
– **предприня́ть/предпринима́ть (необходи́мые) -ы** (notwendige) Maßnahmen ergreifen
– **приня́ть/принима́ть (необходи́мые)** ~ (notwendige) Maßnahmen ergreifen
ме́сто 1. Ort, 2. Frachtstück [Gepäckstück]
– ~ **арбитра́жа** Ort des Schiedsgerichts
– ~ **назначе́ния (гру́за)** Bestimmungsort einer Fracht
– ~ **перева́лки гру́за** Ort des Güterumschlags
– ~ **перехо́да ри́ска** Ort des Gefahrübergangs
– ~ **судопроизво́дства** Ort der Gerichtsbarkeit
– **но́мер -а** Nummer des Kollos
местонахожде́ние фи́рмы [компа́нии] Sitz einer Firma [Gesellschaft]
ме́сяц Monat
– **за исте́кший** ~ für den Vormonat
моме́нт Moment [Zeitpunkt]
– ~ **перехо́да ри́ска** Moment [Zeitpunkt] des Gefahrübergangs
– ~ **прекраще́ния догово́ра** Moment [Zeitpunkt] der Beendigung eines Vertrages
– ~ **прода́жи** Moment [Zeitpunkt] des Verkaufs
монта́ж Montage [Aufstellung]
– ~ **обору́дования** Montage einer Anlage
– **инстру́кция по -у́** Montageanleitung
– **провести́/проводи́ть** ~ eine Montage durchführen [vornehmen]

Н

назначе́ние Bestimmung
– **ме́сто -я (гру́за)** Bestimmungsort (einer Fracht)
– **примене́ние изде́лия не по -ю** zweckentfremdete Nutzung eines Erzeugnisses
– **пункт -я (гру́за)** Bestimmungspunkt [Bestimmungsort] (einer Fracht)
прибы́тие това́ра в пункт -я Eintreffen der Ware am Bestimmungsort
наименова́ние Bezeichnung
– **по́лное** ~ **фи́рмы** vollständige Bezeichnung der Firma
– ~ **гру́за** Frachtbezeichnung
– ~ **грузополуча́теля** Bezeichnung des Frachtempfängers
– ~ **обору́дования** Bezeichnung der Anlage
– ~ **покупа́теля** Bezeichnung des Käufers
– ~ **поставщика́** Bezeichnung des Lieferanten
– ~ **продавца́** Bezeichnung des Verkäufers

– ~ **това́ра** Warenbezeichnung
накладна́я Frachtbrief
– **железнодоро́жная [ж/д]** ~ Eisenbahnfrachtbrief
– **дублика́т -о́й** Duplikat des Frachtbriefes
– **оригина́л -о́й** Original des Frachtbriefes
– **вы́писать/выпи́сывать -у́ю** einen Frachtbrief ausstellen
~, **вы́писанная на и́мя грузополуча́теля** auf den Frachtempfänger ausgestellter Frachtbrief
– **но́мер -о́й** Nummer des Frachtbriefes
– **предъяви́ть/предъявля́ть -у́ю** einen Frachtbrief vorlegen
нало́г(и) Steuer(n)
наруше́ние Nichteinhaltung [Verletzung, Verstoß]
– ~ **сро́ка платежа́** Verletzung [Nichteinhaltung] der Zahlungsfrist
– ~ **сро́ка поста́вки** Verletzung der Lieferfrist
– **при -и** bei Nichteinhaltung
– **допусти́ть/допуска́ть** ~ eine Verletzung zulassen
нару́шить/наруша́ть (что?) nicht einhalten [verletzen]
– ~ **сро́ки платежа́** die Zahlungstermine nicht einhalten [verletzen]
– ~ **сро́ки поста́вки [поста́вок]** die Liefertermine nicht einhalten [verletzen]
– ~ **усло́вия догово́ра [контра́кта]** die Vertragsbedingungen nicht einhalten
начи́слить/начисля́ть (что?) berechnen
– ~ **комиссио́нные** Provision anrechnen
– ~ **проце́нты** Zinsen anrechnen
– ~ **су́мму** Summe anrechnen [errechnen]
– ~ **штраф (в разме́ре ...)** Strafe erheben (in Höhe von ...)
небре́жный, -ая, -ое, -ые unachtsam [unsachgemäß]
– ~ **обраще́ние с това́ром** unsachgemäßer Umgang mit der Ware
– ~ **перева́лка гру́за** unsachgemäßes Umladen der Fracht
– ~ **транспортиро́вка** unsachgemäßer Transport
– ~ **хране́ние** unsachgemäße Lagerung
невыполне́ние Nichteinhaltung
– **при -и** bei Nichteinhaltung
недове́с Untergewicht
недогру́з Fehlmenge
недопла́та Minderbezahlung
недоста́ток Mangel
– ~ **обору́дования** Mangel an einer Anlage
– ~ **това́ра** Mangel an einer Ware
– **исправле́ние -тков** Nachbesserung [Beseitigung von Mängeln]
– **устране́ние -тков** Mängelbeseitigung
– **испра́вить/исправля́ть** ~ einen Mangel nachbessern

– обнару́жить/обнару́живать ~ einen Mangel entdecken
– предупреди́ть/предупрежда́ть о вы́явленных -тках einen Mangel melden [Mitteilung über den entdeckten Mangel machen]
– устрани́ть/устраня́ть ~ einen Mangel beheben [beseitigen]
недоста́ча Minderlieferung
– внутрита́рная ~ (това́ра) Minderlieferung innerhalb einer Warenpartie
недостаю́щий, -ая, -ее, -ие fehlend
– ~ коли́чество Fehlmenge
– ~ това́р fehlende Ware
незамедли́тельно unverzüglich
неисполне́ние Nichteinhaltung
– ~ обяза́тельств по контра́кту Nichteinhaltung von Vertragsverpflichtungen
– при -и bei Nichteinhaltung
нека́чественный, -ая, -ое, -ые mangelhaft [minderwertig]
– ~ маркиро́вка minderwertige Markierung
– ~ исполне́ние рабо́т mangelhafte Erledigung eines Auftrages
– ~ това́р minderwertige [mangelhafte] Ware
некомпле́ктность Unvollständigkeit
– ~ техни́ческой документа́ции Unvollständigkeit der technischen Dokumentation
некомпле́ктный, -ая, -ое, -ые unvollständig
– ~ набо́р комплекту́ющих unvollständiger Satz von Zubehörteilen
– ~ поста́вка unvollständige Lieferung
некондицио́нный, -ая, -ое, -ые nicht den Bedingungen entsprechend
– ~ поста́вка nicht den Bedingungen entsprechende Lieferung
ненадлежа́щий, -ая, -ее, -ие 1. nicht ordnungsgemäß, 2. ungeeignet
– ~ консерва́ция (гру́за) nichtordnungsgemäße Konservierung (der Fracht)
– ~ маркиро́вка (гру́за) nichtordnungsgemäße Markierung (der Fracht)
– ~ обраще́ние (с гру́зом) nichtordnungsgemäßer Umgang (mit der Ware)
– ~ упако́вка (гру́за) nichtordnungsgemäße Verpackung (der Fracht)
– ~ хране́ние nichtordnungsgemäße Lagerung
неотъе́млемая часть (догово́ра) untrennbarer Vertragsbestandteil
неплатёжеспосо́бность Zahlungsunfähigkeit
неплатёжеспосо́бный, -ая, -ое, -ые zahlungsunfähig
неполнота́ Unvollständigkeit
– ~ техни́ческой документа́ции Unvollständigkeit der technischen Dokumentation
несвоевре́менный, -ая, -ое, -ые nicht termingerecht [nicht rechtzeitig]

– ~ извеще́ние verspätete Mitteilung
– ~ поста́вка nichttermingerechte Lieferung
несоблюде́ние Nichteinhaltung
– ~ гра́фика поста́вки Nichteinhaltung der Liefergrafik
– ~ сро́ков поста́вки Nichteinhaltung der Liefertermine [Lieferfristen]
нести́ отве́тственность (перед кем? за что?) Verantwortung tragen
нести́ расхо́ды Kosten tragen
неусто́йка Konventionalstrafe
– уплати́ть/упла́чивать -у eine Konventionalstrafe zahlen
но́мер Nummer
– фабри́чный ~ Hersteller-Nr.
– ~ догово́ра Nummer des Vertrages
– ~ ж/д накладно́й Nummer des Eisenbahnfrachtbriefes
– ~ конте́йнера Nummer des Containers
– ~ контра́кта Nummer des Vertrages
– ~ ме́ста Nummer des Kollos
– ~ тра́нса Trans-Nummer

О

обеспе́чить/обеспе́чивать (что?)
1. garantieren [gewährleisten], 2. ausrüsten [ausstatten]
– ~ сохра́нность гру́за die Unversehrtheit der Ware gewährleisten
– ~ страхова́ние (гру́за) die Versicherung (der Ware) gewährleisten
– ~ страхо́вку die Versicherung übernehmen [gewährleisten]
– ~ усло́вия die Bedingungen garantieren [sicherstellen]
– ~ за свой счёт auf eigene Rechnung ausrüsten [ausstatten]
– (быть) обеспе́чен(а) garantiert [gewährleistet, ausgerüstet, ausgestattet] (sein/werden)
обору́дование Anlage [Ausrüstung]
– заме́на (дефе́ктного) -я Austausch [Ersatz] einer defekten Anlage
– инспекти́рование -я Prüfung einer Anlage
– компле́ктность -я Vollständigkeit einer Anlage
– монта́ж -я Montage einer Anlage
– наименова́ние -я Bezeichnung der Anlage
– недоста́ток -я Mangel an einer Anlage
– осмо́тр -я Überprüfung [Besichtigung] einer Anlage
– приёмка -я Abnahme [Annahme] einer Anlage
– застрахова́ть/застрахо́вывать ~ eine Anlage versichern (lassen)
– отгрузи́ть/отгружа́ть ~ eine Anlage versenden

179

– отпра́вить/отправля́ть ~ eine Anlage versenden

обосно́ванный, -ая, -ое, -ые begründet
– ~ прете́нзии begründete Reklamation
– ~ тре́бования begründete Forderungen

обоснова́ть/обосно́вывать *(что?)* begründen

образе́ц Muster
– взаи́мный обме́н -зца́ми gegenseitiger Austausch von Mustern
– подтверди́ть/подтвержда́ть -зцы́ Muster bestätigen

обстоя́тельство (-а) Umstand (Umstände)
– форс-мажо́рные -а Umstände höherer Gewalt [Force majeure]
– -а непреодоли́мой си́лы Umstände höherer Gewalt [Force majeure]
– наступле́ние -ств Eintreten von Umständen

обсуди́ть/обсужда́ть *(что?)* erörtern [diskutieren]
– ~ основны́е пу́нкты догово́ра die wichtigsten Vertragspunkte erörtern [diskutieren]
– ~ предме́т догово́ра den Vertragsgegenstand erörtern [diskutieren]

о́бщество с ограни́ченной отве́тственностью (ООО) Gesellschaft mit beschränkter Haftung (GmbH)

о́бщий, -ая, -ее, -ие 1. Gesamt-, 2. allgemein
– ~ сто́имость (поста́вок) der Gesamtwert (der Lieferung)
– ~ суд staatliches Gericht
– ~ су́мма (догово́ра, поста́вок) Gesamtsumme [Gesamtwert] (des Vertrages, der Lieferung)
– ~ положе́ния догово́ра allgemeine Vertragsbestimmungen
– ~ усло́вия контра́кта allgemeine Vertragsbedingungen

объедине́ние Vereinigung

объём Umfang
– в -е … im Umfang von …

обя́занность (-и) Pflicht(en)
– ~ лицензиа́ра Pflichten des Lizenzgebers
– ~ лицензиа́та Pflichten des Lizenznehmers
– вы́полнить/выполня́ть ~ eine Pflicht erfüllen
– взять/брать на себя́ ~ eine Pflicht übernehmen

обяза́тельство (-а) Verpflichtung(en)
– гаранти́йные -а Garantieverpflichtungen
– догово́рные -а vertragliche Verpflichtungen
– неисполне́ние -ств Nichteinhaltung der Verpflichtungen
– вы́полнить/выполня́ть -а Verpflichtung(en) erfüllen [einhalten]

– испо́лнить/исполня́ть догово́рные -а die Vertragsverpflichtungen erfüllen
– освободи́ть/освобожда́ть *(кого?)* от при́нятых на себя́ -ств von den übernommenen Verpflichtungen befreien [entbinden]
– отве́тить/отвеча́ть по -ам für Verpflichtungen haften
– приня́ть/принима́ть на себя́ -а Verpflichtungen übernehmen

обяза́ться/обя́зываться *(к чему?)* sich verpflichten
– ~ к возмеще́нию убы́тков sich zum Schadensersatz verpflichten

(быть) обя́зан(а) verpflichtet (sein)
– Покупа́тель обя́зан откры́ть аккредити́в. Der Käufer ist verpflichtet, das Akkreditiv zu eröffnen.
– Покупа́тель обя́зан предъяви́ть гаранти́йное письмо́. Der Käufer ist verpflichtet, den Garantiebrief vorzuweisen.

оговори́ть/огова́ривать *(что?)* aushandeln [vereinbaren]
– ~ гра́фик поста́вок die Liefergrafik vereinbaren
– ~ поря́док ein Verfahren [einen Modus] vereinbaren
– ~ спо́соб платежа́ den Zahlungsmodus vereinbaren
– ~ усло́вия контра́кта die Vertragsbedingungen vereinbaren

огово́рка в контра́кте [догово́ре] Vertragsvereinbarung [Vertragsabrede]

опла́та Bezahlung
– ~ долго́в Bezahlung der Schulden
– ~ полу́ченного гру́за Bezahlung der gelieferten Ware
– поря́док -ы Zahlungsmodus
– фо́рма -ы Zahlungsart
– ~ произво́дится … die Bezahlung erfolgt

оплати́ть/опла́чивать *(что?)* bezahlen
– ~ взнос eine Einlage einzahlen [einbringen]
– ~ за поста́вку eine Lieferung bezahlen
– ~ долги́ Schulden bezahlen [begleichen]
– ~ расхо́ды Kosten begleichen [bezahlen]
– ~ счета́ Rechnungen begleichen [bezahlen]
– ~ това́р eine Ware bezahlen
– ~ тре́бование eine Forderung bezahlen
– (быть) опла́чен(а) bezahlt (werden)

опозда́ние Verspätung
– с -ем mit Verspätung

оригина́л Original
– ~ ж/д накладно́й Original des Eisenbahnfrachtbriefes
– ~ коносаме́нта Original des Seefrachtbriefes
– ~ (специфици́рованного) счёта Original der (spezifizierten) Rechnung

осмо́тр (обору́дования) Überprüfung [Besichtigung] (der Anlage)

оста́вить/оставля́ть за собо́й пра́во sich das Recht vorbehalten
– Сто́роны оставля́ют за собо́й пра́во ... Die Partner behalten sich das Recht vor, ...

отве́тить/отвеча́ть *(за что? по чему?)* haften [verantworten]
– ~ за пра́вильное склади́рование това́ра die ordnungsgemäße Lagerung der Ware verantworten
– ~ по обяза́тельствам für die Verpflichtungen haften

отве́тственность Verantwortung [Verantwortlichkeit, Haftung]
– материа́льная ~ materielle Haftung
– ~ за исполне́ние догово́рных обяза́тельств Verantwortung für die Erfüllung der vertraglich eingegangenen Pflichten
– ~ за по́рчу (гру́за) Verantwortung für die (Fracht-)Beschädigung
– ~ за упако́вку Haftung für die Verpackung
– ~ сторо́н Haftung der Seiten
– нести́ ~ *(за что?)* Verantwortung tragen
– освободи́ть(ся)/освобожда́ть(ся) от -и von der Verantwortung befreien [entbinden, (befreit, entbunden sein/werden)]

отве́тчик Beklagter

отгрузи́ть/отгружа́ть *(что?)* versenden
– ~ дополни́тельное обору́дование eine zusätzliche Nachrüstung versenden
– ~ това́р eine Ware versenden
– (быть) отгру́жен(а) versandt (werden)

отгру́зка Versand
– ~ гру́за [това́ра] Versand einer Ware
– ~ обору́дования Versand einer Anlage
– да́та -и Versanddatum
– извеще́ние об -е Mitteilung über den Versand
– отказа́ться от -и това́ра den Warenversand ablehnen

отгру́зочный, -ая, -ое, -ые Versand-
– ~ докуме́нты Versandpapiere
– ~ инстру́кции Versandinstruktionen
– ~ реквизи́ты Versandadresse

отка́з Rücktritt [Ablehnung]
– ~ от догово́ра [контра́кта] Rücktritt vom Vertrag
– при -е 1. bei Rücktritt, 2. bei Ablehnung

отказа́ться/отка́зываться *(от чего?)* zurücktreten [ablehnen, verweigern]
– ~ от дальне́йшего выполне́ния догово́ра von der weiteren Vertragserfüllung zurücktreten
– ~ от догово́ра [контра́кта] vom Vertrag zurücktreten
– ~ от отгру́зки това́ра die Entladung [den Versand der Ware] ablehnen [verweigern]

– ~ от предложе́ния einen Vorschlag ablehnen
– ~ от прие́мки това́ра die Warenannahme ablehnen [verweigern]
– ~ от продле́ния догово́ра von der Vertragsverlängerung zurücktreten

отклоне́ние Ablehnung
– ~ предложе́ния Ablehnung eines Vorschlags

отнести́/относи́ть убы́тки *(на кого?)* Verluste in Rechnung stellen

отправи́тель Absender

отпра́вить/отправля́ть *(что?)* absenden [verschicken, versenden]
– ~ груз eine Fracht versenden
– ~ извеще́ние eine Mitteilung abschicken
– ~ обору́дование eine Anlage versenden
– ~ това́р eine Ware versenden
– (быть) отпра́влен(а) abgesandt [verschickt, versandt] (werden)

отпра́вка Versand
– (не)своевре́менная ~ (nicht)rechtzeitiger [(nicht)termingerechter] Versand
– ~ гру́за Versand der Fracht
– ~ това́ра Versand der Ware
– извеще́ние об -е Mitteilung über den Versand
– при -е (това́ра) bei Versand (der Ware)
– отказа́ться/отка́зываться от -и den Versand ablehnen

отсро́чка Aufschub
– не те́рпящий -и keinen Aufschub duldend
– попроси́ть/проси́ть -у einen Aufschub erbitten

отсу́тствие Fehlen [Abwesenheit]
– ~ техни́ческой документа́ции Fehlen der technischen Dokumentation
– при -и in Abwesenheit [bei Fehlen]

П

пара́граф в догово́ре [контра́кте] Vertragsparagraph

па́ртия Partie
– дополни́тельная ~ zusätzliche Partie
– ~ това́ров Warenpartie
– сто́имость -и (това́ра) Kosten einer (Waren-)Partie
– заказа́ть -ю eine Partie bestellen

партнёры по контра́кту Vertragspartner

пе́ня (Geld-)Strafe
– уплати́ть/плати́ть -ю (в су́мме ...) eine (Geld-)Strafe (in Höhe von ...) (be)zahlen

перевести́/переводи́ть *(что?)* überweisen
– ~ де́ньги Geld überweisen
– ~ комиссио́нные Provision überweisen
– ~ су́мму eine Summe überweisen
– ~ на счёт auf ein Konto überweisen

– **(быть) переведён (переведена́)** überwiesen (werden)
перево́д Überweisung
– **риск -а** mit einer Überweisung verbundenes Risiko
перево́зка (-и) Transport [Fracht]
– **возду́шные** ~ Transport per Luft [Luftfracht]
– **доро́жные** ~ Transport per Straße
– **железнодоро́жные** ~ Transport per
Schiene [Schienentransport]
– **морски́е** ~ Transport per Schiff [See-
transport]
– ~ **гру́за че́рез грани́цу** Grenzübertritt der
Fracht
– ~ **гру́зов** Gütertransport [Warentransport]
перево́зчик Spediteur
переговоры Verhandlungen
– **заключи́тельные** ~ Schlußverhandlungen
– ~ **по согласова́нию цен** Preisverhandlungen
– **вести́** ~ Verhandlungen führen
– **вступи́ть/вступа́ть в** ~ in Verhandlungen
eintreten [Verhandlungen aufnehmen]
– **зако́нчить/зака́нчивать** ~ Verhandlungen beenden
– **прекрати́ть/прекраща́ть** ~ Verhandlungen abbrechen [einstellen]
перегру́зка (това́ра) Umladen (der Ware)
переда́ть/передава́ть (кому? что?) übergeben [abtreten, übereignen]
– ~ **делов́ые та́йны** Geschäftsgeheimnisse
weitergeben
– ~ **довери́тельную информа́цию** eine
vertrauliche Information weitergeben
– ~ **докуме́нты** Dokumente weitergeben
– ~ **до́лю** einen Anteil abtreten [abgeben]
– ~ **материа́лы** Materialien weitergeben
– ~ **(иму́щество) в зало́г** (Eigentum) in
Pfand geben [verpfänden]
– ~ **произво́дственные та́йны** Produktionsgeheimnisse weitergeben
– ~ **свои́ права́ (тре́тьему лицу́)** seine
Rechte (an Dritte) abtreten
– ~ **тре́бования** Forderungen übergeben
[abtreten]
– **(быть) пе́редан (передана́)** abgetreten
[übergeben, übereignet] (sein/werden)
перепи́ска Briefwechsel [Schriftverkehr]
– **предше́ствующая** ~ vorausgegangener
Schriftverkehr
пе́речень Liste [Auflistung]
– ~ **упако́ванных предме́тов** Packliste
перечи́слить/перечисля́ть (что?)
1. aufzählen, 2. überweisen
– ~ **де́ньги на счёт** Geld auf ein Konto überweisen
– ~ **комиссио́нные** Provision überweisen
– ~ **в приложе́нии ... догово́ра** in Anlage
... des Vertrages aufzählen

– **(быть) перечи́слен(а)** 1. aufgezählt
(werden), 2. überwiesen (werden)
печа́ть Stempel
– **ге́рбовая** ~ Siegelstempel
платёж Zahlung
– ~ **в рассро́чку** Ratenzahlung
– **поря́док -а́ (-ей)** Zahlungsmodus
– **просро́чка -а́** Zahlungsverzug
– **спо́соб -а́ (-ей)** Zahlungsmodus
– **срок -а́** Zahlungsfrist
– **усло́вия -а́ (-ей)** Zahlungsbedingungen
– **Платёж аккредити́ва произво́дится ...**
Die Bezahlung des Akkreditivs erfolgt ...
платёжеспосо́бность Zahlungsfähigkeit
платёжеспосо́бный, -ая, -ое, -ые
zahlungsfähig
платёжный, -ая, -ое, -ые Zahlungs-
– ~ **поруче́ние** Zahlungsanweisung
– ~ **докуме́нты** Zahlungspapiere
повле́чь/влечь за собо́й (что?) nach sich
ziehen
поврежде́ние Beschädigung
– **страхо́вка това́ра от -я** Versicherung der
Ware gegen Beschädigung
– **застрахова́ть/застрахо́вывать от -й**
gegen Beschädigung versichern (lassen)
– **избежа́ть/избега́ть -я това́ра** eine
Beschädigung der Ware vermeiden
повреждённый това́р beschädigte Ware
погаше́ние Begleichung [Tilgung]
– ~ **долго́в** Schuldentilgung
– ~ **креди́та** Kredittilgung
погру́зка Beladung [Verladung, Verschiffung]
подписа́ние догово́ра [контра́кта] Vertragsunterzeichnung
подписа́ть/подпи́сывать (что?) unterzeichnen
– ~ **(рекламацио́нный) акт** ein (Reklama-
tions-)Protokoll unterzeichnen
– ~ **догово́р [контра́кт]** einen Vertrag
unterzeichnen
– ~ **протоко́л (о наме́рениях)** eine
Absichtserklärung unterzeichnen
– ~ **(генера́льное) соглаше́ние** eine
(General-)Vereinbarung [Grundsatzer-
klärung] unterzeichnen
– **(быть) подпи́сан(а)** unterzeichnet
[gezeichnet] (sein/werden)
Догово́р подпи́сан (кем? где?)
Der Vertrag (ist) gezeichnet durch/in ...
по́дпись Unterschrift
подря́дчик Auftragnehmer
подсу́дность Gerichtsbarkeit
– **за исключе́нием -и о́бщим суда́м**
unter Ausschluß der staatlichen Gerichtsbarkeit
подтверди́ть/подтвержда́ть (что?)
bestätigen [belegen]

– (документа́льно) ~ заме́ну (дета́лей) den Austausch (von Bauteilen) (dokumentarisch) belegen

– ~ образцы́ Muster bestätigen

– ~ получе́ние техдокумента́ции den Eingang [Erhalt] der technischen Dokumentation bestätigen

– ~ срок eine Frist [einen Termin] bestätigen

– ~ техдокумента́цию die technische Dokumentation bestätigen

– ~ чертежи́ Zeichnungen bestätigen

– ~ шабло́ны Schablonen bestätigen

– (быть) подтверждён (подтверждена́) bestätigt [belegt] (sein/werden)

подтвержде́ние Bestätigung

покры́ть/покрыва́ть *(что?)* decken

– ~ расхо́ды Ausgaben [Kosten] decken

– ~ убы́ток einen Verlust ausgleichen [kompensieren]

покупа́тель Käufer [Abnehmer]

– наименова́ние -я Bezeichnung des Käufers

положе́ние (-я) Bestimmung(en)

– заключи́тельные -я Schlußbestimmung(en)

– правово́е ~ rechtliche Bestimmung(en)

– ~ догово́ра [контра́кта] Vertragsbestimmung(en)

получа́тель Empfänger

получе́ние Anlieferung [Empfang]

– расхо́ды на ~ (ба́нковской гара́нтии) Kosten für die Erteilung (einer Bankgarantie)

– подтверди́ть/подтвержда́ть ~ den Eingang [Erhalt] bestätigen

по́льзование Nutzung

– пра́во -я Nutzungsrecht

– предоста́вить/предоставля́ть в ~ zur Nutzung zur Verfügung stellen [überlassen, übergeben]

поручи́тель Bürge [Garant]

поручи́тельство Bürgschaft

поря́док Modus [Modalität, Art und Weise, Verfahren]

– ~ де́йствия догово́ра Vertragsmodalitäten [Geltungsbedingungen des Vertrages]

– ~ (и фо́рма) опла́ты Zahlungsmodus (und -art)

– ~ платежа́ Zahlungsmodus

– ~ предъявле́ния прете́нзий Art der Geltendmachung von Reklamationsansprüchen

– ~ расчётов Abrechnungsmodus

– в аналоги́чном -дке in gleicher Art und Weise

– в безакце́птном -дке im akzeptfreien Verfahren

– в предусмо́тренном -дке in vorgesehener Weise

– в устано́вленном -дке in festgelegter Art und Weise

– оговори́ть/огова́ривать ~ ein Verfahren [einen Modus] vereinbaren

– согласова́ть/согласо́вывать ~ ein Verfahren [einen Modus] abstimmen

посре́дник (Geschäfts-)Vermittler

посре́дничество (Geschäfts-)Vermittlung [Geschäftsanbahnung]

поста́вить/поставля́ть *(что?)* (an)liefern

– ~ това́р на прода́жу eine Ware zum Verkauf (an)liefern

– ~ това́р на усло́виях ... eine Ware unter der Bedingung ... (an)liefern

– ~ това́р по сро́кам eine Ware termingerecht (an)liefern

– ~ това́р по це́нам, ... eine Ware zum Preis ... (an)liefern

– недопоста́вленный това́р Fehlmenge

– поста́вленный това́р gelieferte Ware

– поставля́емый това́р zu liefernde Ware

– (быть) поста́влен(а) geliefert (sein/werden)

поста́вка Lieferung

– встре́чная ~ Gegenlieferung

– досро́чная ~ vorfristige Lieferung

– некомпле́ктная ~ unvollständige Lieferung

– некондицио́нная ~ nicht den Bedingungen entsprechende Lieferung

– несвоевре́менная ~ nichttermingerechte Lieferung

– ба́зис -и Lieferbasis

– гра́фик -вок Liefergrafik

– да́та -и Lieferdatum [Liefertermin]

– заде́ржка -и Lieferverzug

– компле́ктность -и Vollständigkeit der Lieferung

– о́бщая су́мма -вок Gesamtwert der Lieferung

– просро́чка в -е Lieferverzug

– срок -и Liefertermin [Lieferfrist]

– усло́вия -и Lieferbedingungen

– оплати́ть/опла́чивать за -у eine Lieferung bezahlen

– осуществи́ть/осуществля́ть -у eine Lieferung realisieren

– произвести́/производи́ть -у eine Lieferung vornehmen

– реализова́ть/реализо́вывать -у eine Lieferung realisieren [vornehmen]

– согласова́ть/согласо́вывать -у eine Lieferung vereinbaren

поставщи́к Lieferant

– наименова́ние -а́ Bezeichnung des Lieferanten

поступле́ние Eingang [Erhalt]

– ~ извеще́ния Eingang [Erhalt] einer Mitteilung

– ~ счёта Rechnungseingang

– ~ това́ра Wareneingang
потоло́к цены́ Preislimit
по́шлина Gebühr [Zoll]
– и́мпортная ~ Importzoll
– тамо́женная ~ Zollgebühr
– э́кспортная ~ Exportzoll
пра́во (-á) Recht(e)
– ве́щные -á dingliche Rechte [Sachrechte]
– иму́щественные -á Vermögensrechte
– ли́чные [неиму́щественные] -á
  Persönlichkeitsrechte
– преиму́щественное ~ Vorzugsrecht
– применя́емое ~ anzuwendendes Recht
– ~ по́льзования Nutzungsrecht
– ~ распоряже́ния Verfügungsrecht
– утра́та -a Verlust des Rechts
– име́ть (по́лное) ~ das (volle) Recht haben
  Покупа́тель име́ет по́лное пра́во
  расто́ргнуть контра́кт. Der Käufer hat
  das volle Recht, den Vertrag zu kündigen.
– (не) влия́ть на -á покупа́теля (keinen)
  Einfluß auf die Rechte des Käufers haben
– оста́вить/оставля́ть за собо́й ~ sich
  das Recht vorbehalten
– отчужда́ть свой -á seine Rechte veräußern
– переда́ть/передава́ть свой -á
  (тре́тьему лицу́) seine Rechte (an Dritte)
  abtreten
– воспо́льзоваться/по́льзоваться -ом
  ein Recht genießen [haben]
– приобрести́/приобрета́ть ~ Rechte
  erwerben
– уступи́ть/уступа́ть свой ~ (тре́тьему
  лицу́) seine Rechte (an Dritte) abtreten
правомо́чный, -ая, -ое, -ые berechtigt
– Собра́ние счита́ется -ым, е́сли ...
  Die Versammlung ist entscheidungsfähig,
  wenn ...
правопрее́мник Rechtsnachfolger
предложе́ние Vorschlag
– прие́млемое ~ annehmbarer Vorschlag
– ~ к урегули́рованию спо́ров Schlichtungsvorschlag
– отклоне́ние -я Ablehnung eines Vorschlags
– внести́/вноси́ть ~ einen Vorschlag einbringen [unterbreiten]
– отказа́ться/отка́зываться от -я einen
  Vorschlag ablehnen
– приня́ть/принима́ть ~ einen Vorschlag
  annehmen
– рассмотре́ть/рассма́тривать ~ einen
  Vorschlag erörtern
предме́т Gegenstand [Objekt]
– упако́ванный ~ Frachtstück [verpackter
  Gegenstand]
– ~ догово́ра [контра́кта] Vertragsgegenstand

– ~ зало́га Pfandobjekt
– ~ франши́зы Franchise-Objekt
– пе́речень (упако́ванных) -ов Packliste
– обсуди́ть/обсужда́ть ~ (догово́ра)
  den (Vertrags-)Gegenstand erörtern
  [diskutieren]
предопла́та Vorauszahlung
предоста́вить/предоставля́ть (что?)
  gewähren [zur Verfügung stellen, geben]
– ~ в аре́нду vermieten
– ~ в зало́г in Pfand geben [verpfänden]
– ~ в по́льзование zur Nutzung zur Verfügung stellen [überlassen, übergeben]
– ~ в распоряже́ние zur Verfügung stellen
– ~ гара́нтию Garantie gewähren
– ~ креди́т einen Kredit gewähren
– ~ услу́гу eine Dienstleistung erbringen
– (быть) предоста́влен(а) gewährt
  (werden)
предоставле́ние 1. Gewährung, 2. Vorlage,
  3. Bereitstellung
– ~ креди́та Gewährung eines Kredits
– ~ счёта Rechnungsvorlage
– ~ услу́г Erbringung von Dienstleistungen
– ~ усло́вия -я Bedingungen der Bereitstellung
предприня́ть/предпринима́ть (что?)
  ergreifen [unternehmen]
– ~ все уси́лия alle Anstrengungen
  [Bemühungen] unternehmen
– ~ (необходи́мые) ме́ры (alle notwendigen) Maßnahmen ergreifen
представи́тель Vertreter
– генера́льный ~ Generalvertreter
– уполномо́ченный ~ bevollmächtigter
  Vertreter
представи́тельство Vertretung
  [Repräsentanz]
– генера́льное ~ Generalvertretung
– комме́рческое ~ Geschäftsvertretung
– торго́вое ~ Handelsvertretung
предусмотре́ть/предусма́тривать
  (что?) vorsehen
– ~ в контра́кте im Vertrag vorsehen
– ~ в приложе́нии in der Anlage vorsehen
– ~ ски́дку на това́р einen Preisnachlaß
  vorsehen
– ~ усло́вия Bedingungen vorsehen
– Сто́роны предусма́тривают ...
  Die Seiten sehen vor, ...
предусмо́тренный, -ая, -ое, -ые
  vorgesehen
– усло́вия, ~ настоя́щей статьёй
  die im vorliegenden Artikel vorgesehenen
  Bedingungen
– показа́тели ка́чества, ~ приложе́нием
  ... die in Anlage ... vorgesehenen Qualitätsparameter
– (быть) предусмо́трен(а) vorgesehen
  (sein)

предъяви́ть/предъявля́ть *(что?)* 1. vorweisen [vorlegen], 2. geltend machen
– ~ гаранти́йное письмо́ eine Bürgschaft vorlegen
– ~ ж/д накладну́ю einen Eisenbahnfrachtbrief vorlegen
– ~ прете́нзии Reklamationsansprüche geltend machen
– ~ счёт eine Rechnung vorlegen
– ~ товаросопроводи́тельный докуме́нт Warenbegleitpapiere vorlegen
– ~ тре́бования Forderungen geltend machen
– (быть) предъя́влен(а) vorgelegt [vorgewiesen, geltend gemacht] (werden)
предъявле́ние 1. Vorlage [Vorweisen] (von Dokumenten) 2. Erheben [Geltendmachung] (von Ansprüchen)
– ~ прете́нзий Geltendmachung von Reklamationsansprüchen
– ~ тре́бований Geltendmachung von Forderungen
– поря́док -я (прете́нзий) Art der Geltendmachung (von Reklamationsansprüchen)
– при -и 1. bei Vorlage, 2. bei Geltendmachung
преждевре́менно vorzeitig [vor der Zeit]
прекрати́ть/прекраща́ть *(что)* einstellen [beenden]
– ~ де́йствие догово́ра [контра́кта] einen Vertrag beenden
– ~ перегово́ры Verhandlungen abbrechen [einstellen]
прекраще́ние (де́йствия) Beendigung
– досро́чное ~ vorfristige Beendigung
– ~ догово́ра [контра́кта] Vertragsbeendigung
– моме́нт -я (догово́ра) Moment [Zeitpunkt] der Beendigung (eines Vertrages)
прете́нзия (-и) Reklamation(-sansprüche) [Mängelgewährleistungsansprüche, Forderung(en)]
– обосно́ванные -и begründete Reklamation
– ~ по ка́честву Qualitätsreklamation
– ~ по коли́честву Mengenreklamation
– ~ по причинённым убы́ткам Schadensersatzforderungen
– предъявле́ние -й Geltendmachung von Reklamationsansprüchen
– призна́ние -й Anerkennung von Reklamationsansprüchen
– удовлетворе́ние -й Befriedigung von Reklamationsansprüchen
– урегули́рование вопро́сов по -ям Regulierung von Reklamationsansprüchen
– заяви́ть/заявля́ть -и Reklamationsansprüche geltend machen
– предъяви́ть/предъявля́ть -и Reklamationsansprüche geltend machen [erheben]

– приня́ть/принима́ть -и Reklamationsansprüche anerkennen
– прове́рить/проверя́ть обосно́ванность -й die Berechtigung von Reklamationsansprüchen prüfen
– рассмотре́ть/рассма́тривать -и Reklamationsansprüche prüfen
приёмка Annahme [Abnahme]
– ~ обору́дования (покупа́телем) Annahme [Abnahme] der Anlage (durch den Käufer)
– ~ това́ра Warenannahme
– при -е bei Annahme [Abnahme]
– отказа́ться/отка́зываться от -и това́ра die Warenannahme verweigern
прие́млемый, -ая, -ое, -ые annehmbar [angemessen]
– ~ вариа́нт annehmbare Variante
– ~ предложе́ние annehmbarer Vorschlag
– ~ срок annehmbare Frist
– ~ усло́вия annehmbare Bedingungen
– ~ цена́ annehmbarer Preis
приложе́ние Anlage
– ~ к настоя́щему догово́ру [контра́кту] Anlage zum vorliegenden Vertrag
– ~ недействи́тельно без контра́кта die Anlage ist ohne den Vertrag ungültig
– ~ явля́ется неотъе́млемой ча́стью контра́кта die Anlage ist Vertragsbestandteil
– дополне́ние к -ю Ergänzung zur Anlage
– в соотве́тствии с -ем ... in Übereinstimmung mit Anlage ...[entsprechend Anlage...]
– согла́сно -ю entsprechend [laut] Anlage
– перечи́слить/перечисля́ть в -и in der Anlage aufführen
– предусмотре́ть/предусма́тривать в -и in der Anlage vorsehen
– указа́ть/ука́зывать в -и in der Anlage ausweisen [angeben]
приложи́ть/прилага́ть уси́лия *(в чём?)* Anstrengungen unternehmen
примене́ние Verwendung [Anwendung, Nutzung]
– ~ зако́на Anwendung eines Gesetzes
– ~ не по назначе́нию zweckentfremdete Nutzung
примени́ть/применя́ть *(что?)* anwenden
– ~ гражда́нское законода́тельство die Zivilgesetzgebung anwenden
– ~ зако́н ein Gesetz anwenden
– ~ регла́мент арбитра́жного суда́ die Schiedsgerichtsordnung [Vertragsgerichtsordnung] anwenden
– ~ не по назначе́нию zweckentfremdet nutzen
– применя́емое пра́во anzuwendendes Recht
примире́ние Schlichtung

– попы́тка к -ю (спо́ров) Schlichtungsversuch
принадлежа́ть *(кому?)* gehören
– Иму́щество принадлежи́т учреди́-
телям. Das Eigentum gehört den Gesellschaftern.
приня́ть/принима́ть *(что?)* annehmen
[übernehmen, anerkennen, ergreifen]
– ~ взнос eine Einlage annehmen
– ~ зало́г ein Pfand annehmen
– ~ ме́ры Maßnahmen ergreifen
– ~ на себя́ обяза́тельства Verpflichtungen übernehmen
– ~ поста́вленный това́р die gelieferte
Ware annehmen
– ~ предложе́ние einen Vorschlag annehmen
– ~ прете́нзии Reklamationsansprüche anerkennen
– ~ реше́ние (единогла́сно) eine Entscheidung (einstimmig) annehmen
– ~ тре́бования Forderungen übernehmen
прису́тствие Anwesenheit
– ~ инспе́ктора покупа́теля Anwesenheit
eines Inspektors des Käufers
– в -и in Anwesenheit
прове́рка Prüfung [Kontrolle]
провести́/проводи́ть *(что?)* durchführen
[vornehmen]
– ~ монта́ж обору́дования eine Montage
der Anlage durchführen [vornehmen]
– ~ расчёт eine Abrechnung vornehmen
– ~ техни́ческое испыта́ние (поста́влен-
ного обору́дования) eine technische Er-
probung(der gelieferten Anlage)durchführen
продаве́ц Verkäufer
– наименова́ние -вца́ Bezeichnung des
Verkäufers
прода́жа Verkauf
– до моме́нта -и bis zum Moment des
Verkaufs
– поста́вить това́р на -у eine Ware zum
Verkauf (an)liefern
продле́ние Verlängerung
– ~ ба́нковской гара́нтии Verlängerung der
Bankgarantie
– ~ догово́ра [контра́кта] Vertragsverlängerung
– расхо́ды на ~ Kosten für eine Verlängerung
– отказа́ться/отка́зываться от -я (дого-
во́ра) von einer (Vertrags-)Verlängerung
zurücktreten
продли́ть/продлева́ть *(что?)* verlängern
– ~ догово́р [контра́кт] einen Vertrag verlängern
Догово́р продлева́ется автомати́чес-
ки на тех же усло́виях. Der Vertrag wird
automatisch zu denselben Bedingungen
verlängert.

– ~ срок eine Frist verlängern
произвести́/производи́ть *(что?)* vornehmen
– ~ взаи́мные расчёты eine interne Verrechnung vornehmen
– ~ платёж eine Zahlung vornehmen
Платёж произво́дится ... Die Zahlung
erfolgt ...
– ~ поста́вку eine Lieferung vornehmen
– ~ расхо́ды Kosten verursachen
промедле́ние Verzug
– без -я unverzüglich [ohne Verzug]
просро́чить/просро́чивать *(что?)* im
Rückstand sein
– ~ вы́плату проце́нтов mit der Zins-
zahlung im Rückstand sein
просро́чка Verzug
– ~ возвра́та Tilgungsverzug [Rückgabe-
verzug]
– ~ в поста́вке Lieferverzug
– ~ платежа́ Zahlungsverzug
– за день -и pro Verzugstag
– за -у für Verzug
– с -ой mit Verzug
– допусти́ть/допуска́ть -у einen Verzug
zulassen
про́тив entgegen
– ~ гра́фика entgegen dem (Termin-)Plan
– ~ сро́ка entgegen der Terminvereinbarung
противоре́чащий де́йствующему зако-
нода́тельству der geltenden Gesetzgebung widersprechend [zuwiderlaufend]
протоко́л 1. Protokoll, 2. Erklärung
– ~ испыта́ния обору́дования Testprotokoll
– ~ о наме́рениях Absichtserklärung
– ~ сда́чи-приёмки Übergabe-Übernahme-
Protokoll
– ~ согласова́ния цен Preisabstimmungsprotokoll
– заключи́ть/заключа́ть ~ о наме́ре-
ниях eine Absichtserklärung abschließen
– подписа́ть/подпи́сывать ~ eine
Erklärung [ein Protokoll] unterzeichnen
– соста́вить/составля́ть ~ ein Protokoll
aufsetzen
– утверди́ть/утвержда́ть ~ ein Protokoll
bestätigen
проце́нты *(Pl.)* Zinsen
– ~ по ава́нсу Zinsen auf einen Vorschuß
– ~ по креди́ту Zinsen auf einen Kredit
– вы́платить/выпла́чивать ~ Zinsen
(aus)zahlen
– начи́слить/начисля́ть ~ Zinsen anrechnen
– уплати́ть/упла́чивать ~ Zinsen zahlen
проце́нтная ста́вка Zinssatz
пункт 1. Punkt [Klausel], 2. Ort
– спо́рный ~ strittiger Punkt

– ~ договóра [контрáкта] Vertragspunkt [Vertragsklausel]
– ~ назначéния (грýза) Bestimmungsort [Bestimmungspunkt] (einer Fracht) прибы́тие товáра в ~ назначéния das Eintreffen der Ware am Bestimmungsort
– в соотвéтствии с -ом in Übereinstimmung mit der Klausel
– обсуди́ть/обсуждáть ~ einen Punkt erörtern [diskutieren]
– рассмотрéть/рассмáтривать ~ einen Punkt erörtern

Р

работодáтель Arbeitgeber
рабóчий Arbeitnehmer
размéр Höhe [Umfang]
– ~ вклáда Höhe der Einlage
– ~ комиссиóнных Höhe der Provision
– в -е … in Höhe von …
уплати́ть/уплáчивать штраф в -е … % от óбщей стóимости eine Strafe in Höhe von … % der Gesamtsumme zahlen
вы́платить/выплáчивать комиссиóнные в -е … % от óбщей сýммы eine Provision in Höhe von … % der Gesamtsumme zahlen
разноглáсие Meinungsverschiedenheit
– урегули́ровать/регули́ровать ~ eine Meinungsverschiedenheit beilegen
– устрани́ть/устранáть ~ eine Meinungsverschiedenheit beilegen [beseitigen]
разрешéние 1. Beilegung [Lösung, Entscheidung], 2. Erlaubnis [Einwilligung]
– ~ разноглáсий Beilegung von Meinungsverschiedenheiten
– ~ спóров Beilegung von Streitigkeiten
– без -я ohne Erlaubnis [Einwilligung]
– с -я mit Erlaubnis [Einwilligung]
– подлежáть -ю в арбитрáже der Entscheidung durch ein Schiedsgericht unterliegen
разреши́ть/разрешáть (что?) beilegen [lösen]
– ~ разноглáсия Meinungsverschiedenheiten beilegen
– ~ спóры путём переговóров Streitigkeiten auf dem Verhandlungswege beilegen [lösen]
– (быть) разрешён (-шенá) beigelegt [gelöst] (werden)
распоряжéние Verfügung
– прáво -я Verfügungsrecht
– предостáвить/предоставлáть в ~ zur Verfügung stellen
распространи́ться/распространáться (на что?) sich erstrecken

– гарáнтия (не) распространáется на … die Garantie erstreckt sich (nicht) auf …
– дáнное положéние (не) распространáется на … diese Bestimmung erstreckt sich (nicht) auf …
рассмотрéть/рассмáтривать (что?) erörtern
– ~ основны́е пýнкты договóра die wichtigsten Vertragspunkte erörtern
– ~ предложéние einen Vorschlag erörtern
– ~ претéнзии Reklamationsansprüche prüfen
– ~ спóрные вопрóсы strittige Fragen erörtern
рассчитáть/рассчи́тывать (что?) berechnen [ausrechnen]
– ~ комиссиóнные die Provision berechnen
– ~ сýмму eine Summe errechnen
рассчитáться/рассчи́тываться (с кем?) abrechnen [Rechnungen begleichen]
растóргнуть/расторгáть (что?) kündigen
– ~ договóр [контрáкт] einen Vertrag kündigen
– (быть) растóргнут(а) gekündigt (werden)
расторжéние Kündigung
– досрóчное ~ договóра vorfristige [fristlose] Kündigung des Vertrages
– срóчное ~ договóра fristgemäße Kündigung des Vertrages
– ~ договóра [контрáкта] Vertragskündigung
– извещéние о -и договóра Mitteilung über die Kündigung des Vertrages
расхóды Kosten
– дополни́тельные ~ zusätzliche Kosten
– текýщие ~ laufende Kosten
– ~ на получéние (бáнковской гарáнтии) Kosten für die Erteilung (der Bankgarantie)
– ~ на продлéние (бáнковской гарáнтии) Kosten für die Verlängerung (der Bankgarantie)
– ~ по авáнсу Vorschußkosten
– ~ по вы́даче (товáров) Kosten für (Waren-)Ausgabe
– ~ по (возмóжной) пролонгáции аккреди́тива Kosten für die (mögliche) Verlängerung des Akkreditivs
– ~ по достáвке (товáров) Lieferkosten
– ~ по маркирóвке (товáров) Markierungskosten
– ~ по приёмке (товáров) Kosten für (Waren-)Annahme
– ~ по склади́рованию (товáров) Kosten für (Waren-)Lagerung
– ~ по откры́тию аккреди́тива Kosten für die Eröffnung eines Akkreditivs
– ~ по упакóвке (товáров) Verpackungskosten

– ~, понесённые на террито́рии … auf dem Territorium … entstandene Kosten
– ~, свя́занные с … mit … verbundene Kosten
– взять/брать на себя́ ~ die Kosten übernehmen
– возмести́ть/возмеща́ть ~ Kosten erstatten
– нести́ ~ Kosten tragen
– оплати́ть/опла́чивать ~ Kosten tragen [bezahlen]
– отнести́/относи́ть ~ (на счёт …) die Kosten anrechnen [in Rechnung stellen]
– покры́ть/покрыва́ть ~ Ausgaben [Kosten] decken
– произвести́/производи́ть ~ Kosten verursachen
расчёт Abrechnung [Rechnungslegung]
– взаи́мные -ы Verrechnung
– поря́док -ов Abrechnungsmodus
– провести́/проводи́ть ~ eine Abrechnung vornehmen
– произвести́/производи́ть взаи́мные -ы eine Verrechnung vornehmen
расчётный счёт Verrechnungskonto [Girokonto]
реализова́ть/реализо́вывать (что?) realisieren
– ~ догово́р [контра́кт] einen Vertrag realisieren
– ~ поста́вку (това́ра) eine Warenlieferung realisieren [vornehmen]
– ~ това́р eine Ware realisieren
регистра́ция Registrierung [Eintragung]
– ~ догово́ра [контра́кта] Registrierung [Eintragung] eines Vertrages
– ~ фи́рмы в торго́вый рее́стр Eintragung einer Firma ins Handelsregister
– да́та -и Datum der Eintragung
регла́мент Satzung [Bestimmung, Regelung]
– ~ арбитра́жного суда́ Schiedsgerichtsordnung [Vertragsgerichtsordnung]
– в соотве́тствии с -ом in Übereinstimmung mit der Satzung [den Bestimmungen]
– примени́ть/применя́ть ~ eine Regelung anwenden
рее́стр Register
– торго́вый ~ Handelsregister
– регистра́ция в ~ Registrierung im Register
реквизи́т(ы) Requisit(en) [Adresse]
– ба́нковский (-ие) ~ (-ы) Bankrequisiten [Bankverbindung]
– отгру́зочные -ы Versandadresse
– юриди́ческие -ы juristische Adresse [Sitz]
рекла́ма Werbung
– догово́р на -у [о -е] Werbevertrag
реклама́ция Reklamation
риск Risiko
– валю́тный ~ Währungsrisiko

– ~ делькре́дере Delkredererisiko
– ~ перево́да mit einer Überweisung verbundenes Risiko
– за свой страх и ~ auf eigenes Risiko
– за свой счёт и ~ auf eigenes Risiko
– моме́нт перехо́да -а (на покупа́теля) Moment des Gefahrübergangs (auf den Käufer)
– страхо́вка от -а Versicherung gegen Risiko
– застрахова́ть/застрахо́вывать от всех -ов gegen alle Risiken versichern (lassen)
– нести́ ~ по това́ру до его́ переда́чи ein Risiko bis zum Moment des Übergangs der Ware tragen
РФ [Росси́йская Федера́ция] RF [Russische Föderation]

С

са́нкции Sanktionen [Konventionalstrafe]
– штрафны́е ~ Strafmaßnahmen
сбо́р(ы) Gebühr(en)
– комиссио́нные ~ Provisionsgebühr [Kommissionsgebühr]
своевре́менно rechtzeitig [zur rechten Zeit]
связь Zusammenhang
– в -й с … im Zusammenhang mit …
сда́ча Übergabe
– ~ това́ра Übergabe einer Ware
– акт -и Abnahmeprotokoll
– акт [протоко́л] сда́чи-приёмки Übergabe-Übernahme-Protokoll
– срок -и Abnahmetermin
сде́лка Geschäft
– ба́ртерная ~ Bartergeschäft
се́рвис Service [Kundendienst]
се́рвисное обслу́живание Service [Betreuung, Wartung]
сертифика́т Gutachten [Zertifikat, Zeugnis]
– авари́йный ~ Unfallgutachten
– ветерина́рный ~ veterinärmedizinisches Gutachten
– ~ ка́чества [о ка́честве] (това́ра) Qualitätsgutachten [Qualitätszertifikat, -zeugnis]
– ~ о вы́нужденной вы́грузке и уте́ре това́ра Nachweis über Zwangsentladung und Verlust der Ware
– ~ о происхожде́нии Ursprungszeugnis
– ~, вы́данный заво́дом-изготови́телем vom Herstellerwerk erteiltes Zertifikat
– подтверди́ть/подтвержда́ть -ом durch ein Gutachten bestätigen
си́ла[1] (jur.) Kraft [Wertigkeit, Gültigkeit]
– вступи́ть/вступа́ть в -у in Kraft treten
– име́ть (одина́ковую юриди́ческую) -у (gleiche juristische) Wertigkeit haben
– потеря́ть/теря́ть -у seine Gültigkeit verlieren

– приобрести/приобретать -у Gültigkeit
erlangen
сила[2] 1. Kraft, 2. Gewalt
– обстоятельства непреодолимой -ы
Umstände höherer Gewalt
– своими -ами aus eigener Kraft
скидка (с цены) Rabatt
– предусмотреть/предусматривать -у
einen Preisnachlaß vorsehen
склад Lager
– консигнационный ~ Konsignationslager
– таможенный ~ Zollager
– ~ товаров народного потребления
(ТНП) Konsumgüterlager
– франко-~ (покупателя) frei Lager (des
Käufers)
– открыть/открывать [оформить/
оформлять] (консигнационный) ~
ein (Konsignations-)Lager eröffnen
служащий Arbeitnehmer
случай Fall
– в -е im Falle
– в -е необходимости erforderlichenfalls
– в противном -е im entgegengesetzten
Fall
снять/снимать (что?) mieten
соблюсти/соблюдать (что?) einhalten
– ~ сроки поставки Lieferfristen einhalten
– ~ условия договора Vertragsbedingungen einhalten
собрание директоров Vorstandssitzung
собственность Eigentum
– общая долевая ~ gemeinsames Eigentum am Stammkapital
– являться -ью Eigentum sein
совет директоров Vorstand
согласие Einverständnis
– предварительное письменное ~ vorheriges schriftliches Einverständnis
– без -я (партнёра) ohne Einverständnis
(des Vertragspartners)
– при -и (другой стороны) bei Einverständnis (der anderen Seite)
– с -я mit dem Einverständnis
согласиться/соглашаться (с чем?) einverstanden sein
– ~ с решением арбитражного суда mit
der Entscheidung des Schiedsgerichts einverstanden sein
согласно laut [entsprechend, in Übereinstim-
mung]
– ~ графику [плану] laut (Termin-)Plan
– ~ приложению ... (договора) entsprechend Anlage ... (des Vertrages)
согласование Abstimmung [Absprache]
– ~ сроков Terminabsprache
– ~ цен Preisabsprache
– переговоры по - ю цен Preisverhandlungen

– протокол -я Abstimmungsprotokoll
– по -ю in Absprache
– после предварительного -я nach Vor-
absprache
согласованный, -ая ,-ое, -ые abgestimmt
[vereinbart]
– ~ (сторонами) условия платежа (von
den Seiten) vereinbarte Zahlungsbedingungen
– ~ (сторонами) срок (von den Seiten) vereinbarte Frist [vereinbarter Termin]
согласовать/согласовывать (что?) vereinbaren
– ~ порядок ein Verfahren [einen Modus]
abstimmen
– ~ поставку eine Lieferung vereinbaren
– ~ сроки Termine [Fristen] abstimmen
– ~ условия контракта [договора] die
Vertragsbedingungen vereinbaren
– ~ цену den Preis vereinbaren
– (быть) согласован(а) vereinbart (sein/
werden)
соглашение Vereinbarung [Vertrag]
– генеральное ~ Grundsatzvereinbarung
– двустороннее ~ zweiseitige Vereinbarung
– обоюдное ~ beiderseitige Vereinbarung
– страховое ~ Versicherungsvertrag
– трудовое ~ Arbeitsvertrag
– заключить/заключать ~ eine Vereinbarung (ab)schließen
– подписать/подписывать ~ eine Vereinbarung [Erklärung] unterzeichnen
– составить/составлять ~ eine Vereinbarung [ein Abkommen] aufsetzen
сообщение Mitteilung
сообщить/сообщать (кому? что?
о чём?) mitteilen [Mitteilung machen,
signalisieren]
– ~ о готовности товара к отгрузке [от-
правке] Versandbereitschaft signalisieren
– ~ о проданных товарах Mitteilung über
die verkaufte Ware machen
– заблаговременно ~ rechtzeitig mitteilen
– несвоевременно ~ nicht rechtzeitig mitteilen
соответствие Übereinstimmung [Ent-
sprechung]
– в -и с ... in Übereinstimmung mit ...
в -и с Приложением ... настоящего
контракта in Übereinstimmung mit Anlage
... des vorliegenden Vertrages
в -и с пунктом ... договора in Übereinstimmung mit Punkt ... des Vertrages
в -и с регламентом ... in Übereinstimmung mit der Satzung [mit den Bestimmun-
gen] der/des ...
в -и с условиями договора entsprechend den Bedingungen [in Übereinstimmung mit den Vertragsbedingungen]

соста́вить/составля́ть *(что?)* aufsetzen
– ~ **акт [протоко́л]** ein Protokoll aufsetzen
– ~ **догово́р [контра́кт]** einen Vertrag aufsetzen [ausfertigen]
– ~ **соглаше́ние** eine Vereinbarung [ein Abkommen] aufsetzen
– **(быть) соста́влен(а)** aufgesetzt (werden) **Настоя́щий догово́р соста́влен в 4-х экземпля́рах.** Der vorliegende Vertrag wurde in 4 Exemplaren aufgesetzt.
спецификáция 1. Einzelaufstellung, 2. Stückliste
– ~ **товáра** Warenspezifikation
спóр(ы) Streitfälle [Streitigkeiten]
– **-ы, возникáющие из настоя́щего догово́ра** aus dem vorliegenden Vertrag erwachsende Streitfälle
– **-ы, возникáющие в связи́ с настоя́щим догово́ром** mit dem vorliegenden Vertrag zusammenhängende Streitfälle
– **разреше́ние -ов** Beilegung von Streitigkeiten
– **урегули́рование -ов** Regulierung von Streitfällen
– **разреши́ть/разреша́ть -ы путём перегово́ров** Streitigkeiten auf dem Verhandlungswege beilegen [lösen]
спóрный, -ая, -ое, -ые Streit- [strittig]
– ~ **вопрóсы** strittige Fragen
– ~ **дéло** Streitfall [Streitfrage]
– ~ **пункт** strittiger Punkt
среднесрóчный креди́т mittelfristiger Kredit
срок 1. Frist [Zeitraum, -dauer], 2. Datum [Termin]
– **гаранти́йный** ~ die Garantiefrist
– **дли́тельный** ~ lange Frist [langfristig]
– **догово́рный** ~ Vertragsfrist [Vertragsdauer]
– **корóткий** ~ kurze Frist [kurzfristig]
– **крáйний** ~ spätester Termin
– **кратчáйший** ~ kürzeste Frist
– **оконча́тельный** ~ Schlußtermin
– **плани́руемый** ~ geplanter Termin
– **послéдний** ~ spätester Termin
– **предполагáемый** ~ angenommene Frist
– **приéмлемый** ~ annehmbare Frist
– **согласóванный (сторонáми)** ~ (von den Seiten) vereinbarte Frist [vereinbarter Termin]
– **укáзанный** ~ angegebene Frist [angegebener Termin]
– **устанóвленный** ~ festgesetzte Frist [festgelegter Termin]
– ~ **внедрéния** Einführungsfrist
– ~ **гóдности** Haltbarkeitsdauer
– ~ **дéйствия (договóра, контрáкта)** Vertragsdauer [Geltungsdauer des Vertrages]
– ~ **завершéния** Termin der Fertigstellung

– ~ **испытáния (оборýдования)** Probefrist [Erprobungsfrist] (einer Anlage)
– ~ **платежá** Zahlungsfrist
– ~ **предоставлéния креди́та** Kreditlaufzeit
– ~ **постáвки** Lieferfrist [Liefertermin]
– ~ **сдáчи** Abnahmetermin
– ~ **слýжбы (издéлия)** Lebensdauer (eines Erzeugnisses)
– ~ **хранéния** Haltbarkeitsfrist
– **изменéние -а [-ов]** Fristenänderung [Terminänderung]
– **истечéние -а [-ов]** Fristenablauf
– **нарушéние -а [-ов]** Fristverletzung
– **несоблюдéние -а [-ов]** Nichteinhaltung der Termine [Fristen]
– **подтверждéние -а [-ов]** Fristenbestätigung [Terminbestätigung]
– **продлéние -а [-ов]** Fristenverlängerung
– **соблюдéние -а [-ов]** Einhaltung von Fristen [Terminen, Fristentreue]
– **согласовáние -а [-ов]** Terminabsprache
– **сокращéние -а [-ов]** Fristenverkürzung
– **утверждéние -а [-ов]** Fristenbestätigung [Terminbestätigung
– **в ~ [-и]** fristgerecht [fristgemäß, zum vereinbarten Termin, termingerecht]
– **на ~** zeitweise [auf Zeit]
– **по -ам** entsprechend der Frist [termingerecht]
– **при истечéнии -а** bei Ablauf der Frist
– **по истечéнию [-и] -а** nach Ablauf der Frist
– **прóтив -а** entgegen der Terminvereinbarung
– **срóком на … дней** in einer Frist von … Tagen
– ~ **истекáет** die Frist endet [verstreicht, läuft ab]
– ~ **наступи́л** die Frist läuft [ist angebrochen]
– ~ **составля́ет** die Frist beträgt
– **измени́ть/изменя́ть** ~ eine Frist ändern
– **исчи́слить/исчисля́ть** ~ eine Frist errechnen
– **нарýшить/наруша́ть** ~ die Frist nicht einhalten [verletzen]
– **продли́ть/продлева́ть** ~ eine Frist verlängern
– **соблюсти́/соблюда́ть -и** Fristen einhalten
– **согласовáть/согласóвывать** ~ eine Frist abstimmen
– **сократи́ть/сокраща́ть** ~ eine Frist verkürzen
– **указáть/укáзывать** ~ eine Frist angeben
– **установи́ть/устана́вливать** ~ eine Frist bestimmen [festsetzen]
– **утверди́ть/утвержда́ть** ~ eine Frist [einen Termin] bestätigen
ссýда Anleihe [Kredit]
– **бáнковская** ~ Bankanleihe
ссы́лка Verweis

станда́рт Standard
- **госуда́рственный ~ [госстанда́рт]** staatlich festgelegter Standard
- **междунаро́дный ~** internationaler Standard
- **техни́ческий ~** technischer Standard
- **~ ка́чества** Qualitätsstandard

статья́ догово́ра Vertragsartikel

сто́имость 1. Wert, 2. Preis, 3. Kosten
- **о́бщая ~ (составля́ет ...)** der Gesamtwert (beträgt ...)
- **факту́рная ~** Rechnungspreis
- **~ догово́ра [контра́кта]** Wert des Vertrages
- **~ маркиро́вки** Kosten für Markierung
- **~ па́ртии (това́ра)** Preis einer (Waren-)Partie
- **~ та́ры** Verpackungskosten
- **~ това́ра** Preis der Ware
- **~ упако́вки** Verpackungskosten
- **~ факту́ры** Rechnungspreis
- **включа́я ~** inklusive ...-preis
- **измене́ние -и** Preisänderung
- **оце́нка -и това́ра** Festsetzung des Warenpreises
- **восмести́ть/возмеща́ть ~** eine Summe (zurück)erstatten

сторона́ (сто́роны) Seite(n)
- **догова́ривающиеся -ы** vertragschließende Seiten
- **отве́тственность сторо́н** Haftung der Seiten

страхова́ние Versicherung [Versichern]
- **обеспе́чить/обеспе́чивать ~** die Versicherung (der Ware) gewährleisten

страхо́вка Versicherung
- **тра́нспортная ~** Transportversicherung
- **~ от всех ри́сков** Versicherung gegen alle Risiken
- **~ от краж** Versicherung gegen Diebstahl
- **~ от поврежде́ний** Versicherung gegen Beschädigung
- **~ от пожа́ра** Versicherung gegen Feuer
- **~ от проте́чки водопрово́дных труб** Versicherung gegen Wasserschäden
- **~ от утра́ты** Versicherung gegen Verlust
- **заключи́ть/заключа́ть -у** eine Versicherung (ab)schließen
- **обеспе́чить/обеспе́чивать -у** eine Versicherung übernehmen [gewährleisten]
- **осуществи́ть/осуществля́ть -у** eine Versicherung übernehmen

страхово́й, -а́я, -о́е, -ы́е Versicherungs-
- **~ аге́нт** Versicherungsagent
- **~ докуме́нты** Versicherungsunterlagen
- **~ компа́ния** Versicherungsgesellschaft
- **~ по́лис** Versicherungspolice
- **~ соглаше́ние** Versicherungsvertrag
- **~ су́мма** Versicherungssumme

субподря́дчик Unterauftragnehmer

суд Gericht
- **арбитра́жный ~** Schiedsgericht [Vertragsgericht]
  обраща́ться к компете́нции арбитра́жного -а́ ein Schiedsgericht anrufen
- **о́бщий ~** staatliches Gericht
  за исключе́нием подсу́дности о́бщим -а́м unter Ausschluß der staatlichen Gerichte (Gerichtsbarkeit)
- **трете́йский ~** Schiedsgericht
- **регла́мент (арбитра́жного) -а́** (Schieds-)Gerichtsordnung

судопроизво́дство Gerichtsbarkeit
- **ме́сто -а** Ort der Gerichtsbarkeit [Gerichtsstand]

су́мма Summe
- **единовре́менная ~** einmalige Zahlung
- **о́бщая ~** Gesamtsumme [Gesamtwert]
- **основна́я страхова́я ~** Versicherungssumme
- **~ поста́вок** Wert der Lieferung
- **~ догово́ра [контра́кта]** Vertragssumme
- **~ ба́нковской гара́нтии** Höhe der Bankgarantie
- **в -е ...** in Höhe von ...
- **заплати́ть/плати́ть -у** eine Summe (be)zahlen
- **начи́слить/начисля́ть -у** eine Summe anrechnen [errechnen]
- **перевести́/переводи́ть -у** eine Summe anweisen
- **распоряди́ться/распоряжа́ться -ой** über eine Summe verfügen
- **рассчита́ть/рассчи́тывать -у** eine Summe errechnen

счёт[1] Rechnung
- **~-профо́рма** Proforma-Rechnung
- **~-факту́ра** Faktura-Rechnung
  легализо́ванный ~ legalisierte Faktura-Rechnung
- **дублика́т -а** Duplikat der Rechnung
- **ко́пия -а** Kopie der Rechnung
- **оригина́л (специфици́рованного) -а** Original der (spezifizierten) Rechnung
- **поступле́ние ~** Rechnungseingang
- **предоставле́ние ~** Rechnungsvorlage
- **за свой ~ (и риск)** auf eigene Rechnung [auf eigenes Risiko]
- **вы́ставить/выставля́ть ~** eine Rechnung ausstellen
- **оплати́ть/опла́чивать ~** eine Rechnung begleichen [bezahlen]
- **получи́ть/получа́ть ~** eine Rechnung erhalten
- **предъяви́ть/предъявля́ть ~** eine Rechnung vorlegen

счёт[2] Konto
- **дебито́рский ~** Passivkonto

– **расчётный** ~ Verrechnungskonto [Giro-konto]
– **ссу́дный** ~ Anleihekonto [Darlehenskonto]
– **вы́писка счето́в** Kontoauszug
– **перевести́/переводи́ть де́ньги на** ~ Geld auf ein Konto überweisen
– **перечи́слить/перечисля́ть (комис-сио́нные) на** ~ (Provision) auf ein Konto überweisen

Т

та́ра 1. Transportverpackung, 2. Verpackungsgewicht
– **сто́имость -ы** Verpackungskosten
техни́ческий, -ая, -ое, -ие technisch
– ~ **документа́ция [техдокумента́ция]** technische Dokumentation
– ~ **инстру́кции** technische Instruktionen
– ~ **обслу́живание** technische Wartung
– ~ **описа́ние** technische Beschreibung [Betriebsanleitung]
– ~ **па́спорт на маши́ны** technischer Paß
– ~ **усло́вия** technische Bedingungen
– ~ **характери́стика** technische Daten
тече́ние Lauf [Verlauf]
– **в** ~ im Laufe [innerhalb]
  в ~ **гаранти́йного сро́ка** innerhalb des Garantiezeitraumes
  в ~ **... ба́нковских дней** innerhalb von … Banktagen
  в ~ **... дней со дня ...** innerhalb von … Tagen ab Tag …
  в ~ **... ме́сяцев** innerhalb von … Monaten
това́р 1. Ware, 2. Gut
– **высококачественный** ~ qualitativ hoch-wertige Ware
– **дефе́ктный** ~ defekte Ware
– **забрако́ванный** ~ minderwertige [mangelhafte, defekte] Ware
– **залежа́лый** ~ überlagerte Ware
– **испо́рченный** ~ verdorbene Ware
– **недопоста́вленный** ~ fehlende Ware [Fehlmenge]
– **недостаю́щий** ~ fehlende Ware [Fehl-menge]
– **некачественный** ~ minderwertige [mangelhafte] Ware
– **отгру́женный** ~ versandte Ware
– **повреждённый** ~ beschädigte Ware
– **поста́вленный** ~ gelieferte Ware
– **поставля́емый** ~ zu liefernde Ware
– **-ы наро́дного потребле́ния (ТНП)** Konsumgüter
– **-ы промы́шленного потребле́ния (ТПП)** Investitionsgüter
– **доста́вка -a** Anlieferung der Ware
– **заме́на -a** Austausch der Ware
– **ка́чество -a** Qualität der Ware

– **коли́чество -a** Warenmenge
– **наименова́ние -a** Warenbezeichnung
– **недоста́ток -a** Mangel an einer Ware
– **па́ртия -ов** Warenpartie
– **перегру́зка -a** Umladen der Ware
– **поступле́ние -a** Wareneingang
– **сда́ча -a** Übergabe einer Ware
– **склад -ов** Warenlager
– **спецификация -a** Warenspezifikation
– **сто́имость -a** Preis der Ware
– **утра́та -a** Verlust der Ware
– **характери́стика -a** Warenspezifikation
– **возврати́ть/возвраща́ть** ~ eine Ware zurückgeben
– **заказа́ть/зака́зывать** ~ eine Ware bestellen
– **застрахова́ть/застрахо́вывать** ~ eine Ware versichern (lassen)
– **оплати́ть/опла́чивать** ~ eine Ware bezahlen
– **отгрузи́ть/отгружа́ть** ~ eine Ware ver-senden
– **отпра́вить/отправля́ть** ~ eine Ware ver-senden
– **поста́вить/поставля́ть** ~ eine Ware liefern
– **приня́ть/принима́ть** ~ eine Ware an-nehmen
– **реализова́ть/реализо́вывать** ~ eine Ware realisieren
– **храни́ть** ~ eine Ware lagern
това́рищество с ограни́ченной отве́тст-венностью (ТОО) Gesellschaft mit be-schränkter Haftung (GmbH)
торго́во-промы́шленная пала́та (ТПП) Industrie- und Handelskammer (IHK)
транс Trans
– **но́мер -a** Trans-Nummer
тра́нспорт Transport
– **вид -a** Transportart
транспортиро́вка Transport
тра́нспортный, -ая, -ое, -ые Transport-
– ~ **аге́нтство** Transportunternehmen
– ~ **докуме́нты** Transportdokumente
– ~ **страхо́вка** Transportversicherung
тре́бование (-я) 1. Forderung(en), 2. Anforderung [Erfordernis]
– **зая́вленное** ~ geltend gemachte Forderung
– **инка́ссовое** ~ Inkassoforderung
– **обосно́ванные -я** begründete For-derungen
– **откры́тое** ~ offene Forderung
– **уступа́емые -я** abtretbare Forderungen
– **по -ю (покупа́теля)** auf Forderung des Käufers
– **взять/брать на себя́** ~ eine Forderung auf sich nehmen [übernehmen]
– **оплати́ть/опла́чивать** ~ eine Forderung bezahlen

– **переда́ть/передава́ть** ~ eine Forderung übergeben [abtreten]
– **приня́ть/принима́ть на себя́** ~ eine Forderung auf sich nehmen [übernehmen]
– **предъяви́ть/предъявля́ть** ~ eine Forderung geltend machen
– **удовлетвори́ть/удовлетворя́ть** ~ eine Forderung befriedigen
– **уступи́ть/уступа́ть** ~ eine Forderung abtreten
тре́бовать *(чего?)* fordern
– ~ **возмеще́ния убы́тков** Schadensersatz fordern
– ~ **заме́ны това́ра** den Austausch der Ware fordern
– ~ **упла́ты штра́фа** die Zahlung einer Strafe fordern
– ~ **устране́ния (обнару́женных) дефе́ктов** die Beseitigung der (aufgetretenen) Mängel fordern
– ~ **уце́нки това́ра** einen Preisnachlaß der Ware fordern

У

убы́ток Schaden [Verlust]
– **нанесённый** ~ zugefügter Schaden
– **причинённый** ~ verursachter Schaden
– **возмеще́ние [компенса́ция] -тков** Schadensersatz
– **прете́нзия по (причинённым) -ткам** Schadensersatzforderung
– **возмести́ть/возмеща́ть** ~ den Verlust ersetzen
– **отнести́/относи́ть** ~ **на продавца́** den Verlust dem Verkäufer in Rechnung stellen
– **покры́ть/покрыва́ть** ~ einen Verlust ausgleichen [kompensieren]
уве́домить/уведомля́ть *(кого? о чём?)* benachrichtigen [in Kenntnis setzen]
– ~ **о возмо́жности отгру́зки (това́ра)** von der Möglichkeit des Versands (der Ware) benachrichtigen
– ~ **о при́нятом реше́нии** von der getroffenen Entscheidung in Kenntnis setzen
уведомле́ние Benachrichtigung
указа́ть/ука́зывать *(что?)* angeben
– ~ **а́дрес грузополуча́теля** die Adresse des Empfängers angeben
– ~ **да́ту поста́вки (това́ра)** das Lieferdatum angeben
– ~ **(гаранти́йный) срок** den (Garantie-)Zeitraum [die (Garantie-)Frist] angeben
– ~ **в приложе́нии** in der Anlage ausweisen [angeben]
– **(быть) ука́зан(а)** angegeben (sein/werden)
упако́ванный предме́т Frachtstück [verpackter Gegenstand]
упакова́ть/упако́вывать *(что?)* verpacken

упако́вка Verpackung
– **водонепроница́емая** ~ wasserundurchlässige Verpackung
– **гермети́чная** ~ hermetische Verpackung
– **жёсткая** ~ feste Verpackung
– **жиронепропуска́емая** ~ fettabweisende Verpackung
– **закры́тая** ~ geschlossene Verpackung
– **крупногабари́тная** ~ große Verpackung
– **малогабари́тная** ~ kleine Verpackung
– **многооборо́тная** ~ Mehrwegverpackung
– **мя́гкая** ~ weiche Verpackung
– **недоста́точная** ~ unzureichende Verpackung
– **ненадлежа́щая** ~ nichtordnungsgemäße [ungeeignete] Verpackung
– **непромока́емая** ~ feuchtigkeitsresistente Verpackung
– **огнеупо́рная** ~ feuerfeste Verpackung
– **откры́тая** ~ offene Verpackung
– **потреби́тельская** ~ Verbraucherverpackung
– **противоуда́рная** ~ stoßfeste Verpackung
– **ра́зовая** ~ Einwegverpackung
– **транспортиро́вочная** ~ Transportverpackung
– **э́кспортная** ~ Exportverpackung
– **материа́л -и** Verpackungsmaterial
– **отве́тственность за -у** Haftung für die Verpackung
– **расхо́ды по -е това́ров** Verpackungskosten
– **сто́имость -и** Verpackungskosten
упако́вочный лист Packliste [Packzettel]
упла́та Bezahlung [Zahlung]
– ~ **комиссио́нных** Zahlung einer Provision
– ~ **проце́нтов** Zahlung von Zinsen
– ~ **штра́фа** Bezahlung einer Strafe
– **тре́бовать -ы** eine Zahlung fordern
уплати́ть/плати́ть *(что?)* bezahlen
– ~ **неусто́йку** eine Konventionalstrafe zahlen
– ~ **пе́ню** eine (Geld-)Strafe (be)zahlen
– ~ **проце́нты** Zinsen zahlen
– ~ **штраф** eine (Geld-)Strafe bezahlen
– **(быть) упла́чен(а)** bezahlt (werden/sein)
уполномо́ченный представи́тель bevollmächtigter Vertreter
уполномо́ченный, -ая *(Subst.)* Bevollmächtigte(r)
уполномо́чие Vollmacht
управля́ющий, -ая *(Subst.)* Geschäftsführer(-in) [Direktor(-in)]
урегули́рование Regulierung [Beilegung]
– ~ **вопро́сов** Regulierung von Fragen
– ~ **спо́ров** Regulierung von Streitfällen
– **ме́ры к -ю спо́ров** Maßnahmen zur Schlichtung von Streitfällen

– предложе́ние к -ю спо́ров Schlichtungsvorschlag
урегули́ровать/регули́ровать *(что?)*
regulieren
– ~ вопро́сы по прете́нзиям Reklamationsansprüche regulieren
– ~ разногла́сия Meinungsverschiedenheiten regulieren
– ~ спо́ры Streitigkeiten beilegen [lösen]
усло́вие (-я) Bedingung(en)
– ба́зисные ~ поста́вки Lieferbedingungen
– надлежа́щие ~ angemessene Bedingungen
– о́бщие ~ догово́ра [контра́кта] allgemeine Vertragsbedingungen
– прие́млемые ~ annehmbare Bedingungen
– про́чие ~ weitere Bedingungen
– согласо́ванные ~ vereinbarte Bedingungen
– техни́ческие ~ technische Bedingungen
– ~ догово́ра [контра́кта] Vertragsbedingungen
– ~ платежа́ Zahlungsbedingungen
– ~ поста́вки Lieferbedingungen
~ поста́вки по отноше́нию к ка́честву
Lieferbedingungen bezüglich der Qualität
~ поста́вки по отноше́нию к коли́-
честву Lieferbedingungen bezüglich der
Quantität
– ~ предоставле́ния гара́нтии Garantiebedingungen
– ~ эксплуата́ции (обору́дования/
маши́н) Betriebsbedingungen (für Maschi-
nen/Anlagen)
– в соотве́тствии с -ями entsprechend
den Bedingungen [in Übereinstimmung mit
den Bedingungen]
– на -ях (поста́вки) ...unter der Bedingung...
поста́вить това́р на -ях ... eine Ware
unter der Bedingung ... liefern
– при -и unter der Bedingung
– нару́шить/наруша́ть ~ Bedingung(en)
verletzen
– обеспе́чить/обеспе́чивать ~ Bedin-
gung(en) garantieren [sicherstellen]
– оговори́ть/огова́ривать ~ Bedingung(en)
aushandeln [vereinbaren]
– предусмотре́ть/предусма́тривать ~
Bedingung(en) vorsehen
– соблюсти́/соблюда́ть ~ Bedingung(en)
einhalten
– согласова́ть/согласо́вывать -я
(контра́кта) (Vertrags-)Bedingungen vereinbaren
– (не) соотве́тствовать -ям den Bedingungen (nicht) entsprechen
услу́га Dienstleistung [Leistung]
– догово́р на оказа́ние услуг Dienstleistungsvertrag

– предоставле́ние услу́г die Erbringung
von Dienstleistungen
– оказа́ть/ока́зывать -у eine Dienstleistung
erbringen
– предоста́вить/предоставля́ть -у eine
Dienstleistung erbringen
уста́в Statut
уста́вный, -ая, -ое, -ые [уставно́й, -а́я,
-о́е, -ы́е] Statut(en)-
– ~ капита́л Statutenkapital [Stammkapital,
Gründungskapital]
– ~ фонд Statutenfonds
установи́ть/устана́вливать *(что?)* 1. feststellen [festlegen], 2. aufstellen [errichten]
– ~ комиссио́нные eine Provision festlegen
[vereinbaren]
– ~ надба́вку einen Zuschlag festlegen
– ~ сро́ки Termine [Fristen] festsetzen
– ~ це́ну einen Preis festlegen
устране́ние Beseitigung
– ~ дефе́ктов Beseitigung der Mängel
[Defekte]
– ~ недоста́тков Mängelbeseitigung
– ~ причи́н Beseitigung der Ursachen
– тре́бовать -я eine Beseitigung fordern
устрани́ть/устраня́ть *(что?)* 1. beseitigen
[ausräumen], 2. beilegen
– ~ дефе́кты (незамедли́тельно) Mängel
(unverzüglich) beseitigen
– ~ недоста́тки einen Mangel beheben
[beseitigen]
– ~ разногла́сия Meinungsverschiedenheiten beilegen [beseitigen]
уступи́ть/уступа́ть *(что?)* abtreten
– ~ до́лю einen Anteil abtreten
– ~ свои́ права́ seine Rechte abtreten
– ~ тре́бования Forderungen abtreten
усту́пка Abtretung
– ~ догово́ра [контра́кта] (в це́лом)
Abtretung des Vertrages (im ganzen)
– ~ свои́х прав Abtretung seiner Rechte
утверди́ть/утвержда́ть *(что?)* bestätigen
– ~ гра́фик поста́вок die Liefergrafik
bestätigen
– ~ план совме́стной рабо́ты den Plan für
die gemeinsame Tätigkeit bestätigen
– ~ протоко́л согласова́ния цен das Preisabstimmungsprotokoll bestätigen
– ~ срок eine Frist [einen Termin] bestätigen
утра́та Verlust
– ~ пра́ва на ... Verlust des Rechts auf ...
– ~ това́ра Verlust der Ware
– страхо́вка от -ы (това́ра) Versicherung
gegen Verlust (der Ware)
– застрахова́ть/застрахо́вывать от -ы
gegen Verlust versichern (lassen)
– избежа́ть/избега́ть -ы това́ра einen
Verlust der Ware vermeiden
уце́нка Preisnachlaß

– **тре́бовать -и** einen Preisnachlaß fordern
уча́стник hier: Gesellschafter
– **собра́ние -ов** Gesellschafterversammlung
учреди́тель Gesellschafter
– **взнос -ей** Stammeinlage der Gesellschafter
– **собра́ние -ей** Gesellschafterversammlung
учреди́тельный догово́р Gesellschaftsvertrag
ущéрб Schaden
– **нанесённый** ~ zugefügter Schaden
– **причинённый** ~ verursachter Schaden
– **возмести́ть/возмеща́ть** ~ einen Schaden ersetzen
– **нанести́** ~ einen Schaden zufügen
– **потерпе́ть/терпе́ть** ~ einen Schaden
   erleiden
– **причини́ть/причина́ть** ~ einen Schaden
   verursachen

Ф

фа́ктор Faktor
фа́кторинг Factoring
факту́ра Faktura [Rechnungspreis]
– **тамо́женная** ~ Zollfaktura
– **счёт-~** Faktura-Rechnung
– **вруче́ние -ы** Aushändigung der Faktura
– **сто́имость -ы** Rechnungspreis
– **вы́ставить/выставла́ть -у** Faktura ausstellen
физи́ческое лицо́ natürliche Person
Ф. И. О. [фами́лия, и́мя, о́тчество] Familienname, Vor-, Vatername
фо́рма Form
– ~ **опла́ты** Zahlungsart
– **в пи́сьменной -е** schriftlich [in schriftlicher
   Form]
форс-мажо́р Force majeure[höhere Gewalt]
форс-мажо́рные обстоя́тельства
   Umstände höherer Gewalt
– **наступле́ние -ых -ств** das Eintreten von
   Umständen höherer Gewalt
фра́нко-... (fracht)frei ...
– **~-автомоби́ль** frei LKW [FOT – free on
   truck]
– **~-аэропо́рт** frei Flughafen [FOB airport]
– **~-борт (су́дна)** frei Bord [FOB – free on
   board]
– **~-ваго́н** frei Waggon [FOR – free on rail]
– **~-вдоль су́дна** frei Längsseite [FAS – free
   alongside ship]
– **~-док** frei Längsseite
– **~- грани́ца** frei Grenze [ex frontier]
– **~-ж/д ста́нция** frei Bahnhof [ex station]
– **~-заво́д (поставщика́)** frei Werk
   [ex works]
– **~-при́стань** frei Kai [ex quay]
– **~-при́стань назначе́ния** frei Kai Bestimmungshafen

– **~-при́стань отправле́ния** frei Kai
   Abgangshafen
– **~-склад** frei Lager
– **~-склад покупа́теля** frei Lager des
   Käufers
– **~-ста́нция назначе́ния** frei Bestimmungsbahnhof
– **~-ста́нция отправле́ния** frei Abgangsbahnhof
– **~- ста́нция получа́теля** frei Bahnhof des
   Frachtempfängers
– **~-су́дно** frei Schiff [ex ship]
– **~-тамо́женный склад** frei Zollager
– **~-торго́вая то́чка (покупа́теля)** frei Verkaufsstelle (des Käufers)
франши́за Franchise
– **предме́т -ы** Franchise-Objekt
фрахт Fracht
– **морско́й** ~ Seefracht

Х

хране́ние Lagerung
– **дли́тельное** ~ langfristige Lagerung
– **небре́жное** ~ unsachgemäße Lagerung
– **(не)надлежа́щее** ~ (nicht)ordnungs-
   gemäße Lagerung
– ~ **това́ра** Lagerung der Ware
– **срок -я** Haltbarkeitsfrist
храни́ть (това́р) (eine Ware) lagern

Ц

цена́ Preis
– **ба́зисная** ~ Grundpreis
– **догово́рная** ~ Vertragspreis
– **конъюнкту́рная** ~ konjunktureller Preis
– **кра́йняя** ~ äußerster Preis [Preislimit]
– **мирова́я** ~ Weltmarktpreis
– **номина́льная** ~ Nominalpreis
– **первонача́льная** ~ Einstiegspreis
– **повы́шенная** ~ überhöhter Preis
– **покупна́я** ~ Kaufpreis
– **прейскура́нтная** ~ Listenpreis
– **прие́млемая** ~ annehmbarer Preis
– **прода́жная** ~ Verkaufspreis [Abgabepreis]
– **расчётная** ~ Verrechnungspreis [Rech-
   nungspreis]
– **ры́ночная** ~ Marktpreis
– **скользя́щая** ~ gleitender [freibleibender]
   Preis
– **твёрдая** ~ fester Preis [Fixpreis]
– **э́кспортная** ~ Exportpreis
– ~ **догово́ра [контра́кта]** Vertragspreis
– ~ **КАФ ...** Preis C&F [cost and freight] ...
– ~ **СИФ ...** Preis CIF [cost, insurance,
   freight] ...
– ~ **со ски́дкой** Preis mit Rabatt
   [Rabattpreis]

– ~ **ФАС** ...Preis FAS [free alongside ship] ...
– ~ **ФОБ** ... Preis FOB [free on board] ...
– ~ **ФОР/ФОТ** ... Preis FOR/FOT [free on rail, free on truck] ...
– **включа́я це́ну** ... inklusive ...-preis
– **пересмотр -ы** Preisrevision [Überprüfung der Preise]
– **потоло́к -ы** Preislimit
– **по -é** ... zum Preis von ...
  поста́вить това́р по -é ... eine Ware zum Preis von ... liefern
– **ски́дка с -ы** Rabatt
– **согласова́ние цен** Preisabsprache
– ~ **понима́ется** ... der Preis versteht sich...
– ~ **устана́вливается** ... der Preis wird ... festgesetzt
  Цена́ устана́вливается на па́ртию в ... **штук.** Der Preis wird für eine Partie von ... Stück festgelegt.
– **установи́ть/устана́вливать це́ну** einen Preis festlegen
це́ссия Zession [Abtretung]

Ч

часть Teil
– **неотъе́млемая ~ контра́кта** untrennbarer Vertragsbestandteil
– **составна́я ~ догово́ра** Vertragsbestandteil
– **яви́ться/явля́ться -ью догово́ра** Teil des Vertrages sein
чертёж Zeichnung
– **устано́вочный ~** Zeichnung der Aufstellung
– **фунда́ментный ~** Zeichnung der Baugruppen und -teile
– **подтверди́ть/подтвержда́ть ~** eine Zeichnung bestätigen

Ш

штраф (Geld-)Strafe
– ~ **в разме́ре** ... eine Strafe in Höhe von ...
– ~ **за просро́чку** Verzugsstrafe
– **упла́та -а** Bezahlung einer Strafe
– **взыска́ть/взы́скивать ~** eine (Geld-)Strafe erheben
– **начи́слить/начисля́ть ~** eine Strafe erheben
  ~ **начисля́ется в разме́ре** ... Die Strafe wird in Höhe von ... erhoben.
– **уплати́ть/плати́ть ~** eine (Geld-)Strafe bezahlen
штрафны́е са́нкции Sanktionen [Strafmaßnahmen]
шту́ка Stück

Э

экземпля́р(ы) Exemplar(e)
– **в** ... **-ах** in ... Exemplaren
экспеди́тор Expediteur [Spediteur]
эксплуата́ция Gebrauch [Betrieb, Nutzung]
– **инстру́кция по -и** Bedienungsanleitung
– **усло́вия -и** Betriebsbedingungen

Ю

юриди́ческий, -ая, -ое, -ие juristisch
– ~ **лицо** juristische Person
– ~ **реквизи́ты** juristische Adresse [Sitz]

A

Abgabepreis прода́жная цена́
Ablauf истече́ние
– ~ **der (angegebenen Frist)** истече́ние (ука́занного) сро́ка
– ~ **der Lieferfrist** истече́ние сро́ка поста́вки
– ~ **des Vertrages** истече́ние догово́ра [контра́кта]
– **bei** ~ при истече́нии
– **nach** ~ по истече́нии [-ю]
ablehnen отказа́ться/отка́зываться от *(чего?)*
– **die Abnahme** ~ отказа́ться/отка́зываться от приёмки
– **einen Schlichtungsvorschlag** ~ отказа́ться/отка́зываться от предложе́ния к примире́нию
– **eine Verlängerung des Vertrages** ~ отказа́ться/отка́зываться от продле́ния догово́ра
– **den Versand der Ware** ~ отказа́ться/отка́зываться от отпра́вки това́ра
Ablehnung отка́з [отклоне́ние]
– **bei** ~ при отка́зе
– **nach** ~ по́сле отка́за
Abnahme приёмка
– ~ **der Anlage** приёмка обору́дования
– ~ **der Ware** приёмка това́ра
– ~ **durch den Käufer** приёмка покупа́телем
– **bei** ~ при приёмке
– **die** ~ **verweigern** отказа́ться/отка́зываться от приёмки
Abnahmetermin да́та приёмки
Abnahmeprotokoll акт сда́чи [приёмки]
Abnehmer покупа́тель
Abrechnung расчёт
Abrechnungsmodus спо́соб [поря́док] расчётов
Abrede (im Vertrag) огово́рка (в догово́ре, контра́кте)
abschließen заключи́ть/заключа́ть *(что?)*
– **eine Absichtserklärung** ~ заключи́ть/заключа́ть протоко́л о наме́рениях
– **eine Grundsatzvereinbarung** ~ заключи́ть/заключа́ть генера́льное соглаше́ние
– **eine Versicherung** ~ заключи́ть/заключа́ть страхово́е соглаше́ние [страхо́вку]
– **einen Vertrag** ~ заключи́ть/заключа́ть догово́р [контра́кт]
– **(ab)geschlossen (sein/werden)** (быть) заключён (-чена́)
absenden отпра́вить/отправля́ть *(что?)*
– **eine Fracht** ~ отпра́вить/отправля́ть груз
– **eine Mitteilung** ~ отпра́вить/отправля́ть извеще́ние
– **eine Ware** ~ отпра́вить/отправля́ть това́р
Absender отправи́тель

Absichtserklärung протоко́л о наме́рениях
– **eine** ~ **aufsetzen** соста́вить/составля́ть протоко́л о наме́рениях
– **eine** ~ **unterzeichnen** подписа́ть/подпи́сывать протоко́л о наме́рениях
Absprache 1. договорённость, 2. согласова́ние
– **nach (vorheriger)** ~ по́сле (предвари́тельного) согласова́ния
abstimmen согласова́ть/согласо́вывать *(что?)*
– **eine Frist** ~ согласова́ть/согласо́вывать срок
– **Lieferbedingungen** ~ согласова́ть/согласо́вывать усло́вия поста́вки
– **Modalitäten** ~ оговори́ть/огова́ривать поря́док [спо́соб, гра́фик]
Abstimmung согласова́ние
– **in** ~ **mit ...** по согласова́нию с ...
– ~ **von Fristen** согласова́ние сро́ков
abtreten переда́ть/передава́ть [уступи́ть/уступа́ть] *(что? кому?)*
– **einen Anteil an Dritte** ~ переда́ть/передава́ть [уступи́ть/уступа́ть] до́лю тре́тьему лицу́
– **seine Forderungen** ~ уступи́ть/уступа́ть свои́ тре́бования
– **seine Rechte** ~ переда́ть/передава́ть [уступи́ть/уступа́ть] свои́ права́
– **abgetreten (sein)** (быть) пе́редан (переда́на)
Abtretung усту́пка [переда́ча]
– ~ **der Rechte** усту́пка [переда́ча] прав
– ~ **des Vertrages (im ganzen)** усту́пка [переда́ча] догово́ра [контра́кта] (в це́лом)
Abwesenheit отсу́тствие
– **in** ~ при отсу́тствии
Abzug вы́чет
– **unter** ~ **von ...** за вы́четом ...
Adressat (грузо-)получа́тель
Adresse а́дрес [реквизи́ты]
– **(vollständige) juristische** ~ (по́лный) юриди́ческий а́дрес
Akkreditiv аккредити́в
– **bestätigtes** ~ подтверждённый аккредити́в
– **teilbares** ~ дели́мый аккредити́в
– **unwiderrufliches** ~ безотзы́вный аккредити́в
– **ein** ~ **eröffnen** откры́ть/открыва́ть аккредити́в
– **ein** ~ **prolongieren** пролонги́ровать аккредити́в
– **ein** ~ **verlängern** продли́ть/продлева́ть аккредити́в
akzeptfrei безакце́птный, -ая, -ое, -ые
– **im -en Verfahren** в безакце́птном поря́дке
allgemeine Vertragsbedingungen о́бщие усло́вия догово́ра [контра́кта]

Änderung измене́ние
– ~ **von Fristen** измене́ние сро́ков
– ~ **zum Vertrag** измене́ние к [по] догово́ру [контра́кту]
– **eine ~ einbringen** внести́/вноси́ть изме́не́ние
– **eine ~ vornehmen** соверши́ть/соверша́ть измене́ние
anerkennen призна́ть/признава́ть *(что?)*
– **Reklamationsansprüche** ~ призна́ть/признава́ть прете́нзии [пра́во на реклама́цию]
– **Schadensersatzforderungen** ~ призна́ть/признава́ть тре́бования по возмеще́нию убы́тков
– **Verpflichtungen** ~ призна́ть/признава́ть обяза́тельства
Anforderung(en) тре́бование (-я)
– **auf ~ des Käufers** по тре́бованию покупа́теля
angeben указа́ть/ука́зывать *(что?)*
– **die Adresse des Empfängers** ~ указа́ть/ука́зывать а́дрес грузополуча́теля
– **eine Frist** ~ указа́ть/ука́зывать срок
– **den Garantiezeitraum** ~ указа́ть/ука́зывать гаранти́йный срок
– **das Lieferdatum** ~ указа́ть/ука́зывать да́ту поста́вки
– **in der Anlage** ~ указа́ть/ука́зывать в приложе́нии
Ankunft прибы́тие
Anlage[1] приложе́ние
– ~ **zum Vertrag** приложе́ние к догово́ру [контра́кту]
– **in Ergänzung der** ~ ... в дополне́нии к приложе́нию ...
– **in Übereinstimmung mit** ~ ... в соотве́тствии с приложе́нием ...
– **entsprechend** ~ ... согла́сно приложе́нию ...
– **in der ~ angeben [ausweisen]** указа́ть/ука́зывать в приложе́нии
– **in der ~ aufführen** перечи́слить/перечисля́ть в приложе́нии
– **in der ~ vorsehen** предусмотре́ть/предусма́тривать в приложе́нии
– **Die Anlage ist ohne den Vertrag ungültig.** Приложе́ние недействи́тельно без контра́кта.
– **Die Anlage ist Vertragsbestandteil.** Приложе́ние явля́ется ча́стью догово́ра.
Anlage[2] обору́дование
– **Abnahme der** ~ приёмка обору́дования
– **Aufstellung einer** ~ устано́вка обору́дования
– **Bezeichnung der** ~ наименова́ние обору́дования
– **Inbetriebnahme einer** ~ пуск обору́дования в эксплуата́цию

– **Inspektion einer** ~ инспекти́рование обору́дования
– **Montage einer** ~ монта́ж обору́дования
– **Nutzung einer** ~ эксплуата́ция обору́дования
– **Qualität der** ~ ка́чество обору́дования
– **Vollständigkeit der** ~ компле́ктность обору́дования
– **eine ~ ersetzen** замени́ть/заменя́ть обору́дование
– **eine ~ versenden** отпра́вить/отправля́ть обору́дование
Anlagevertrag догово́р о депози́тном вкла́де
Anleihe заём [креди́т, ссу́да]
Anleihekonto ссу́дный счёт
Anleitung инстру́кция
anliefern (eine Ware) поста́вить/поставля́ть (това́р)
Anlieferung (der Ware) доста́вка (това́ра)
Annahme (der Ware) приёмка (това́ра)
– **die ~ verweigern** отказа́ться/отка́зываться от приёмки (това́ра)
annehmbar прие́млемый, -ая, -ое, -ые
– ~ **Bedingungen** прие́млемые усло́вия
– ~ **Frist** прие́млемый срок
– ~ **Preis** прие́млемая цена́
– ~ **Variante** прие́млемый вариа́нт
– ~ **Vorschlag** прие́млемое предложе́ние
annehmen приня́ть/принима́ть *(что?)*
– **eine (Stamm-)Einlage** ~ приня́ть/принима́ть вклад [взнос]
– **eine Entscheidung einstimmig** ~ приня́ть/принима́ть реше́ние единогла́сно
– **ein Pfand** ~ приня́ть/принима́ть зало́г
– **einen Schlichtungsvorschlag** ~ приня́ть/принима́ть предложе́ние по примире́нию
– **eine Warenpartie** ~ приня́ть/принима́ть па́ртию това́ра
Anspruch 1. пра́во, 2. тре́бование
– **einen ~ geltend machen** предъяви́ть/предъявля́ть тре́бования
– **einen ~ befriedigen** удовлетвори́ть/удовлетворя́ть тре́бования
– **einem ~ stattgeben** призна́ть/признава́ть тре́бование
– **einen ~ zurückweisen** не приня́ть/принима́ть тре́бование
Anstrengungen unternehmen приложи́ть/прилага́ть уси́лия *(в чём?)*
Anteil до́ля [пай]
– ~ **am Stammkapital** до́ля вкла́да
– **einen ~ abtreten** уступи́ть/уступа́ть до́лю
– **einen ~ einbringen** внести́/вноси́ть пай (в уста́вный фонд)
– **einen ~ erwerben** приобрести́/приобрета́ть до́лю
– **einen ~ übertragen** переда́ть/передава́ть до́лю

anwenden примени́ть/применя́ть *(что?)*
- **Bestimmungen** ~ примени́ть/применя́ть положе́ния
- **ein Gesetz** ~ примени́ть/применя́ть зако́н
- **eine Regelung** ~ примени́ть/применя́ть положе́ние
- **die Schiedsgerichtsordnung** ~ примени́ть/применя́ть регла́мент арбитра́жного суда́
- **die Zivilgesetzgebung** ~ примени́ть/применя́ть гражда́нское законода́тельство
Anwesenheit прису́тствие
- **in** ~ в прису́тствии
Anzahlung зада́ток
Arbeitgeber работода́тель
Arbeitnehmer рабо́чий [слу́жащий]
Arbeitsvertrag трудово́е соглаше́ние [трудово́й догово́р]
Arbitrage арбитра́ж
Art und Weise поря́док [спо́соб]
- **in festgelegter** ~ в ука́занном поря́дке
- **in gleicher** ~ в аналоги́чном поря́дке
- **in vorgesehener** ~ в предусмо́тренном поря́дке
aufführen перечи́слить/перечисля́ть *(что?)*
- **in der Vertragsanlage** ~ перечи́слить/перечисля́ть в приложе́нии догово́ра
- **aufgeführt (sein/werden)** (быть) перечи́слен(а)
Auflistung 1. пе́речень, 2. перечисле́ние
Aufschub отсро́чка
- **einen** ~ **erbitten** попроси́ть/проси́ть отсро́чку
- **keinen** ~ **duldend** не те́рпящий отсро́чки
aufsetzen соста́вить/составля́ть *(что?)*
- **eine Absichtserklärung** ~ соста́вить/составля́ть протоко́л о наме́рениях
- **eine Grundsatzvereinbarung** ~ соста́вить/составля́ть генера́льное соглаше́ние
- **ein Protokoll** ~ соста́вить/составля́ть протоко́л [акт]
- **einen Vertrag** ~ соста́вить/составля́ть догово́р [контра́кт]
- **aufgesetzt (sein/werden)** (быть) соста́влен(а)
  Der Vertrag wurde in Deutsch und Englisch aufgesetzt. Догово́р был соста́влен на неме́цком и англи́йском языка́х.
Aufstellung (einer Anlage) устано́вка (обору́дования)
Auftrag зака́з
Auftraggeber зака́зчик
Auftragnehmer исполни́тель
Auftragserfüllung выполне́ние зака́за
aufzählen перечи́слить/перечисля́ть *(что?)*
- **in Anlage ... des Vertrages** ~ перечи́слить/перечисля́ть в приложе́нии ... догово́ра

- **aufgezählt (sein/werden)** (быть) перечи́слен(а)
Ausbildungsvertrag догово́р о профессиона́льном обуче́нии [о повыше́нии квалифика́ции]
ausfertigen соста́вить/составля́ть *(что?)*
- **einen Vertrag** ~ соста́вить/составля́ть догово́р [контра́кт]
- **ausgefertig (sein/werden)** (быть) соста́влен(а)
  Der Vertrag wurde in 4 Exemplaren ausgefertigt. Догово́р был соста́влен в 4-х экземпля́рах.
Ausgaben расхо́ды
- ~ **decken** покры́ть/покрыва́ть расхо́ды
- ~ **übernehmen** приня́ть/принима́ть на себя́ расхо́ды
- ~ **verursachen** вы́звать/вызыва́ть расхо́ды
Auslösung вы́куп
Ausrüstung обору́дование
- **Abnahme der** ~ приёмка обору́дования
- **Aufstellung einer** ~ устано́вка обору́дования
- **Bezeichnung der** ~ наименова́ние обору́дования
- **Inbetriebnahme einer** ~ пуск обору́дования в эксплуата́цию
- **Inspektion einer** ~ инспекти́рование обору́дования
- **Montage einer** ~ монта́ж обору́дования
- **Nutzung einer** ~ эксплуата́ция обору́дования
- **Qualität der** ~ ка́чество обору́дования
- **Vollständigkeit der** ~ компле́ктность обору́дования
- **eine** ~ **ersetzen** замени́ть/заменя́ть обору́дование
- **eine** ~ **versenden** отпра́вить/отправля́ть обору́дование
ausstellen вы́ставить/выставля́ть [вы́писать/выпи́сывать] *(что?)*
- **die Faktura-Rechnung** ~ вы́ставить/выставля́ть счёт-факту́ру
- **den Frachtbrief** ~ вы́ставить/выставля́ть накладну́ю
- **ausgestellt (sein/werden)** (быть) вы́ставлен(а) [вы́писан(а)]
Austausch 1. заме́на, 2. обме́н
- **gegenseitiger** ~ взаи́мный обме́н
- ~ **defekter Ware** заме́на забрако́ванного [дефе́ктного] това́ра
- ~ **von Mustern** обме́н образца́ми
- **einen** ~ **der Ware vornehmen** замени́ть/заменя́ть това́р [соверши́ть/соверша́ть заме́ну това́ра]
- **einen** ~ **fordern** тре́бовать заме́ны
auszahlen вы́платить/выпла́чивать *(что?)*

– **Provision** ~ вы́платить/выпла́чивать комиссио́нные
– **Zinsen** ~ вы́платить/выпла́чивать проце́нты
avisieren извести́ть/извеща́ть *(кого? о чём?)*
– **Versandbereitschaft** ~ извести́ть/извеща́ть о гото́вности това́ра к отпра́вке [отгру́зке]

B

Bank банк
Bank- ба́нковский, -ая,-ое, -ие
Bankadresse ба́нковский а́дрес [ба́нковские реквизи́ты]
Bankanleihe ба́нковская ссу́да
Bankanweisung ба́нковское поруче́ние
Bankgarantie ба́нковская гара́нтия
– **Höhe der** ~ разме́р ба́нковской гара́нтии
– **eine** ~ **beibringen** внести́/вноси́ть ба́нковскую гара́нтию
– **eine** ~ **verlängern** продли́ть/продлева́ть ба́нковскую гара́нтию
– **eine** ~ **vorlegen** предъяви́ть/предъявля́ть ба́нковскую гара́нтию
Bankgebühr ба́нковская коми́ссия
Bankprovision ба́нковская коми́ссия
Bankrequisiten ба́нковские реквизи́ты
Banktag ба́нковский день
Bankverbindung ба́нковские реквизи́ты
Bankvollmacht ба́нковская дове́ренность
Bankwechsel ба́нковский ве́ксель
Bartergeschäft ба́ртерная сде́лка
Bartervertrag ба́ртерный догово́р
Bausparvertrag догово́р о вы́даче долгосро́чной ссу́ды на индивидуа́льное строи́тельство
Bedienungsanleitung инстру́кция по эксплуата́ции (обору́дования)
Bedingung(en) усло́вие (-я)
– **allgemeine** ~ о́бщие усло́вия
– **angemessene** ~ надлежа́щие усло́вия
– **annehmbare** ~ прие́млемые усло́вия
– **technische** ~ техни́ческие усло́вия
– **vereinbarte** ~ согласо́ванные усло́вия
– **weitere** ~ про́чие усло́вия
– **entsprechend den** ~ в соотве́тствии с усло́виями
– **unter der** ~ 1. на усло́виях, 2. при усло́вии
– ~ **aushandeln [vereinbaren]** согласова́ть/согласо́вывать усло́вия
– ~ **einhalten** соблюсти́/соблюда́ть усло́вия
– **(nicht) den** ~ **entsprechen** (не) соотве́тствовать усло́виям
– ~ **garantieren [sicherstellen]** обеспе́чить/обеспе́чивать усло́вия
– ~ **verletzen** нару́шить/наруша́ть усло́вия

– ~ **vorsehen** предусмотре́ть/предусма́тривать усло́вия
beenden прекрати́ть/прекраща́ть *(что?)*
– **Verhandlungen** ~ зако́нчить/зака́нчивать перегово́ры
– **den Vertrag** ~ прекрати́ть/прекраща́ть догово́р [контра́кт]
– **die Vertragserfüllung** ~ прекрати́ть/прекраща́ть выполне́ние догово́ра [контра́кта]
Beendigung прекраще́ние
– **vorfristige** ~ досро́чное прекраще́ние
– ~ **eines Vertrages** прекраще́ние (де́йствия) догово́ра [контра́кта]
– **Moment der** ~ моме́нт прекраще́ния
begleichen (Schulden) оплати́ть/опла́чивать (долги́)
Begleichung (von Schulden) погаше́ние (долго́в)
begründen обоснова́ть/обосно́вывать *(что?)*
– **seine Forderungen** ~ обоснова́ть/обосно́вывать свои́ тре́бования
– **seine Garantieansprüche** ~ обоснова́ть/обосно́вывать свои́ прете́нзии
– **seinen Vorschlag** ~ обоснова́ть/обосно́вывать своё предложе́ние
begründet обосно́ванный, -ая, -ое, -ые
– ~ **Forderungen** обосно́ванные тре́бования
– ~ **Reklamation** обосно́ванная реклама́ция
– ~ **Schadensersatzansprüche** обосно́ванные прете́нзии
beibringen (eine Bankgarantie) внести́/вноси́ть (ба́нковскую гара́нтию)
beilegen (Meinungsverschiedenheiten) разреши́ть/разреша́ть (разногла́сия)
Beilegung разреше́ние
– ~ **von Meinungsverschiedenheiten** разреше́ние разногла́сий
– ~ **von Streitigkeiten** разреше́ние спо́ров
Beitrag вклад
Beklagter отве́тчик
Beladung погру́зка
bemessen установи́ть/устана́вливать *(что?)*
– **eine Frist** ~ установи́ть/устана́вливать срок
– **eine Strafe** ~ установи́ть/устана́вливать штраф
benachrichtigen уве́домить/уведомля́ть *(кого? о чём?)*
– **von der Möglichkeit des Versands der Ware** ~ уве́домить/уведомля́ть о возмо́жности отгру́зки [отпра́вки] това́ра
Benachrichtigung уведомле́ние
berechnen рассчита́ть/рассчи́тывать *(что?)*
– **die Provision** ~ рассчита́ть/рассчи́тывать комиссио́нные
– **eine Strafe** ~ рассчита́ть/рассчи́тывать неусто́йку [штраф]

– **eine Summe** ~ рассчита́ть/рассчи́тывать су́мму
– **Zinsen** ~ рассчита́ть/рассчи́тывать проце́нты
berechtigt (sein) (быть) правомо́чен (-чна)
bereitstellen предоста́вить/предоставля́ть *(что?)*
– **die technische Dokumentation** ~ предоста́вить/предоставля́ть техни́ческую документа́цию
beschädigte Ware повреждённый това́р [груз]
Beschädigung поврежде́ние
– **Versicherung der Ware gegen** ~ страхо́вка това́ра от поврежде́ния
– **die Ware vor** ~ **bewahren** предохрани́ть/предохраня́ть това́р от поврежде́ния
– **eine** ~ **verantworten** отве́тить/отвеча́ть [нести́ отве́тственность] за поврежде́ние
Beschreibung (technische) (техни́ческое) описа́ние
Beschwerde жа́лоба
beseitigen устрани́ть/устраня́ть *(что?)*
– **Mängel (unverzüglich)** ~ устрани́ть/устраня́ть недоста́тки (незамедли́тельно)
– **Meinungsverschiedenheiten** ~ устрани́ть/устраня́ть разногла́сия
Beseitigung устране́ние
– ~ **eines Defekts** устране́ние дефе́кта
– ~ **eines Mangels** устране́ние недоста́тка [дефе́кта]
– ~ **der Ursachen** устране́ние причи́н
– **eine** ~ **fordern** тре́бовать устране́ния
Bestandteil (des Vertrages) составна́я часть (догово́ра, контра́кта)
bestätigen подтверди́ть/подтвержда́ть [утверди́ть/утвержда́ть] *(что?)*
– **die Liefergrafik** ~ утверди́ть/утвержда́ть гра́фик поста́вок
– **das Muster** ~ подтверди́ть/подтвержда́ть образе́ц
– **den Plan für die gemeinsame Tätigkeit** ~ утверди́ть/утвержда́ть план совме́стной де́ятельности
– **das Preisabstimmungsprotokoll** ~ утверди́ть/утвержда́ть протоко́л согласова́ния цен
– **die technische Dokumentation** ~ подтверди́ть/подтвержда́ть техни́ческую документа́цию
– **Schablonen** ~ подтверди́ть/подтвержда́ть шабло́ны
– **Zeichnungen** ~ подтверди́ть/подтвержда́ть чертежи́
– **bestätigt (sein/werden)** (быть) подтверждён (-дена́) [утверждён (-дена́)]
Bestätigung подтвержде́ние [утвержде́ние]
– ~ **des Erhalts** подтвержде́ние получе́ния

– ~ **des Posteinganges** подтвержде́ние поступле́ния по́чты
bestellen заказа́ть/зака́зывать *(что?)*
– **eine Lieferung** ~ заказа́ть/зака́зывать поста́вку
– **eine zusätzliche Warenpartie** ~ заказа́ть/зака́зывать дополни́тельную па́ртию това́ра
– **bestellt (werden)** (быть) зака́зан(а)
Besteller зака́зчик
Bestellung зака́з
– **bei** ~ при зака́зе
Bestimmung(en) положе́ние (-я)
– **rechtliche** ~ правовы́е положе́ния
– **vertragliche** ~ положе́ния догово́ра [контра́кта]
– **die** ~ **anwenden** примени́ть/применя́ть положе́ния
– **die** ~ **einhalten** вы́полнить/выполня́ть положе́ния
– **die** ~ **verletzen** нару́шить/наруша́ть положе́ния
– **die** ~ **bezieht sich (nicht) auf ...** положе́ние (не) отно́сится к *(чему?)*
– **die** ~ **erstreckt sich (nicht) auf ...** положе́ние (не) распространя́ется на *(что?)*
– **die** ~ **gilt (nicht)** положе́ние (не) де́йствует
Bestimmungsbahnhof ста́нция назначе́ния
Bestimmungshafen порт назначе́ния
Bestimmungsland страна́ назначе́ния
Bestimmungsort ме́сто назначе́ния
Bestimmungspunkt пункт назначе́ния
– **Eintreffen der Ware am** ~ прибы́тие това́ра в пункт назначе́ния
Betrieb эксплуата́ция (обору́дования)
Betriebsanleitung инстру́кция по эксплуата́ции
Betriebsbedingungen усло́вия эксплуата́ции (обору́дования)
bevollmächtigt уполномо́ченный, -ая, -ое, -ые
– ~ **Person** уполномо́ченное лицо́
– ~ **Vertreter** уполномо́ченный представи́тель
Bevollmächtigte(r) 1. уполномо́ченный, -ая, 2. дове́ренный, -ая
Beweis доказа́тельство
beweisen (seine Unschuld) доказа́ть/дока́зывать (отсу́тствие свое́й вины́)
bezahlen оплати́ть/опла́чивать [уплати́ть/упла́чивать] *(что?)*
– **Forderungen** ~ оплати́ть/опла́чивать тре́бования
– **Kosten** ~ оплати́ть/опла́чивать расхо́ды
– **Rechnungen** ~ оплати́ть/опла́чивать счета́
– **Schulden** ~ оплати́ть/опла́чивать долги́
– **eine Strafe** ~ оплати́ть/опла́чивать пе́ню [штраф, неусто́йку]

– **eine Summe** ~ оплати́ть/опла́чивать су́мму
– **eine Ware** ~ оплати́ть/опла́чивать това́р
– **bezahlt (sein/werden)** (быть) опла́чен(а) [упла́чен(а)]
Bezahlung опла́та [упла́та, платёж]
– ~ **der Schulden** опла́та долго́в
– ~ **der (gelieferten) Ware** опла́та (поста́вленного) това́ра
– **die** ~ **erfolgt** опла́та [платёж] произво́дится
Bezeichnung наименова́ние
– **vollständige** ~ **der Firma** по́лное наименова́ние фи́рмы
– ~ **der Anlage** наименова́ние обору́дования
– ~ **der Fracht** наименова́ние гру́за
– ~ **des Käufers** наименова́ние покупа́теля
– ~ **des Lieferanten** наименова́ние поставщика́
– ~ **des Verkäufers** наименова́ние продавца́
– ~ **der Ware** наименова́ние това́ра
Bonität кредитоспосо́бность
Briefwechsel перепи́ска
– **vorausgegangener** ~ предше́ствующая перепи́ска
Bruttogewicht вес бру́тто
Buchprüfungsfirma ауди́торская фи́рма
Bürge поручи́тель
Bürgschaft поручи́тельство [гаранти́йное письмо́]
– **eine** ~ **vorlegen** предъяви́ть/предъявля́ть поручи́тельство

C

CIF [cost, insurance, freight] СИФ [сто́имость, страхова́ние и фрахт]
C&F [cost and freight] КАФ [сто́имость и фрахт]

D

Darlehensgeber кредито́р
Darlehensnehmer кредитосъёмщик
Darlehensvertrag креди́тный догово́р
Daten (technische) (техни́ческие) да́нные
Datum да́та
– **das** ~ **angeben** указа́ть/ука́зывать да́ту
Debitor дебито́р [должни́к, кредитосъёмщик]
Defekt дефе́кт
– **einen** ~ **beseitigen** устрани́ть/устраня́ть дефе́кт
– **einen** ~ **entdecken** обнару́жить/обнару́живать дефе́кт
defekt дефе́ктный, -ая, -ое, -ые
– ~ **Ware** дефе́ктный това́р

– **sich als** ~ **erweisen** оказа́ться/ока́зываться дефе́ктным
Delkredererisiko риск делькре́дере
diskutieren обсуди́ть/обсужда́ть *(что?)*
– **das Preisangebot** ~ обсуди́ть/обсужда́ть предло́женную це́ну
– **den Vertragsgegenstand** ~ обсуди́ть/обсужда́ть предме́т догово́ра [контра́кта]
Dienstleistung услу́га
– **Erbringung von -en** оказа́ние [предоставле́ние] услу́г
– **eine** ~ **erbringen** оказа́ть/ока́зывать услу́гу
Dienstleistungsvertrag догово́р на оказа́ние услу́г
Dokument(e) докуме́нт(ы)
– ~ **übergeben** переда́ть/передава́ть докуме́нты
Dokumentation документа́ция
– **technische** ~ техни́ческая документа́ция
– **die** ~ **bereitstellen** предоста́вить/предоставля́ть документа́цию
– **eine** ~ **bestätigen** подтверди́ть/подтвержда́ть документа́цию
– **eine** ~ **versenden** отпра́вить/отправля́ть документа́цию
Duplikat дублика́т
– ~ **des Eisenbahnfrachtbriefes** дублика́т железнодоро́жной [ж/д] накладно́й
– ~ **des Konnossements** дублика́т коносаме́нта
– ~ **der Rechnung** дублика́т счёта
durchführen провести́/проводи́ть *(что?)*
– **eine (technische) Erprobung** ~ провести́/проводи́ть (техни́ческое) испыта́ние
– **die Montage (einer Anlage)** ~ провести́/проводи́ть монта́ж (обору́дования)
– **einen Test** ~ провести́/проводи́ть тест
– **durchgeführt (werden)** (быть) проведён (-дена́)

E

Eigentum 1. иму́щество, 2. со́бственность
– ~ **sein** явля́ться со́бственностью
– **gesondertes** ~ обосо́бленное иму́щество
– **verpfändetes** ~ зало́женное иму́щество
– **das** ~ **gehört ...** иму́щество принадлежи́т *(кому?)*
– **das** ~ **pfänden** обрати́ть/обраща́ть взыска́ние на иму́щество [взыска́ть/взы́скивать иму́щество]
Eigentümer владе́лец
Einführungsfrist срок внедре́ния
Eingang поступле́ние
– ~ **der Mitteilung** поступле́ние извеще́ния
– ~ **der Ware** поступле́ние това́ра
– ~ **der Zahlung** поступле́ние платежа́

einhalten 1. соблюсти́/соблюда́ть *(что?)*,
2. вы́полнить/выполня́ть [испо́лнить/
исполня́ть] *(что?)*
– **Bedingungen** ~ вы́полнить/выполня́ть
усло́вия
– **Bestimmungen** ~ вы́полнить/выполня́ть
положе́ния
– **Liefertermine** ~ соблюсти́/соблюда́ть
сро́ки поста́вок
– **eine Vereinbarung** ~ вы́полнить/
выполня́ть договорённость
– **seine vertraglichen Verpflichtungen** ~ вы́-
полнить/выполня́ть свои́ обяза́тельства
по догово́ру [контра́кту]
– **Zahlungstermine** ~ соблюсти́/соблюда́ть
сро́ки платежа́
– **eingehalten (werden)** (быть) вы́полнен(а)
[испо́лнен(а)]
Einhaltung 1. соблюде́ние, 2. выполне́ние
– ~ **des Vertrages** выполне́ние догово́ра
[контра́кта]
– ~ **von Fristen** соблюде́ние сро́ков
– ~ **von Vertragsverpflichtungen**
выполне́ние обяза́тельств по догово́ру
[контра́кту]
Einlage взнос [вклад]
– **eine** ~ **annehmen** приня́ть/принима́ть
взнос [вклад]
– **eine** ~ **einbringen** внести́/вноси́ть вклад
– **eine** ~ **einzahlen** оплати́ть/опла́чивать
взнос
einmalig единовре́менный, -ая, -ое, -ые
Einschreibbrief заказно́е письмо́
einstellen прекрати́ть/прекраща́ть *(что?)*
– **die Lieferungen** ~ прекрати́ть/
прекраща́ть поста́вки
– **die Verhandlungen** ~ прекрати́ть/
прекраща́ть перегово́ры
– **die Vertragserfüllung** ~ прекрати́ть/
прекраща́ть выполне́ние догово́ра
– **die Zahlungen** ~ прекрати́ть/прекраща́ть
платежи́ [перево́ды]
Einstellung прекраще́ние
Einstiegspreis первонача́льная цена́
einstimmig единогла́сный, -ая, -ое, -ые
Einstimmigkeit единогла́сие
– **bei** ~ при единогла́сии
Eintragung внесе́ние [регистра́ция]
– ~ **einer Firma ins Handelsregister**
внесе́ние фи́рмы в торго́вый рее́стр
– ~ **eines Vertrages** регистра́ция догово́ра
einverstanden sein согласи́ться/
соглаша́ться *(с чем?)*
– **mit der Entscheidung des Schieds-**
gerichts ~ согласи́ться/соглаша́ться с
реше́нием арбитра́жного суда́
– **mit einem Vorschlag** ~ согласи́ться/
соглаша́ться с предложе́нием
Einverständnis согла́сие

– **bei** ~ **der anderen Seite** при согла́сии
друго́й стороны́
– **vorheriges schriftliches** ~ предвари́тель-
ное пи́сьменное согла́сие
Einwegverpackung ра́зовая упако́вка
Einwilligung разреше́ние
– **mit** ~ с разреше́ния [-ем]
– **ohne** ~ без разреше́ния
einzahlen (den Gesellschafteranteil)
оплати́ть/опла́чивать (учреди́тельный
взнос)
Einzelaufstellung спецификáция
einziehen взыска́ть/взы́скивать *(что?)*
– **das Eigentum** ~ взыска́ть/взы́скивать
иму́щество
– **Forderungen** ~ взыска́ть/взы́скивать
платёжные докуме́нты
Einzug взыска́ние
– **den** ~ **des Eigentums veranlassen**
обрати́ть/обраща́ть взыска́ние на
иму́щество
– ~ **von Forderungen** взыска́ние
платёжных докуме́нтов
Eisenbahnfrachtbrief железнодоро́жная
[ж/д] накладна́я
Empfänger грузополуча́тель
entgegen про́тив
– ~ **dem Terminplan** про́тив гра́фика [сро́ка]
– ~ **der Vereinbarung** про́тив договорённости
Entscheidung разреше́ние [реше́ние]
– **einstimmige** ~ единогла́сное реше́ние
– **gerichtliche** ~ реше́ние суда́
– **der** ~ **durch ein Schiedsgericht unter-**
liegen подлежа́ть разреше́нию в арби-
тра́жном суде́
– **eine endgültige** ~ **fällen** вы́нести/
выноси́ть оконча́тельное реше́ние
– **eine** ~ **annehmen** приня́ть/принима́ть
реше́ние
entscheidungsfähig (sein) (быть) пра-
вомо́чен (-чна)
– **Die Versammlung ist entscheidungs-**
fähig, wenn … Собра́ние счита́ется пра-
вомо́чным, е́сли …
entsprechend согла́сно
– ~ **Anlage … (des Vertrages)** согла́сно
приложе́нию … (догово́ра)
erforderlichenfalls в слу́чае необходи́мости
Erfordernis необходи́мость
– **bei** ~ при необходи́мости
erfüllen вы́полнить/выполня́ть *(что?)*
– **Pflichten** ~ вы́полнить/выполня́ть обя́-
занности
– **einen Vertrag** ~ вы́полнить/выполня́ть
догово́р [контра́кт]
– **Vertragsverpflichtungen** ~ вы́полнить/
выполня́ть обяза́тельства по догово́ру
[контра́кту]

– **erfüllt (werden)** (быть) вы́полнен(а)
Erfüllung выполне́ние
– **teilweise** ~ части́чное выполне́ние
– **vollständige** ~ по́лное выполне́ние
– **vorfristige** ~ досро́чное выполне́ние
– ~ **eines Auftrages** выполне́ние зака́за
– ~ **der eingegangenen Verpflichtungen** выполне́ние при́нятых на себя́ обяза́тельств
– ~ **von Vertragsverpflichtungen** выполне́ние догово́рных обяза́тельств
Ergänzung дополне́ние
– ~ **zur Anlage** дополне́ние к приложе́нию
– ~ **zum Vertrag** дополне́ние к догово́ру [контра́кту]
Erheben (von Ansprüchen) предъявле́ние (прете́нзий)
Erklärung протоко́л
– **eine ~ aufsetzen** соста́вить/составля́ть протоко́л
– **eine ~ unterzeichnen** подписа́ть/подпи́сывать протоко́л
Erlaubnis разреше́ние
– **mit** ~ с разреше́ния [-ем]
– **ohne** ~ без разреше́ния
erörtern обсуди́ть/обсужда́ть *(что?)*
– **Meinungsverschiedenheiten** ~ рассмотре́ть/рассма́тривать [обсуди́ть/обсужда́ть] разногла́сия
– **einen Schlichtungsvorschlag** ~ обсуди́ть/обсужда́ть предложе́ние к урегули́рованию спо́ров
– **strittige Fragen** ~ обсуди́ть/обсужда́ть спо́рные вопро́сы
– **Vertragsbedingungen** ~ обсуди́ть/обсужда́ть усло́вия догово́ра [контра́кта]
Erprobung испыта́ние
– **eine (technische) ~ durchführen** провести́/проводи́ть (техни́ческое) испыта́ние
Erprobungsfrist срок испыта́ния
Ersatz 1. возмеще́ние, 2. заме́на
– ~ **der defekten Ware** заме́на дефе́ктного това́ра
– ~ **für entgangenen Gewinn** возмеще́ние упу́щенной при́были [вы́годы]
Ersatzteile запасны́е ча́сти
ersetzen 1. возмести́ть/возмеща́ть *(что?)*, 2. замени́ть/заменя́ть *(что? чем?)*
– **eine defekte Anlage durch eine neue** ~ замени́ть/заменя́ть дефе́ктное обору́дование но́вым
– **einen Schaden** ~ возмести́ть убы́ток [уще́рб]
(sich) erstrecken распространи́ться/распространя́ться *(на что?)*
– **die Bestimmung erstreckt sich auf …** положе́ние распространя́ется на *(что?)*

– **die Garantie erstreckt sich (nicht) auf …** гара́нтия (не) распространя́ется на *(что?)*
Erzeugnis изде́лие
Erzeugnismodell моде́ль изде́лия
Erzeugnistyp тип изде́лия
Eurostandard евростанда́рт
Exemplar экземпля́р
– **in … -en** в … экземпля́рах
Expediteur экспеди́тор
Export э́кспорт
Export- э́кспортный, -ая, -ое, -ые
Export-/Importvertrag догово́р на э́кспорт/и́мпорт (това́ра)
Exportlizenz э́кспортная лице́нзия [лице́нзия на э́кспорт]
Exportpreis э́кспортная цена́
Exportverpackung э́кспортная упако́вка
Exportzoll э́кспортная по́шлина

F

Factoring-Vertrag догово́р о фа́кторинге
Faktor фа́ктор
Faktura факту́ра
Faktura-Rechnung счёт-факту́ра
– **die ~ ausstellen** вы́ставить/выставля́ть счёт-факту́ру
Fall слу́чай
– **im -e von …** в слу́чае …
– **im entgegengesetzten** ~ в проти́вном слу́чае
FAS [free alongside ship] ФАС [фра́нко вдоль су́дна]
fehladressiert не по а́дресу
Fehlen отсу́тствие
– **bei** ~ при отсу́тствии
fehlende Ware недостаю́щий това́р
Fehlmenge недогру́з
– **die ~ nachliefern** допоста́вить/допоставля́ть недогру́з
– **die ~ reklamieren** реклами́ровать недогру́з
Fehlversand (der Ware) засы́лка (това́ра)
Fertigstellungstermin срок заверше́ния
festlegen указа́ть/ука́зывать *(что?)*
– **eine Frist** ~ указа́ть/ука́зывать срок
– **einen Preis** ~ указа́ть/ука́зывать це́ну
– **Provision** ~ установи́ть/устана́вливать комиссио́нные
– **einen Termin** ~ указа́ть/ука́зывать срок [да́ту]
– **einen Zuschlag** ~ указа́ть/ука́зывать надба́вку
Fixpreis твёрдая цена́
FOB [free on board] ФОБ [фра́нко-борт су́дна]
FOR [free on rail] ФОР [фра́нко-желе́зная доро́га]
Force majeure форс-мажо́р

fordern тре́бовать *(чего?)*
– **den Austausch der Ware** ~ тре́бовать заме́ны това́ра
– **die Beseitigung (der aufgetretenen) Mängel** ~ тре́бовать устране́ния (обнару́женных) дефе́ктов
– **einen Preisnachlaß** ~ тре́бовать уце́нки (това́ра)
– **Schadensersatz** ~ тре́бовать возмеще́ния убы́тков
– **die Zahlung einer Strafe** ~ тре́бовать упла́ты неусто́йки [штра́фа]
Forderung(en) тре́бование (-я)
– **abtretbare** ~ уступа́емые тре́бования
– **begründete** ~ обосно́ванные тре́бования
– **geltend gemachte** ~ зая́вленные тре́бования
– **offene** ~ откры́тые тре́бования
– ~ **abtreten** уступи́ть/уступа́ть тре́бования
– ~ **auf sich nehmen** взять/брать на себя́ тре́бования
– ~ **befriedigen** удовлетвори́ть/удовлетворя́ть тре́бования
– ~ **bezahlen** оплати́ть/опла́чивать тре́бования
– ~ **einziehen** взыска́ть/взы́скивать платёжные докуме́нты
– ~ **erheben [geltend machen]** предъяви́ть/предъявля́ть тре́бования
– **-en stattgeben** призна́ть/признава́ть тре́бования
– ~ **übergeben** переда́ть/передава́ть тре́бования
– ~ **übernehmen** приня́ть/принима́ть на себя́ тре́бования
FOT [free on truck] ФОТ [фра́нко-автомоби́ль]
Fracht груз
– **beschädigte** ~ повреждённый груз
– **Bezeichnung der** ~ наименова́ние гру́за
– **Umladen der** ~ перегру́зка гру́за
– **Verpackung der** ~ упако́вка гру́за
– **Versand der** ~ отпра́вка [отгру́зка] гру́за
– ~ **absenden** отпра́вить/отправля́ть груз
– ~ **versichern** застрахова́ть/застрахо́вывать груз
Frachtabsender грузоотправи́тель
Frachtbezeichnung наименова́ние гру́за
Frachtbrief накладна́я
– **den** ~ **ausstellen** вы́ставить/выставля́ть накладну́ю
– **auf den Frachtempfänger ausgestellter** ~ накладна́я, вы́писанная на и́мя грузополуча́теля
Frachteigentümer владе́лец гру́за
Frachtempfänger грузополуча́тель
Frachterklärung деклара́ция о хара́ктере гру́за
Frachtstück упако́ванный предме́т [ме́сто]

frachtfrei ... фра́нко- ...
Franchise франши́за
Franchise-Geber лицензиа́р
Franchise-Nehmer лицензиа́т
Franchise-Objekt предме́т франши́зы
Franchise-Vertrag догово́р о франши́зе
frei ... фра́нко-...
– ~ **Abgangsbahnhof** фра́нко-ста́нция отправле́ния
– ~ **Bahnhof** фра́нко-ж/д ста́нция
– ~ **Bahnhof des Frachtempfängers** фра́нко ста́нция грузополуча́теля
– ~ **Bestimmungsbahnhof** фра́нко-ста́нция назначе́ния
– ~ **Flughafen** фра́нко-аэропо́рт
– ~ **Grenze** фра́нко-грани́ца
– ~ **Kai** фра́нко-при́стань
– ~ **Kai Abgangshafen** фра́нко-при́стань отправле́ния
– ~ **Kai Bestimmungshafen** фра́нко-при́стань назначе́ния
– ~ **Lager (des Käufers)** фра́нко-склад (покупа́теля)
– ~ **LKW** фра́нко-автомоби́ль
– ~ **Schiff** фра́нко-су́дно
– ~ **Verkaufsstelle (des Käufers)** фра́нко-торго́вая то́чка (покупа́теля)
– ~ **Waggon** фра́нко-ваго́н
– ~ **Werk** фра́нко-заво́д
– ~ **Zollager** фра́нко-тамо́женный склад
Frist срок
– **angegebene** ~ ука́занный срок
– **angenommene** ~ предполага́емый срок
– **annehmbare** ~ прие́млемый срок
– **festgelegte [festgesetzte]** ~ ука́занный срок
– **kürzeste** ~ кратча́йший срок
– **vereinbarte** ~ согласо́ванный срок
– **Ablauf der** ~ истече́ние сро́ка
– **Einhaltung von -en** соблюде́ние сро́ков
– **Nichteinhaltung von -en** несоблюде́ние сро́ков
– **eine** ~ **beträgt ...** срок составля́ет ...
– **eine** ~ **endet [läuft ab, verstreicht]** срок истека́ет
– **eine** ~ **ist angebrochen** срок наступи́л
– **eine** ~ **abstimmen** согласова́ть/согласо́вывать срок
– **eine** ~ **ändern** измени́ть/изменя́ть срок
– **eine** ~ **angeben** указа́ть/ука́зывать срок
– **eine** ~ **bestimmen** установи́ть/устана́вливать срок
– **eine** ~ **errechnen** исчи́слить/исчисля́ть срок
– **eine** ~ **festlegen** указа́ть/ука́зывать [установи́ть/устана́вливать] срок
– **eine** ~ **verkürzen** сократи́ть/сокраща́ть срок

- **eine ~ verlängern** продли́ть/продлева́ть срок
Fristablauf истече́ние сро́ка [сро́ков]
Fristeinhaltung соблюде́ние сро́ка [сро́ков]
Fristenabstimmung согласова́ние сро́ка [сро́ков]
Fristenänderung измене́ние сро́ка [сро́ков]
Fristentreue соблюде́ние сро́ка [сро́ков]
Fristverkürzung сокраще́ние сро́ка [сро́ков]
Fristverlängerung продле́ние сро́ка [сро́ков]
Fristverletzung наруше́ние сро́ка [сро́ков]
fristgemäß [fristgerecht] в срок [в сро́ки, по сро́кам]

G

Garantie гара́нтия
- **eine ~ gewähren** предоста́вить/предоставля́ть гара́нтию
- **eine ~ in Anspruch nehmen** воспо́льзоваться/по́льзоваться гара́нтией
- **die ~ beträgt ...** гаранти́йный срок составля́ет ...
- **die ~ bezieht sich (nicht) auf ...** гара́нтия (не) отно́сится к *(чему?)*
- **die ~ gilt (nicht)** гара́нтия (не) де́йствует
- **die ~ erstreckt sich (nicht) auf ...** гара́нтия (не) распространя́ется на *(что?)*
Garantieansprüche пра́во на предоставле́ние гаранти́йных услу́г [на гара́нтию]
Garantiebedingungen усло́вия предоставле́ния гара́нтии
Garantiebrief гаранти́йное письмо́
Garantiefrist гаранти́йный срок
Garantiekennzahlen гаранти́йные показа́тели
Garantieparameter гаранти́йные показа́тели
Garantieverpflichtungen гаранти́йные обяза́тельства
Garantietest гаранти́йное испыта́ние
Garantiezeitraum гаранти́йный срок
garantieren обеспе́чить/обеспе́чивать *(что?)*
- **Bedingungen ~** обеспе́чить/обеспе́чивать усло́вия
Gebrauch эксплуата́ция
Gebrauchsfrist срок го́дности
Gebühr(en) сбор(ы)
Gefahrübergang перехо́д ри́ска
- **Moment des -s** моме́нт перехо́да ри́ска
- **Ort des -s** ме́сто перехо́да ри́ска
Gegenlieferung встре́чная поста́вка
Geheimhaltung сохране́ние конфиденциа́льности
Geheimnisschutz конфиденциа́льность
gehören принадлежа́ть *(кому?)*

- **Das Eigentum gehört den Gesellschaftern.** Иму́щество принадлежи́т учреди́телям.
Geldstrafe штраф [пе́ня, несто́йка]
- **eine ~ in Höhe von ... zahlen** плати́ть пе́ню [неусто́йку, штраф] в разме́ре ...
gelten де́йствовать
- **Der Vertrag gilt vom Tage seiner Unterzeichnung.** Догово́р де́йствует со дня его подписа́ния.
geltende Gesetzgebung де́йствующее законода́тельство
geltend machen предъяви́ть/предъявля́ть *(что?)*
- **Ansprüche ~** предъяви́ть/предъявля́ть тре́бования
- **Forderungen ~** предъяви́ть/предъявля́ть тре́бования
- **Reklamationsansprüche ~** предъяви́ть/предъявля́ть прете́нзии
- **Schadensersatzansprüche ~** предъяви́ть/предъявля́ть тре́бования возмеще́ния уще́рба [убы́тков]
Geltendmachung (von Ansprüchen) предъявле́ние (прете́нзий, тре́бований)
Geltung де́йствие (догово́ра, контра́кта)
Geltungsbedingungen усло́вия де́йствия
Geltungsdauer срок де́йствия
Generalvertreter генера́льный представи́тель
Generalvertretung генера́льное представи́тельство
Gericht суд
Gerichtsbarkeit подсу́дность [судопроизво́дство]
- **Ort der ~** ме́сто судопроизво́дства
- **unter Ausschluß der staatlichen Gerichtsbarkeit** за исключе́нием подсу́дности о́бщим суда́м
Gerichtsstand ме́сто судопроизво́дства
Gesamt- о́бщий, -ая, -ее, -ие
Gesamtpreis о́бщая цена́
Gesamtsumme (des Vertrages) о́бщая су́мма [сто́имость] (догово́ра)
Gesamtwert (des Vertrages) о́бщая сто́имость (догово́ра)
Geschäft сде́лка
Geschäftsanbahnung установле́ние делов́ых конта́ктов [посре́дничество]
Geschäftsführer дире́ктор [управля́ющий дела́ми]
Geschäftsgeheimnis комме́рческая та́йна
Geschäftsvermittlung посре́дничество
Geschäftsvertretung комме́рческое представи́тельство
geschäftlich комме́рческий, -ая, -ое, -ие
- **~ Gründe** комме́рческие причи́ны
- **~ Information** делова́я информа́ция

Gesellschaft mit beschränkter Haftung [GmbH] товарищество с ограниченной ответственностью (ТОО) [общество с ограниченной ответственностью (ООО)]
Gesellschafter учредитель [участник]
Gesellschafterversammlung собрание учредителей [участников]
Gesellschaftsvertrag учредительный договор
Gesetz закон
– **ein ~ anwenden** применить/применять закон
Gesetzgebung законодательство
– **geltende ~** действующее законодательство
– **republikanische ~** республиканское законодательство
– **der geltenden ~ (nicht) zuwiderlaufend [widersprechend]** (не) противоречащий действующему законодательству
gewähren предоставить/предоставлять (что?)
– **eine Garantie ~** предоставить/предоставлять гарантию
– **einen Kredit ~** предоставить/предоставлять кредит
– **gewährt (werden)** (быть) предоставлен(а)
gewährleisten обеспечить/обеспечивать (что?)
– **die Unversehrtheit der Ware ~** обеспечить/обеспечивать сохранность товара
– **die Versicherung der Ware ~** обеспечить/обеспечивать страхование товара
Girokonto текущий счёт [жиросчёт]
Gläubiger кредитор
Grenzübertritt (der Fracht) переход границы (груза)
Grundpreis базисная цена
Gründungskapital уставный [уставной, учредительный] капитал
Gründungsunterlagen учредительные документы
gültig действительный, -ая, -ое, -ые
– **~ sein** явиться/являться действительным
– **für (un)gültig erklären** признать/признавать (не)действительным
Gültigkeit сила
– **~ des Vertrages** сила договора
– **~ besitzen** иметь (юридическую) силу
– **~ erlangen** приобрести/приобретать силу
– **seine ~ verlieren** потерять/терять силу
Gültigkeitsdauer срок действия
Gut товар
Gutschrift кредитная запись
Gutachten сертификат
– **veterinärmedizinisches ~** ветеринарный сертификат
Gütertransport перевозка (груза)

H

haften ответить/отвечать *(за что? по чему?)* [нести ответственность *(за что?)*]
– **für die eingegangenen Verpflichtungen ~** ответить/отвечать по обязательствам
– **für die ordnungsgemäße Lagerung der Ware ~** ответить/отвечать за надлежащее хранение товара
Haftung ответственность
– **materielle ~** материальная ответственность
– **~ der beiden Seiten** ответственность сторон
– **~ für die Verpackung** ответственность за упаковку
Haltbarkeitsdauer срок годности [хранения]
Handelsvertretung торговое представительство
Handelsregister торговый реестр
– **Eintragung ins ~** внесение в торговый реестр
Hersteller изготовитель
Hersteller-Nr. фабричный номер
Herstellerwerk завод-изготовитель
Höhe размер
– **~ der Bankgarantie** размер банковской гарантии
– **~ der Gesamtsumme** размер общей стоимости
– **~ der Konventionalstrafe** размер штрафа [неустойки]
– **~ der Provision** размер комиссионных
– **~ der Stammeinlage** размер вклада [взноса] в уставный [уставной] капитал
– **in ~ von ...** в размере ...
höhere Gewalt непреодолимая сила [форс-мажор]
Hypothek залог [ипотека]
Hypothekar [Hypothekengeber, Hypothekengläubiger] залогодержатель
Hypothekennehmer [Hypothekenschuldner] залогодатель
Hypothekenvertrag ипотечный договор [договор о залоге имущества]

I

im Laufe von ... в течение ...
Import импорт
Import- импортный, -ая, -ое, -ые
Importlizenz импортная лицензия [лицензия на импорт]
Importzoll импортная пошлина
Inbetriebnahme (einer Anlage) пуск (оборудования) в эксплуатацию
– **Datum der ~** дата пуска (оборудования) в эксплуатацию

Industrie- und Handelskammer (IHK) торго́во-промы́шленная пала́та (ТПП)
infolge всле́дствие
– ~ **übermäßiger Belastung** всле́дствие чрезме́рной нагру́зки
– ~ **ungeeigneter Verpackung** всле́дствие ненадлежа́щей упако́вки
– ~ **unsachgemäßer Lagerung** всле́дствие небре́жного хране́ния
– ~ **unzureichender Wartung** всле́дствие недоста́точного обслу́живания
Information информа́ция
– **(nicht) allgemein bekannte** ~ (не)общеизве́стная информа́ция
– **(nicht) allgemein zugängliche** ~ (не)общедосту́пная информа́ция
– **geschäftliche** ~ делова́я информа́ция
– **vertrauliche** ~ довери́тельная информа́ция
– **Durchsickern von -en** уте́чка информа́ции
– ~ **übergeben** переда́ть/передава́ть информа́цию
informieren проинформи́ровать/информи́ровать *(кого? о чём?)*
Inkrafttreten вступле́ние в си́лу
Inkassoforderung инка́ссовое тре́бование
innerhalb von ... в тече́ние ...
Inspektion (der Anlage) инспекти́рование (обору́дования)
Investitionsgüter това́ры промы́шленного потребле́ния (ТПП)

J

jährlich ежего́дный, -ая, -ое, -ые
juristische Person юриди́ческое лицо́

K

Kauf ку́пля
Kaufpreis покупна́я цена́
Kaufvertrag догово́р ку́пли-прода́жи [на ку́плю-прода́жу, о ку́пле-прода́же]
Käufer покупа́тель
– **Bezeichnung des -s** наименова́ние покупа́теля
in Kenntnis setzen извести́ть/извеща́ть *(кого? о чём?)*
– **per Fax** ~ извести́ть/извеща́ть по фа́ксу
– **per Telex** ~ извести́ть/извеща́ть по телегра́фу
– **den Partner unverzüglich** ~ извести́ть/извеща́ть партнёра незамедли́тельно
– **von der getroffenen Entscheidung** ~ извести́ть/извеща́ть о при́нятом реше́нии
Klage 1. *(gerichtl.)* иск, 2. жа́лоба
Kläger исте́ц

Kollianzahl коли́чество упако́ванных предме́тов
Kommission 1. комиссио́нные [коми́ссия], 2. коми́ссия
– **die ~ anrechnen** начи́слить/начисля́ть комиссио́нные [коми́ссию]
– **die ~ berechnen** рассчита́ть/рассчи́тывать комиссио́нные [коми́ссию]
– **die ~ festlegen [vereinbaren]** установи́ть/устана́вливать комиссио́нные [коми́ссию]
– **die ~ überweisen** перевести́/псрсводи́ть комиссио́нные [коми́ссию]
– **die ~ zahlen** вы́платить/выпла́чивать комиссио́нные [коми́ссию]
Kommissionsgebühr комиссио́нные сбо́ры
Konnossement коносаме́нт
Konsignant консигна́нт
Konsignatar консигна́тор
Konsignation консигна́ция
Konsignations- консигнацио́нный, -ая, -ое, -ые
Konsignationsgebühr консигнацио́нные комиссио́нные
Konsignationslager консигнацио́нный склад
– **ein ~ eröffnen** откры́ть/открыва́ть [офо́рмить/оформля́ть] консигнацио́нный склад
Konsignationsvertrag консигнацио́нный догово́р
Konsignationszeitraum пери́од [срок] консигна́ции
Konsumgüter това́ры наро́дного потребле́ния (ТНП)
Konsumgüterlager склад това́ров наро́дного потребле́ния
Konto счёт
– **Geld auf ein ~ überweisen** перевести́/переводи́ть де́ньги на счёт
Kontoauszug вы́писка из счёта [счето́в]
Kontrolle прове́рка
Konventionalstrafe неусто́йка
– **Höhe der** ~ разме́р неусто́йки
Kopie ко́пия
– **eine ~ der Faktura-Rechnung** ко́пия счёта-факту́ры
– **eine ~ des Reklamationsschreibens** ко́пия письма́-прете́нзии
Kosten расхо́ды
– ~ **für die Eröffnung eines Akkreditivs** расхо́ды по откры́тию аккредити́ва
– ~ **für die Erteilung der Bankgarantie** расхо́ды на получе́ние ба́нковской гара́нтии
– ~ **für die Verlängerung der Bankgarantie** расхо́ды на продле́ние ба́нковской гара́нтии
– ~ **für die Warennahme und -ausgabe** расхо́ды по приёмке и вы́даче това́ра

– **auf dem Territorium … entstandene** ~ расхо́ды, понесённые на террито́рии …
– **im Zusammenhang mit … verursachte** ~ расхо́ды, свя́занные с …
– ~ **in Rechnung stellen** отнести́/относи́ть расхо́ды на счёт …
– **die** ~ **bezahlen** оплати́ть/опла́чивать расхо́ды
– **die** ~ **decken** покры́ть/покрыва́ть расхо́ды
– **die** ~ **tragen** нести́ [оплати́ть/опла́чивать] расхо́ды
– **die** ~ **übernehmen** взять/брать на себя́ расхо́ды
– ~ **verursachen** произвести́/производи́ть расхо́ды
– ~ **zurückerstatten** возмести́ть/возмеща́ть расхо́ды
Kraft си́ла
– **in** ~ **sein** быть в си́ле
– **in** ~ **treten** вступи́ть/вступа́ть в си́лу
Kredit креди́т [заём, ссу́да]
– **kurzfristiger** ~ краткосро́чный креди́т
– **langfristiger** ~ долгосро́чный креди́т
– **mittelfristiger** ~ среднесро́чный креди́т
– **ein** ~ **in Höhe von …** креди́т в разме́ре …
– **Zinsen auf einen** ~ проце́нты по креди́ту
– **einen** ~ **gewähren** предоста́вить/предоставля́ть креди́т
– **einen** ~ **nutzen** воспо́льзоваться/по́льзоваться креди́том
– **einen** ~ **tilgen** погаси́ть/погаша́ть креди́т
– **einen** ~ **zurückzahlen** возврати́ть/возвраща́ть креди́т
Kreditfähigkeit кредитоспосо́бность
Kreditgeber кредито́р
Kreditgewährung предоставле́ние креди́та
Kreditgutschrift креди́тная за́пись
Kreditnehmer заёмщик [кредитосъёмщик]
Kreditrückzahlung возвра́т [погаше́ние] креди́та
Kreditschuld задо́лженность по креди́ту
Kreditsicherungsvertrag догово́р о зало́ге иму́щества [ипоте́чный догово́р]
Kreditvertrag креди́тный догово́р
Kredittilgung погаше́ние [возвра́т] креди́та
Kunde клие́нт
Kundendienst се́рвис [се́рвисное обслу́живание]
kündigen расто́ргнуть/расторга́ть (что?)
– **einen Vertrag** ~ расто́ргнуть/расторга́ть догово́р [контра́кт]
– **gekündigt (sein/werden)** (быть) расто́ргнут(а)
Kündigung (des Vertrages) расторже́ние (догово́ра, контра́кта)
kurzfristig краткосро́чный, -ая, -ое, -ые
– ~ **Kredit** краткосро́чный креди́т

L

Lager склад
– **frei** ~ фра́нко-склад
Lagerkosten расхо́ды по склади́рованию (това́ров)
lagern (eine Ware) склади́ровать [храни́ть] (това́р)
Lagerung хране́ние
– **dauerhafte** ~ дли́тельное хране́ние
– **langfristige** ~ дли́тельное хране́ние
– **(nicht)ordnungsgemäße** ~ (не)надлежа́щее хране́ние
– **unsachgemäße** ~ небре́жное хране́ние
– ~ **einer Ware** хране́ние това́ра
– **für die** ~ **haften** отве́тить/отвеча́ть за хране́ние (това́ра)
langfristig 1. долгосро́чный, 2. дли́тельный
– ~ **Kredit** долгосро́чный креди́т
– ~ **Lagerung** дли́тельное хране́ние
– ~ **Vertrag** долгосро́чный догово́р
– ~ **Zusammenarbeit** долгосро́чное сотру́дничество
laut согла́сно
– ~ **Anlage … (des Vertrages)** согла́сно приложе́нию … (догово́ра)
– ~ **Terminplan** согла́сно гра́фику [пла́ну]
leasen снять/снима́ть [арендова́ть] (что?)
Leasing ли́зинг [аре́нда с пра́вом вы́купа]
Leasinggeber арендода́тель
Leasingnehmer аренда́тор
Leasingvertrag догово́р о ли́зинге
Lebensdauer (eines Erzeugnisses) срок слу́жбы (изде́лия)
Lieferant поставщи́к
– **Bezeichnung des -en** наименова́ние поставщика́
Lieferbasis ба́зис поста́вки
Lieferbedingungen усло́вия поста́вки
Lieferdatum да́та поста́вки
Lieferfrist срок поста́вки
– **Nichteinhaltung der** ~ несоблюде́ние сро́ков поста́вки
Liefergrafik гра́фик поста́вки [поста́вок]
– **die** ~ **vereinbaren** согласова́ть/согласо́вывать гра́фик поста́вок
Lieferkosten расхо́ды по поста́вке [доста́вке] (това́ра)
Liefermodus гра́фик поста́вки [поста́вок]
liefern поста́вить/поставля́ть (что?)
– **eine Anlage** ~ поста́вить/поставля́ть обору́дование
– **eine Ware** ~ поста́вить/поставля́ть това́р
– **unter der Bedingung …** ~ поста́вить/поставля́ть на усло́виях …
– **zum Preis … pro Warenpartie** ~ поста́вить/поставля́ть по цене́ … за па́ртию това́ра

– **termingerecht** ~ поста́вить/поставля́ть по
  сро́кам
– **geliefert (werden)** (быть) поста́влен(а)
– **zu liefernde Ware** поставля́емый това́р
Lieferrückstand просро́чка поста́вки
  [в поста́вке]
Liefertermin срок [да́та] поста́вки
– **den ~ verletzen** нару́шить/наруша́ть срок
  поста́вки
Lieferung поста́вка
– **nicht den Vertragsbedingungen entsprechende** ~ поста́вка, не соотве́тст-
  вующая усло́виям догово́ра
– **vorfristige** ~ досро́чная поста́вка
– **Vollständigkeit der** ~ компле́ктность
  поста́вки
– **Wert der** ~ сто́имость поста́вки
– **eine ~ bestellen** заказа́ть/зака́зывать
  поста́вку
– **eine ~ bezahlen** оплати́ть/опла́чивать
  поста́вку
– **die ~ einstellen** прекрати́ть/прекраща́ть
  поста́вку
– **eine ~ realisieren** осуществи́ть/осущест-
  вля́ть [реализова́ть/реализо́вывать]
  поста́вку
– **eine ~ vereinbaren** согласова́ть/
  согласо́вывать поста́вку
– **eine ~ vornehmen** произвести́/произ-
  води́ть поста́вку
Liefervertrag догово́р поста́вки
  [на поста́вку, о поста́вке]
Lieferverzug заде́ржка поста́вки
– **den ~ verantworten** отве́тить/отвеча́ть
  за заде́ржку поста́вки
Lieferzeitpunkt да́та поста́вки
Lieferzeitraum срок поста́вки
Liquidation ликвида́ция
– **bei** ~ при ликвида́ции
– **im Falle der** ~ в слу́чае ликвида́ции
Liquidationsbilanz ликвидацио́нный
  бала́нс
Liquidationskommission ликвидацио́нная
  коми́ссия
Liste пе́речень [спи́сок]
Listenpreis прейскура́нтная цена́
Lizenz лице́нзия
Lizenz- лицензио́нный, -ая, -ое, -ые
Lizenzbehörde лицензио́нный о́рган
Lizenzerteilung вы́дача лице́нзии
Lizenzgeber лицензиа́р
Lizenzkammer лицензио́нная пала́та
Lizenznehmer лицензиа́т
Lizenzvertrag лицензио́нный догово́р
Luftfrachtbrief авианакладна́я

M

Mangel недоста́ток [дефе́кт]
– **einen ~ beheben [beseitigen]** устрани́ть/
  устраня́ть недоста́ток [дефе́кт]
– **einen ~ entdecken** обнару́жить/
  обнару́живать недоста́ток [дефе́кт]
– **einen ~ melden** предупреди́ть/
  предупрежда́ть о (вы́явленных) недо-
  ста́тках [дефе́ктах]
– **einen ~ nachbessern** испра́вить/
  исправля́ть недоста́ток [дефе́кт]
mangelhafte Ware нека́чественный това́р
Mängelbeseitigung устране́ние недо-
  ста́тков [дефе́ктов]
Mängelgewährleistungsanspruch пра́во на
  реклама́цию
Mängelrüge рекламацио́нный акт
Marketing-Vertrag догово́р о марке́тинге
Markierung маркиро́вка
– **mangelhafte** ~ нека́чественная мар-
  киро́вка
– **minderwertige** ~ нека́чественная мар-
  киро́вка
– **nichtordnungsgemäße** ~ ненадлежа́щая
  маркиро́вка
– **ungeeignete** ~ ненадлежа́щая мар-
  киро́вка
– **unzureichende** ~ недоста́точная
  [неполноце́нная] маркиро́вка
Markierungskosten расхо́ды по мар-
  киро́вке (това́ра)
Marktpreis ры́ночная цена́
Maßeinheit едини́ца измере́ния
Maßnahme(n) ме́ра (-ы)
– ~ **zur Regulierung von Streitfällen** ме́ры
  к урегули́рованию спо́ров
– **notwendige** ~ **ergreifen** приня́ть/при-
  нима́ть необходи́мые ме́ры
Mehrwegverpackung многооборо́тная
  упако́вка
Meinungsverschiedenheit(en)
  разногла́сие (-я)
– ~ **beilegen** разреши́ть/разреша́ть
  разногла́сия
– ~ **beseitigen** устрани́ть/устраня́ть
  разногла́сия
– ~ **erörtern** рассмотре́ть/рассма́тривать
  [обсуди́ть/обсужда́ть] разногла́сия
– ~ **regulieren** урегули́ровать/регули́ровать
  разногла́сия
Memorialorder мемориа́льный о́рдер
Menge коли́чество
Mengenreklamation прете́нзии по
  коли́честву
Miete аре́нда [аре́ндная пла́та]
mieten арендова́ть [снять/снима́ть в
  аре́нду]
Mieter аренда́тор [(квартиро)съёмщик]

Mietpreis аре́нда [аре́ндная пла́та]
Mietvertrag догово́р аре́нды [на аре́нду, об аре́нде, на́йма, о на́йме]
Minderbezahlung недопла́та
Minderlieferung недоста́ча
– ~ **innerhalb einer Warenpartie** внутрита́рная недоста́ча (това́ра)
minderwertige Ware нека́чественный това́р
Mitteilung извеще́ние
– **rechtzeitige** ~ заблаговре́менное извеще́ние
– **schriftliche** ~ пи́сьменное извеще́ние
– **verspätete** ~ несвоевре́менное извеще́ние
– ~ **über die Bereitschaft zur Erprobung (der Anlage, Ausrüstung)** извеще́ние о гото́вности к испыта́ниям (обору́дования)
– ~ **über die Kündigung des Vertrages** извеще́ние о расторже́нии догово́ра
– ~ **über den Versand der Ware** извеще́ние об отгру́зке [отпра́вке] това́ра
– ~ **über die Versandbereitschaft** извеще́ние о гото́вности това́ра к отгру́зке [отпра́вке]
– **Eingang der** ~ поступле́ние извеще́ния
– **Zustellung der** ~ поступле́ние извеще́ния
– **eine** ~ **abschicken** отпра́вить/отправля́ть извеще́ние
– **eine** ~ **erhalten** получи́ть/получа́ть извеще́ние
mittelfristiger Kredit среднесро́чный креди́т
Modalität(en) 1. поря́док, 2. спо́соб, 3. гра́фик
– **die** ~ **abstimmen** согласова́ть/согласо́вывать поря́док [спо́соб, гра́фик]
– **die** ~ **vereinbaren** оговори́ть/огова́ривать поря́док [спо́соб, гра́фик]
Modus 1. поря́док, 2. спо́соб, 3. гра́фик
– **den** ~ **ändern** измени́ть/изменя́ть поря́док [спо́соб, гра́фик]
Moment моме́нт
– ~ **der Beendigung des Vertrages** моме́нт прекраще́ния догово́ра
– ~ **des Gefahrübergangs** моме́нт перехо́да ри́ска
– ~ **des Verkaufs** моме́нт прода́жи
monatlich ежеме́сячный, -ая, -ое, -ые
Montage монта́ж [устано́вка]
– ~ **einer Anlage** монта́ж [устано́вка] обору́дования
– **eine** ~ **durchführen** провести́/проводи́ть монта́ж
Montageanleitung инстру́кция по монтажу́ (обору́дования)
Muster образе́ц
– **gegenseitiger Austausch von** -n взаи́мный обме́н образца́ми
– ~ **bestätigen** подтверди́ть/подтвержда́ть образе́ц

N

Nachbesserung(en) исправле́ние (-я)
– -**en an der Ware** исправле́ние недоста́тков това́ра
– -**en vornehmen** соверши́ть/соверша́ть исправле́ния
– -**en fordern** тре́бовать исправле́ния недоста́тков
nachliefern допоста́вить/допоставля́ть *(что?)*
– **eine Fehlmenge** ~ допоста́вить/допоставля́ть недостаю́щее коли́чество това́ра [недогру́з]
– **nachgeliefert (werden)** (быть) допоста́влен(а)
Nachlieferung допоста́вка
nach sich ziehen повле́чь/влечь за собо́й *(что?)*
nachweisen доказа́ть/дока́зывать *(кому? что?)*
– **das Fehlen eigener Schuld** ~ доказа́ть/дока́зывать отсу́тствие свое́й вины́
– **eine Schuld** ~ доказа́ть/дока́зывать вину́
natürliche Person физи́ческое лицо́
Nettogewicht вес не́тто
Nichteinhaltung несоблюде́ние
– ~ **der Lieferfrist [Liefertermine]** несоблюде́ние сро́ка поста́вки
– ~ **der Liefergrafik** несоблюде́ние гра́фика поста́вки [поста́вок]
– ~ **der Zahlungsfrist** несоблюде́ние сро́ка платежа́ [опла́ты]
– **bei** ~ при несоблюде́нии
Nominalpreis номина́льная цена́
Nutzung 1. по́льзование, 2. примене́ние, 3. эксплуата́ция
– **zweckentfremdete** ~ примене́ние не по назначе́нию
– ~ **einer Anlage** эксплуата́ция обору́дования
– **zur** ~ **zur Verfügung stellen** предоста́вить/предоставля́ть *(что?)* в по́льзование
Nutzungsvertrag догово́р на вре́менное по́льзование

O

(nicht) ordnungsgemäß (не)надлежа́щий, -ая, -ее, -ие
– ~ **Konservierung (der Fracht)** (не)надлежа́щая консерва́ция (гру́за)
– ~ **Markierung (der Fracht)** (не)надлежа́щая маркиро́вка (гру́за)
– ~ **Umgang mit der Ware** (не)надлежа́щее обраще́ние (с гру́зом)
– ~ **Verpackung (der Fracht)** (не)надлежа́щая упако́вка (гру́за)
Original оригина́л

– ~ **des Frachtbriefes** оригина́л накладно́й
– ~ **der Rechnung** оригина́л счёта
Ort ме́сто
– ~ **des Gefahrübergangs** ме́сто перехо́да
  ри́ска
– ~ **der Gerichtsbarkeit** ме́сто судопроиз-
  во́дства
– ~ **des Güterumschlags** ме́сто перева́лки
  гру́за

P

Pachtvertrag догово́р аре́нды [на аре́нду,
  об аре́нде, на́йма, о на́йме]
Pächter аренда́тор
Packliste упако́вочный лист
Packzettel упако́вочный лист [пе́речень
  упако́ванных предме́тов]
Papiere докуме́нты
Paragraph (des Vertrages) пара́граф
  (в догово́ре, контра́кте)
Passivkonto дебито́рский счёт
Paß (technischer) (техни́ческий) па́спорт
Person лицо́
– **bevollmächtigte** ~ уполномо́ченное лицо́
– **juristische** ~ юриди́ческое лицо́
– **natürliche** ~ физи́ческое лицо́
Persönlichkeitsrechte ли́чные [неиму́щест-
  венные] права́
Pfand зало́г
– **ein** ~ **annehmen** приня́ть/принима́ть зало́г
– **in** ~ **geben** переда́ть/передава́ть [предо-
  ста́вить/предоставля́ть] *(что?)* в зало́г
– **in** ~ **nehmen** взять/брать *(что?)* в зало́г
pfänden (Eigentum) взыска́ть/взы́скивать
  (иму́щество)
Pfandobjekt предме́т зало́га
Pfändung взыска́ние
– **eine** ~ **des Eigentums veranlassen** обра-
  ти́ть/обраща́ть взыска́ние на иму́щество
Pflicht(en) обя́занность (-и)
– ~ **des Lizenzgebers** обя́занности
  лицензиа́ра
– ~ **des Lizenznehmers** обя́занности
  лицензиа́та
– ~ **erfüllen** вы́полнить/выполня́ть
  обя́занности
– ~ **übernehmen** взять/брать [приня́ть/
  принима́ть] на себя́ обя́занности
Postadresse почто́вый а́дрес
Preis цена́
– **annehmbarer** ~ прие́млемая цена́
– **äußerster** ~ кра́йняя цена́
– **fester** ~ твёрдая цена́
– **freibleibender** ~ скользя́щая цена́
– **gleitender** ~ скользя́щая цена́
– **konjunktureller** ~ конъюнкту́рная цена́
– **überhöhter** ~ повы́шенная цена́
– ~ **der Ware** цена́ това́ра

– ~ **einer Warenpartie** цена́ на па́ртию
  това́ра
– ~ **mit Rabatt** цена́ со ски́дкой
– **inklusive ...-preis** включа́я це́ну [сто́и-
  мость]
– **zum** ~ **von ...** по цене́ ...
  eine Ware zum ~ **von ... liefern** поста́вить
  това́р по цене́ ...
– **der** ~ **beträgt ...** цена́ составля́ет ...
– **der** ~ **versteht sich ...** цена́ понима́ется...
– **der** ~ **wird festgesetzt ...** цена́ устана́вли-
  вается ...
– **einen** ~ **festlegen** установи́ть/устана́вли-
  вать це́ну
Preisabsprache [-abstimmung] согласо-
  ва́ние цен
Preisabstimmungsprotokoll протоко́л
  согласова́ния цен
Preisänderung измене́ние цены́
Preislimit кра́йняя цена́ [потоло́к цены́]
Preisnachlaß уце́нка [ски́дка с цены́]
Preisvereinbarung согласова́ние цен
Preisverhandlungen перегово́ры по
  согласова́нию цен
Probefrist срок испыта́ния (обору́дования)
Produzent изготови́тель
Proforma-Rechnung счёт-профо́рма
Protokoll акт [протоко́л]
– **ein** ~ **aufsetzen** соста́вить/составля́ть акт
  [протоко́л]
– **ein** ~ **bestätigen** подтверди́ть/
  подтвержда́ть акт [протоко́л]
– **ein** ~ **unterzeichnen** подписа́ть/под-
  пи́сывать акт [протоко́л]
Provision комисси́о́нные *(Subst. Pl.)*
– **Höhe der** ~ разме́р комисси́о́нных
– **die** ~ **(aus)zahlen** вы́платить/выпла́чи-
  вать комисси́о́нные
– **die** ~ **berechnen** рассчита́ть/рассчи́ты-
  вать комисси́о́нные
– **die** ~ **festlegen [vereinbaren]** установи́ть/
  устана́вливать комисси́о́нные
– **die** ~ **überweisen** перевести́/переводи́ть
  комисси́о́нные
Provisionsgebühr комисси́о́нные сбо́ры
Prüfung (von Materialien) прове́рка
  (материа́лов, докуме́нтов)
Punkt пункт
– ~ **des Vertrags** пункт догово́ра
  [контра́кта]
– **in Übereinstimmung mit** ~ **...** в соотве́тст-
  вии с пу́нктом ...

Q

Qualität ка́чество
– ~ **der Anlage** ка́чество обору́дования
– ~ **der gelieferten Ware** ка́чество
  поста́вленного това́ра

– ~ **der verwendeten Materialien** ка́чество испо́льзованных материа́лов
Qualitätsgarantie гара́нтия ка́чества
Qualitätsgutachten сертифика́т ка́чества [о ка́честве]
Qualitätsreklamation прете́нзии по ка́честву
Qualitätsstandard станда́рт ка́чества
Qualitätszertifikat сертифика́т ка́чества [о ка́честве]
Qualitätszeugnis сертифика́т ка́чества
Quantität коли́чество

R

Rabatt ски́дка (с цены́)
Rabattpreis цена́ со ски́дкой
Ratenzahlung платёж в рассро́чку
Rauskauf [Asset deal] вы́куп
realisieren реализова́ть/реализо́вывать (что?)
– **einen Vertrag** ~ реализова́ть/реализо́вывать догово́р [контра́кт]
– **eine Warenlieferung** ~ реализова́ть/реализо́вывать поста́вку това́ра
Rechnung счёт
– **legalisierte** ~ легализо́ванный счёт
– **spezifizierte** ~ специфици́рованный счёт
– **Duplikat der** ~ дублика́т счёта
– **Original der** ~ оригина́л счёта
– **auf eigene** ~ за свой счёт
– **eine** ~ **ausstellen** вы́ставить/выставля́ть счёт
– **eine** ~ **bezahlen** оплати́ть/опла́чивать счёт
– **eine** ~ **erhalten** получи́ть/получа́ть счёт
– **eine** ~ **vorlegen** предъяви́ть/предъявля́ть счёт
– **(Verluste) in** ~ **stellen** отнести́/относи́ть (убы́тки) на счёт ...
Rechnungseingang поступле́ние счёта
Rechnungslegung отчёт
Rechnungspreis расчётная цена́
Rechnungsunterlagen расчётные докуме́нты
Rechnungsvorlage предъявле́ние счёта
Recht(e) пра́во (права́)
– **anzuwendendes** ~ применя́емое пра́во
– **dingliche -e** ве́щные права́
– **Verlust des -s** утра́та пра́ва
– ~ **haben** име́ть пра́во
Der Käufer hat das volle ~, **den Vertrag zu kündigen.** Покупа́тель име́ет по́лное пра́во расто́ргнуть контра́кт.
– **(nicht) im** ~ **sein** быть (не) впра́ве
– **ein** ~ **abtreten** уступи́ть/уступа́ть [переда́ть/передава́ть] пра́во
– **ein** ~ **erwerben** приобрести́/приобрета́ть пра́во

– **ein** ~ **genießen** воспо́льзоваться/по́льзоваться пра́вом
– **seine -e veräußern** отчужда́ть свои́ права́
– **sich das** ~ **vorbehalten** оста́вить/оставля́ть за собо́й пра́во
Die Partner behalten sich das ~ **vor, ...** Сто́роны оставля́ют за собо́й пра́во ...
Rechtsnachfolger правопрее́мник
rechtzeitig заблаговре́менный, -ая, -ое, -ые
– **nicht** ~ несвоевре́менный, -ая, -ое, -ые
Regelung положе́ние
– **gesetzliche** ~ правово́е положе́ние
– **eine** ~ **anwenden** примени́ть/применя́ть положе́ние
regulieren урегули́ровать/регули́ровать (что?)
– **Meinungsverschiedenheiten** ~ урегули́ровать/ регули́ровать разногла́сия
– **Reklamationsansprüche** ~ урегули́ровать/регули́ровать прете́нзии
– **Streitfälle** ~ урегули́ровать/регули́ровать спо́ры
Regulierung урегули́рование
– ~ **von Schadensersatzforderungen** урегули́рование тре́бований по возмеще́нию убы́тков
– ~ **von Streitfällen** урегули́рование спо́ров
– **Maßnahmen zur** ~ ме́ры к урегули́рованию
Reisevertrag догово́р на предоставле́ние тури́стских услу́г
Reklamation(en) прете́нзия (-и) [рекла-ма́ция]
– **begründete** ~ обосно́ванная реклама́ция
– **Anerkennung von** ~ призна́ние прете́нзий
– **Befriedigung von** ~ удовлетворе́ние прете́нзий
– **Berechtigung von** ~ обосно́ванность прете́нзий
– **Geltendmachung von** ~ предъявле́ние прете́нзий
– **Regulierung von** ~ урегули́рование вопро́сов по прете́нзиям
– ~ **anerkennen** призна́ть/признава́ть прете́нзии
– ~ **befriedigen** удовлетвори́ть/удовлетворя́ть прете́нзии
– ~ **erheben [geltend machen]** заяви́ть/заявля́ть [предъяви́ть/предъявля́ть] прете́нзии
– ~ **prüfen** прове́рить/проверя́ть [рассмотре́ть/рассма́тривать] прете́нзии
Reklamationsansprüche пра́во на реклама́цию
Reklamationsforderungen тре́бование возмеще́ния убы́тков
Reklamationsprotokoll рекламацио́нный [комме́рческий] акт
Reklamationsschreiben письмо́-прете́нзия
Requisiten реквизи́ты [а́дрес]

RF [Russische Föderation] РФ [Росси́йская Федера́ция]
Risiko риск
– **auf eigenes** ~ на свой риск
– **mit der Überweisung verbundenes** ~ риск перево́да
– **gegen alle Risiken versichern (lassen)** застрахова́ть/застрахо́вывать от всех ри́сков
Rückgabe возвра́т
– ~ **einer Ware** возвра́т това́ра
Rückgabeverzug просро́чка возвра́та
Rückerstattung возмеще́ние [компенса́ция]
Rückstand просро́чка [заде́ржка]
– **bei** ~ при просро́чке
– **im** ~ **(sein)** просро́чить/просро́чивать *(что?)*
– **mit** ~ с просро́чкой
Rücktritt отка́з
– ~ **vom Vertrag** отка́з от догово́ра [контра́кта]
– **bei** ~ при отка́зе
Rückzahlung возвра́т [погаше́ние]
– ~ **eines Kredits** возвра́т [погаше́ние] креди́та

S

Sachrechte ве́щные права́
Sanktion (штрафна́я) са́нкция
Satzung уста́в
Schaden уще́рб [убы́ток]
– **entstandener** ~ нанесённый уще́рб [убы́ток]
– **verursachter** ~ причинённый уще́рб [убы́ток]
– **zugefügter** ~ нанесённый уще́рб [убы́ток]
– **Verantwortung für den** ~ отве́тственность за уще́рб
– **einen** ~ **erleiden** потерпе́ть/терпе́ть уще́рб [убы́ток]
– **einen** ~ **ersetzen** возмести́ть/возмеща́ть уще́рб [убы́ток]
– **den** ~ **(dem Verkäufer) in Rechnung stellen** отнести́/относи́ть уще́рб [убы́ток] на счёт (продавца́)
– **einen** ~ **verursachen** причини́ть/причиня́ть уще́рб [убы́ток]
– **einen** ~ **zufügen** нанести́/наноси́ть уще́рб [убы́ток]
– **einen** ~ **zurückerstatten** возмести́ть/возмеща́ть убы́ток [уще́рб]
Schadensersatz возмеще́ние убы́тков [уще́рба]
– ~ **fordern** тре́бовать возмеще́ния убы́тков
Schadensersatzansprüche прете́нзии по возмеще́нию убы́тков [по причинённым убы́ткам, пра́во на возмеще́ние уще́рба]

– **begründete** ~ обосно́ванные прете́нзии
– ~ **geltend machen** предъяви́ть/предъявля́ть тре́бования возмеще́ния уще́рба [убы́тков]
Schadensersatzforderungen тре́бования по возмеще́нию убы́тков
– **begründete** ~ обосно́ванные тре́бования по возмеще́нию убы́тков
– **Anerkennung von** ~ призна́ние тре́бований по возмеще́нию убы́тков
– **Befriedigung von** ~ удовлетворе́ние тре́бований по возмеще́нию убы́тков
– **Geltendmachung von** ~ предъявле́ние тре́бований по возмеще́нию убы́тков
– **Regulierung von** ~ урегули́рование тре́бований по возмеще́нию убы́тков
– ~ **anerkennen** призна́ть/признава́ть тре́бования по возмеще́нию убы́тков
– ~ **erheben** предъяви́ть/предъявля́ть тре́бования по возмеще́нию убы́тков
– ~ **geltend machen** заяви́ть/заявля́ть тре́бования по возмеще́нию убы́тков
– **die Berechtigung von** ~ **prüfen** прове́рить/проверя́ть обосно́ванность тре́бований по возмеще́нию убы́тков
Schadensprotokoll рекламацио́нный [комме́рческий] акт
Schenkungsvertrag догово́р даре́ния
Schiedsgericht арбитра́жный суд
– **ein** ~ **anrufen** обрати́ться/обраща́ться к компете́нции арбитра́жного суда́
– **der Entscheidung durch ein** ~ **unterliegen** подлежа́ть разреше́нию в арбитра́жном суде́
Schieds(gerichts)- арбитра́жный, -ая, -ое, -ые
Schiedsgerichtsbarkeit арбитра́ж
Schiedsgerichtsklage арбитра́жный иск
Schiedsgerichtsordnung регла́мент арбитра́жного суда́
Schiedsgerichtsverfahren арбитра́жное произво́дство
Schlichtung урегули́рование [примире́ние]
Schlichtungsversuch попы́тка к урегули́рованию [примире́нию]
Schlichtungsvorschlag предложе́ние к урегули́рованию спо́ров [к примире́нию, по примире́нию]
– **einen** ~ **ablehnen** отказа́ться/отка́зываться от предложе́ния к [по] примире́нию
– **einen** ~ **annehmen** приня́ть/принима́ть предложе́ние к [по] примире́нию
– **einen** ~ **einbringen [unterbreiten]** внести́/вноси́ть предложе́ние к [по] примире́нию
– **einen** ~ **erörtern** рассмотре́ть/рассма́тривать [обсуди́ть/обсужда́ть] предложе́ние к урегули́рованию спо́ров
schließen заключи́ть/заключа́ть *(что?)*

S

– **eine Vereinbarung** ~ заключи́ть/
заключа́ть соглаше́ние
– **einen Vertrag** ~ заключи́ть/заключа́ть
догово́р [контра́кт]
– **geschlossen (sein)** (быть) заключён
(-чена́)
**Die Vereinbarung wurde in Russisch und
Englisch geschlossen.** Соглаше́ние бы́ло
заключено́ на ру́сском и англи́йском
языка́х.
Schlußbestimmungen заключи́тельные
положе́ния
Schlußtermin оконча́тельный срок
schriftliche Mitteilung пи́сьменное
извеще́ние
Schriftverkehr перепи́ска
– **vorausgegangener** ~ предше́ствующая
перепи́ска
Schuld[1] долг
– **Tilgung einer** ~ погаше́ние долго́в
– **eine** ~ **begleichen [bezahlen]** оплати́ть/
опла́чивать долг
– **eine** ~ **tilgen** погаси́ть/погаша́ть долг
Schuld[2] вина́
– ~ **am Lieferverzug** вина́ в просро́чке
поста́вки
– ~ **am Vertragsbruch** вина́ в наруше́нии
догово́ра
– ~ **am Zahlungsverzug** вина́ в просро́чке
платежа́
– **durch** ~ **des Verkäufers** по вине́ про-
давца́
– **das Fehlen eigener** ~ **nachweisen** дока-
за́ть/дока́зывать отсу́тствие свое́й вины́
– **eine** ~ **nachweisen** доказа́ть/дока́зывать
вину́
Schuldner должни́к [дебито́р]
Seefracht морско́й фрахт [груз]
Seefrachtbrief коносаме́нт
Seite(n) сторона́ (сто́роны)
– **vertragschließende** ~ догова́ривающиеся
сто́роны
– **Haftung der** ~ отве́тственность сторо́н
Service се́рвис
Servicevertrag се́рвисный догово́р
[догово́р на обслу́живание, о се́рвисном
обслу́живании]
Siegelstempel ге́рбовая печа́ть
Sitz (einer Firma) юриди́ческий а́дрес
(фи́рмы)
Sparvertrag догово́р о депози́тном вкла́де
Spediteur экспеди́тор
Stammeinlage вклад [взнос]
– **zusätzliche** ~ дополни́тельный вклад
– **Höhe der** ~ разме́р вкла́да
– **die** ~ **annehmen** приня́ть/принима́ть
вклад
– **die** ~ **einbringen [einzahlen]** внести́/
вноси́ть вклад

Stammkapital уста́вный [уставно́й] капита́л
– **Anteil am** ~ до́ля вкла́да
Standard станда́рт
– **internationaler** ~ междунаро́дный
станда́рт
– **staatlich festgelegter** ~ госстанда́рт
– **technischer** ~ техни́ческий станда́рт
Statut уста́в
Statutenfonds уста́вный [уставно́й] фонд
Statutenkapital уста́вный [уставно́й]
капита́л
Stempel печа́ть
Steuer(n) нало́г(и)
Stimme го́лос
Strafe штраф [пе́ня, неусто́йка]
– **eine** ~ **bemessen** установи́ть/устана́вли-
вать штраф
– **eine** ~ **berechnen** рассчита́ть/рассчи́ты-
вать неусто́йку [штраф]
– **eine** ~ **bezahlen** оплати́ть/опла́чивать
штраф [пе́ню, неусто́йку]
– **eine** ~ **erheben** взыска́ть/взы́скивать
[начи́слить/начисля́ть] штраф [пе́ню,
неусто́йку]
Strafmaßnahmen штрафны́е са́нкции
Streitfall спор
Streitigkeiten спо́ры
– **Beilegung von** ~ разреше́ние [урегу-
ли́рование] спо́ров
– **Regulierung von** ~ урегули́рование
спо́ров
– **aus dem vorliegenden Vertrag erwachsende** ~ спо́ры, возника́ющие из на-
сто́ящего догово́ра
– **mit dem vorliegenden Vertrag zusammenhängende** ~ спо́ры, возника́ющие в
свя́зи с настоя́щим догово́ром
– ~ **beilegen [regulieren]** урегули́ровать/
регули́ровать спо́ры
– ~ **(auf dem Verhandlungswege) lösen**
разреши́ть/разреша́ть спо́ры (путём
перегово́ров)
strittige Frage спо́рный вопро́с
– **eine** ~ **erörtern** обсуди́ть/обсужда́ть
спо́рный вопро́с
Stück шту́ка
Stückliste специфика́ция
Summe су́мма [сто́имость]
– **eine** ~ **anrechnen** начи́слить/начисля́ть
су́мму
– **eine** ~ **anweisen** перевести́/переводи́ть
су́мму
– **eine** ~ **berechnen** рассчита́ть/рассчи́ты-
вать су́мму
– **eine** ~ **bezahlen** оплати́ть/опла́чивать
су́мму
– **eine** ~ **errechnen** рассчита́ть/рассчи́ты-
вать су́мму

215

– **eine ~ überweisen** перевести/переводить
сумму
– **eine ~ zurückerstatten** возместить/
возмещать сумму
– **über eine ~ verfügen** распорядиться/
распоряжаться суммой

T

täglich ежедневный, -ая, -ое, -ые
Tatbestandsaufnahme рекламационный
[коммерческий] акт
Termin срок
– **angenommener ~** предполагаемый срок
– **festgelegter ~** указанный [установлен-
ный] срок
– **geplanter ~** запланированный срок
– **spätester ~** крайний [последний] срок
– **vereinbarter ~** согласованный [уста-
новленный] срок
– **zum ~** в срок
– **einen ~ einhalten** соблюсти/соблюдать
срок
– **einen ~ festlegen** указать/указывать срок
[дату]
Terminabsprache согласование сроков
Terminbestätigung утверждение сроков
(nicht) termingerecht (не) по срокам
[(не)своевременно]
– **~ liefern** поставить/поставлять (товар)
(не) по срокам [(не)своевременно]
– **~ zahlen** оплатить/оплачивать (не) по
срокам [(не)своевременно]
Test (der Anlage, Ausrüstung) испытание
(оборудования)
Testprotokoll протокол испытаний
Tilgung погашение
Tilgungsverzug просрочка погашения
[в погашении]
Trans транс
Trans-Nr. номер транса
Transport перевозка (-и) [транспортировка]
– **~ per Luft** воздушные перевозки
– **~ per Schiene** железнодорожные
перевозки
– **~ per Schiff** морские перевозки
– **~ per Straße** дорожные перевозки
– **unsachgemäßer ~** ненадлежащая [не-
брежная] перевозка [транспортировка]
Transportart вид транспорта
Transportkosten транспортные расходы
Transportdokumente транспортные
документы
Transportunternehmen транспортное
агентство [экспедиторская фирма]
Transportverpackung тара [транспортиро-
вочная упаковка]
Transportversicherung транспортная
страховка

Transportvertrag договор перевозки
[на перевозку, о перевозке]
Transportzettel дорожный лист

U

übereignen (seinen Anteil) уступить/
уступать [переуступить/переуступать]
свою долю
Übereinkunft договорённость
– **in einer Frage eine ~ erzielen** достичь/
достигать договорённости по вопросу …
Übereinstimmung соответствие
– **in ~ mit …** в соответствии с …
Übergabe (der Ware) сдача (товара)
Übergabeprotokoll акт сдачи
Übergabe-Übernahme-Protokoll приёмно-
сдаточный акт [акт сдачи-приёмки]
übergeben передать/передавать *(что?)*
– **Dokumente ~** передать/передавать
документы
– **Forderungen ~** передать/передавать
требования
– **Materialien ~** передать/передавать
материалы
– **vertrauliche Informationen ~** передать/
передавать доверительную информацию
übermäßige Belastung чрезмерная
нагрузка
Übernahme приёмка (товара)
Übernahmeprotokoll акт приёмки
Überprüfung проверка
Überschuß избыток
überweisen перевести/переводить *(что?)*
– **Geld ~** перевести/переводить деньги
– **Provision ~** перевести/переводить
комиссионные
– **eine Summe ~** перевести/переводить
сумму
– **auf ein Konto ~** перевести/переводить
на счёт
Umfang объём
– **im ~ von …** в объёме …
Umgang обращение
– **unsachgemäßer ~ (mit der Ware)**
(не)надлежащее обращение (с грузом)
– **unachtsamer ~ (mit der Ware)** небрежное
обращение (с товаром)
Umladen (der Fracht) перегрузка (груза)
Umstände höherer Gewalt обстоятельства
непреодолимой силы [форс-мажорные
обстоятельства]
Unfallgutachten аварийный сертификат
ungeeignet ненадлежащий, -ая, -ее, -ие
– **~ Markierung** ненадлежащая маркировка
– **~ Verpackung** ненадлежащая упаковка
unsachgemäß ненадлежащий, -ая, -ее, -ие
[небрежный, -ая, -ое, -ые]

– ~ **Lagerung** ненадлежа́щее [небре́жное] хране́ние
– ~ **Transport** ненадлежа́щая [небре́жная] перево́зка [транспортиро́вка]
– ~ **Umgang mit der Ware** ненадлежа́щее [небре́жное] обраще́ние с това́ром
– ~ **Wartung** ненадлежа́щее [небре́жное] обслу́живание
Unterauftragnehmer субподря́дчик
Untergewicht недове́с
Unterlagen докуме́нты
Unterschrift по́дпись
unterzeichnen подписа́ть/подпи́сывать *(что?)*
– **eine Absichtserklärung** ~ подписа́ть/ подпи́сывать протоко́л о наме́рениях
– **eine Generalvereinbarung** ~ подписа́ть/ подпи́сывать генера́льное соглаше́ние
– **ein Protokoll** ~ подписа́ть/подпи́сывать акт [протоко́л]
– **einen Vertrag** ~ подписа́ть/подпи́сывать догово́р [контра́кт]
– **unterzeichnet (sein/werden)** (быть) подпи́сан(а)
Der Vertrag wurde unterzeichnet durch ... Догово́р был подпи́сан *(кем?)*
Unterzeichnung (des Vertrages) подписа́ние (догово́ра, контра́кта)
untrennbarer Vertragsbestandteil неотъе́млемая часть догово́ра
Unversehrtheit (der Ware) сохра́нность (това́ра)
– **die ~ gewährleisten** обеспе́чить/ обеспе́чивать сохра́нность (това́ра)
unverzüglich незамедли́тельный, -ая, -ое , -ые
unvollständig некомпле́ктный, -ая, -ое, -ые
– ~ **Satz von Zubehörteilen** некомпле́ктный набо́р комплекту́ющих
– ~ **Vertragsanlage** некомпле́ктное приложе́ние к догово́ру
– ~ **Warenlieferung** некомпле́ктная поста́вка това́ра
Unvollständigkeit (der technischen Dokumentation) некомпле́ктность (техдокумента́ции)
Ursprungszeugnis сертифика́т о происхожде́нии (това́ра)
Urteilsfällung вынесе́ние реше́ния

V

veranlassen обрати́ть/обраща́ть *(что на что?)*
– **den Einzug [die Pfändung] des Eigentums** ~ обрати́ть/обраща́ть взыска́ние на иму́щество
verantworten отве́тить/отвеча́ть [нести́ отве́тственность] *(за что?)*

– **die Beschädigung der Fracht** ~ отве́тить/ отвеча́ть [нести́ отве́тственность] за повреждё́ние гру́за
– **den Lieferverzug** ~ отве́тить/отвеча́ть [нести́ отве́тственность] за заде́ржку поста́вки
Verantwortung отве́тственность
– ~ **für den Schaden** отве́тственность за уще́рб
– ~ **für den Verlust** отве́тственность за утра́ту
– ~ **für die Vertragserfüllung** отве́тственность за выполне́ние догово́ра
– ~ **für den Verzug** отве́тственность за заде́ржку
– **von der ~ befreien [entbinden]** освободи́ть/освобожда́ть *(кого?)* от отве́тственности
– ~ **tragen** нести́ отве́тственность *(за что?)*
Verbraucherverpackung потреби́тельская упако́вка
vereinbaren согласова́ть/согласо́вывать *(что?)*
– **die Liefergrafik** ~ согласова́ть/ согласо́вывать гра́фик поста́вок
– **eine Lieferung** ~ согласова́ть/ согласо́вывать поста́вку
– **die Modalitäten [den Modus]** ~ согласова́ть/согласо́вывать [оговори́ть/ огова́ривать] поря́док [спо́соб]
– **den Preis** ~ согласова́ть/согласо́вывать це́ну
– **die Vertragsbedingungen** ~ согласова́ть/ согласо́вывать усло́вия догово́ра
– **den Zahlungsmodus** ~ согласова́ть/ согласо́вывать поря́док [спо́соб] платеже́й
– **vertraglich vereinbart** согласо́ван(а) на контра́ктной [догово́рной] осно́ве [урегули́рован(а) в контра́кте]
– **vereinbart (sein/werden)** (быть) согласо́ван(а)
Vereinbarung 1. соглаше́ние, 2. договорё́нность
– **beiderseitige** ~ обою́дное соглаше́ние
– **zweiseitige** ~ двусторо́ннее соглаше́ние
– **entgegen der** ~ про́тив договорё́нности
– **eine ~ einhalten** вы́полнить/выполня́ть договорё́нность
– **eine ~ erzielen** дости́чь/достига́ть договорё́нности
– **eine ~ schließen** заключи́ть/заключа́ть соглаше́ние
– **eine vertragliche ~ treffen** договори́ться/ догова́риваться *(о чё́м?)*
Vereinigung объедине́ние
Verfahren поря́док
– **im akzeptfreien** ~ в безакце́птном поря́дке

zur Verfügung stellen предоста́вить/предо-
ставля́ть в распоряже́ние *(что? кому?)*
Verfügungsrecht пра́во распоряже́ния
Verhandlungen переговóры
– ~ **aufnehmen** вступи́ть/вступа́ть в переговóры
– ~ **beenden** закóнчить/зака́нчивать переговóры
– ~ **einstellen [abbrechen]** прекрати́ть/
прекраща́ть переговóры
– ~ **führen** вести́ переговóры
– **in** ~ **treten** вступи́ть/вступа́ть в переговóры
Verhandlungsweg (auf dem -e) путём
переговóров
Verkauf прода́жа (товáра)
– **Moment des -s** момéнт прода́жи
verkaufen (eine Ware) прода́ть/продава́ть
(товáр)
Verkäufer продавéц
– **Bezeichnung des -s** наименова́ние
продавца́
– **durch Schuld des -s** по винé продавца́
Verladung погру́зка
verlängern продли́ть/продлева́ть *(что?)*
– **ein Akkreditiv** ~ продли́ть/продлева́ть
аккредити́в
– **eine Bankgarantie** ~ продли́ть/продле-
ва́ть ба́нковскую гара́нтию
– **eine Frist** ~ продли́ть/продлева́ть срок
– **einen Vertrag** ~ продли́ть/продлева́ть
договóр [контра́кт]
Der Vertrag wird automatisch zu den-
selben Bedingungen verlängert. Договóр
продлева́ется автомати́чески на тех же
усло́виях.
Verlängerung продлéние
– ~ **der Frist** продлéние срóка [срóков]
– **Kosten für eine** ~ расхóды на продлéние
– **eine** ~ **ablehnen** отказа́ться/отка́зы-
ваться от продлéния
verletzen нару́шить/наруша́ть *(что?)*
– **Bedingungen** ~ нару́шить/наруша́ть
усло́вия
– **Liefertermine** ~ нару́шить/наруша́ть
срóки постáвок
– **Zahlungstermine** ~ нару́шить/наруша́ть
срóки платежа́
Verletzung нарушéние
– ~ **der Frist** нарушéние срóка
– **bei** ~ при нарушéнии
– **eine** ~ **zulassen** допусти́ть/допуска́ть
нарушéние
Verlust утрáта [ущéрб]
– ~ **des Rechts auf ...** утрáта прáва на ...
– ~ **der Ware** утрáта товáра
– **Verantwortung für den** ~ отвéтственность за утрáту

– **Versicherung gegen** ~ страхóвка от
утрáты (товáра)
– **einen** ~ **ausgleichen** возмести́ть/возме-
ща́ть утрáту
– **einen** ~ **erleiden** потерпéть/терпéть
утрáту
– **einen** ~ **in Rechnung stellen** отнести́/
относи́ть убы́тки на счёт ...
– **einen** ~ **vermeiden** избежа́ть/избега́ть
утрáты
– **einen** ~ **verursachen** причини́ть/
причиня́ть ущéрб
– **sich zur Erstattung eines -s verpflichten**
обяза́ться/обя́зываться к возмещéнию
ущéрба [утрáты]
vermieten сдать/сдава́ть [предоста́вить/
предоставля́ть] *(что?)* (в арéнду)
Vermieter арендода́тель
Vermittler посрéдник
Vermittlung посрéдничество
Vermögensrechte иму́щественные правá
verpacken (eine Ware) упакова́ть/
упакóвывать (товáр)
Verpackung упакóвка
– **feste** ~ жёсткая упакóвка
– **feuchtigkeitsresistente** ~ непромока́емая
упакóвка
– **feuerfeste** ~ огнеупóрная упакóвка
– **geschlossene** ~ закры́тая упакóвка
– **große** ~ крупногабари́тная упакóвка
– **hermetische** ~ герметúчная упакóвка
– **kleine** ~ малогабари́тная упакóвка
– **nichtordnungsgemäße** ~ ненадлежáщая
упакóвка
– **offene** ~ откры́тая упакóвка
– **stoßfeste** ~ противоуда́рная упакóвка
– **ungeeignete** ~ ненадлежáщая упакóвка
– **unzureichende** ~ недостáточная
упакóвка
– **wasserundurchlässige** ~ водонепрони-
ца́емая упакóвка
– **weiche** ~ мя́гкая упакóвка
– ~ **der Fracht** упакóвка грýза
– ~ **für den Export** эκспортная упакóвка
– **Haftung für die** ~ отвéтственность за
упакóвку
Verpackungsgewicht тáра
Verpackungskosten расхóды по упакóвке
Verpackungsmaterial материáл упакóвки
verpfänden (Eigentum) взыска́ть/
взы́скивать (иму́щество)
(sich) verpflichten обяза́ться/обя́зываться
(к чему?)
– **sich zur Erstattung der Verluste** ~
обяза́ться/обя́зываться к возмещéнию
убы́тков
– **(zu etwas) verpflichtet (sein)** быть
обя́зан(а)

V

Der Käufer ist verpflichtet, das Akkreditiv zu eröffnen. Покупа́тель обя́зан откры́ть аккредити́в.
Der Käufer ist verpflichtet, den Garantiebrief vorzuweisen. Покупа́тель обя́зан предъяви́ть гаранти́йное письмо́.
Verpflichtung(en) обяза́тельство (-а)
– **vertragliche** ~ договóрные обяза́тельства [обяза́тельства по договóру]
– ~ **anerkennen** призна́ть/признава́ть обяза́тельства
– ~ **erfüllen** вы́полнить/выполня́ть обяза́тельства
– ~ **übernehmen** приня́ть/принима́ть на себя́ обяза́тельства
– **für** ~ **haften** отве́тить/отвеча́ть по обяза́тельствам
– **von den übernommenen** ~ **entbinden** освободи́ть/освобожда́ть *(когó?)* от при́нятых им на себя́ обяза́тельств
Verrechnung расчёт
– **eine interne** ~ **vornehmen** провести́/проводи́ть взаи́мный расчёт
Verrechnungskonto расчётный счёт
Versand отпра́вка [отгру́зка]
– **(nicht)rechtzeitiger** ~ (не)своевре́менная отпра́вка [отгру́зка]
– **(nicht)termingerechter** ~ (не)своевре́менная отпра́вка [отгру́зка]
– ~ **der Fracht** отпра́вка [отгру́зка] гру́за
– ~ **der Ware** отпра́вка [отгру́зка] товáра
– **Mitteilung über den** ~ извеще́ние об отпра́вке [отгру́зке] товáра
– **bei** ~ при отпра́вке [отгру́зке]
– **den** ~ **ablehnen** отказа́ться/отка́зываться от отпра́вки [отгру́зки]
Versandadresse отгру́зочные реквизи́ты
Versandavis извеще́ние о готóвности (товáра) к отгру́зке [отпра́вке]
Versandbereitschaft готóвность к отпра́вке [отгру́зке]
– ~ **avisieren** извести́ть/извеща́ть о готóвности товáра к отпра́вке [отгру́зке]
Versanddatum да́та отгру́зки
Versanddokumente отгру́зочные докуме́нты
Versandinstruktionen отгру́зочные инстру́кции
versandbereit (быть) готóв(а) к отгру́зке [отпра́вке]
– **die Ware ist** ~ товáр готóв к отгру́зке
verschicken [versenden] отпра́вить/ отправля́ть *(что?)*
– **die Ausrüstung** ~ отпра́вить/отправля́ть оборудование
– **die technische Dokumentation** ~ отпра́вить/отправля́ть техни́ческую документа́цию

– **das Versandavis** ~ отпра́вить/отправля́ть извеще́ние о готóвности (товáра) к отгру́зке [отпра́вке]
– **die Ware** ~ отпра́вить/отправля́ть товáр
– **eine zusätzliche Nachrüstung** ~ отпра́вить/отправля́ть дополни́тельное обору́дование
Verschiffung погру́зка
Verschleißteile быстроизна́шивающиеся дета́ли
Verschwiegenheit конфиденциа́льность
versichern (lassen) застрахова́ть/застрахóвывать *(что? от чего?)*
– **die Fracht** ~ застрахова́ть/застрахóвывать груз
– **die Ware** ~ застрахова́ть/застрахóвывать товáр
– **gegen alle Risiken** ~ застрахова́ть/ застрахóвывать от всех ри́сков
– **gegen Beschädigung** ~ застрахова́ть/ застрахóвывать от поврежде́ния
– **gegen Brand** ~ застрахова́ть/застрахóвывать от пожáра
– **gegen Diebstahl** ~ застрахова́ть/застрахóвывать от краж
– **gegen Verlust** ~ застрахова́ть/застрахóвывать от утрáты
– **gegen Wasserschäden** ~ застрахова́ть/ застрахóвывать от проте́чки водопровóдных труб
– **versichert (sein)** (быть) застрахóван(а)
Versicherung страхова́ние [страхóвка]
– ~ **gegen Verlust** страхóвка от утрáты
– **eine** ~ **abschließen** заключи́ть/заключа́ть страховóе соглаше́ние [страхóвку]
– **eine** ~ **gewährleisten** обеспе́чить/ обеспе́чивать страхова́ние
Versicherungs- страховóй, -áя, -óе, -ы́е
Versicherungsagent страховóй аге́нт
Versicherungsgesellschaft страховáя компа́ния
Versicherungspolice страховóй пóлис
Versicherungssumme страховáя су́мма
Versicherungsunterlagen страховы́е докуме́нты
Versicherungsvertrag договóр страхова́ния [о страхова́нии]
Verspätung опоздáние
– **mit** ~ с опоздáнием
Verstoß наруше́ние
– ~ **gegen die Vertragsbedingungen** наруше́ние услóвий по договóру
Versuchsanleitung инстру́кция по испыта́нию (обору́дования)
Vertrag договóр [контра́кт, соглаше́ние]
– **langfristiger** ~ долгосрóчный договóр
– **vorliegender** ~ настоя́щий договóр [контра́кт]

219

V

– ~ über die Eröffnung eines Konsignationslagers догово́р об откры́тии конси-
гнацио́нного скла́да
– ~ über die Lieferung von Ausrüstungen
und Anlagen догово́р о поста́вке обо-
ру́дования
– ~ über die Produktion von Erzeugnissen
auf Auftragsbasis догово́р о произ-
во́дстве изде́лий из материа́ла зака́зчика
– ~ über (partnerschaftliche) Zusammenarbeit догово́р о (партнёрском) сотру́д-
ничестве
– Anlage zum ~ приложе́ние к догово́ру
– Ablauf des -es истече́ние догово́ра
[контра́кта]
– Abtretung des -es усту́пка догово́ра
[контра́кта]
– Bestandteil des -es составна́я часть
догово́ра [контра́кта]
– Eintragung eines -es регистра́ция дого-
во́ра [контра́кта]
– Rücktritt vom ~ отка́з от догово́ра
[контра́кта]
– Wert des -s сто́имость догово́ра
– der ~ gilt догово́р [контра́кт] де́йствует
– der ~ tritt in Kraft догово́р [контра́кт]
всту́пит в си́лу
– einen ~ aufsetzen [ausfertigen]
соста́вить/составля́ть догово́р [контра́кт]
– einen ~ anfechten обжа́ловать догово́р
[контра́кт]
– einen ~ beenden прекрати́ть/прекраща́ть
догово́р [контра́кт]
– einen ~ erfüllen вы́полнить/выполня́ть
догово́р [контра́кт]
– einen ~ kündigen расто́ргнуть/растор-
га́ть догово́р [контра́кт]
– einen ~ realisieren реализова́ть/реали-
зо́вывать догово́р [контра́кт]
– einen ~ schließen заключи́ть/заключа́ть
догово́р [контра́кт]
– einen ~ unterzeichnen подписа́ть/под-
пи́сывать догово́р [контра́кт]
– einen ~ verlängern продли́ть/продлева́ть
догово́р [контра́кт]
vertraglich догово́рный, -ая, -ое, -ые
– ~ Bedingungen усло́вия догово́ра
– ~ Frist срок (де́йствия) догово́ра
[догово́рный срок]
– ~ Vereinbarung договорённость
– ~ Verpflichtungen догово́рные обяза́-
тельства
– auf -er Grundlage на догово́рных
нача́лах
– etwas ~ vereinbaren договори́ться/
догова́риваться (о чём?)
Vertragsabrede огово́рка в догово́ре
[контра́кте]
Vertragsänderung измене́ние по догово́ру

Vertragsanlage приложе́ние к догово́ру
– unvollständige ~ некомпле́ктное при-
ложе́ние к догово́ру [контра́кту]
Vertragsartikel статья́ догово́ра [контра́кта]
Vertragsbedingungen усло́вия догово́ра
[контра́кта]
– allgemeine ~ о́бщие усло́вия догово́ра
– die ~ erörtern обсуди́ть/обсужда́ть
усло́вия догово́ра [контра́кта]
– die ~ vereinbaren согласова́ть/
согласо́вывать усло́вия догово́ра
Vertragsbeendigung прекраще́ние
догово́ра
Vertragsbestandteil (составна́я) часть
догово́ра
– untrennbarer ~ неотъе́млемая часть
догово́ра
Vertragsbestimmung положе́ние догово́ра
vertragschließende Seiten договаривающиеся сто́роны
Vertragsdauer срок (де́йствия) догово́ра
[догово́рный срок]
Vertragseinhaltung выполне́ние догово́ра
[контра́кта]
– die ~ beenden [einstellen] прекрати́ть/
прекраща́ть выполне́ние догово́ра
[контра́кта]
Vertragsentwurf прое́кт догово́ра
[контра́кта]
Vertragsergänzung дополне́ние по дого-
во́ру [контра́кту]
Vertragsfrist срок (де́йствия) догово́ра
[догово́рный срок]
Vertragsgarantie гара́нтия исполне́ния
обяза́тельств
Vertragsgegenstand предме́т догово́ра
[контра́кта]
Vertragsgericht арбитра́жный суд
Vertragsklausel огово́рка [пункт] в догово́ре
Vertragskündigung расторже́ние догово́ра
Vertragsmodalitäten поря́док де́йствия
догово́ра
Vertragsparagraph пара́граф в догово́ре
[контра́кте]
Vertragspartner партнёры по контра́кту
[догова́ривающиеся сто́роны]
Vertragspreis догово́рная цена́
Vertragspunkt пункт догово́ра [контра́кта]
Vertragsseite сторона́ [сто́роны]
(в догово́ре)
Vertragssumme су́мма [сто́имость] дого-
во́ра
Vertragsunterzeichnung подписа́ние
догово́ра
Vertragsvereinbarung договорённость
Vertragsverlängerung продле́ние догово́ра
[контра́кта]
Vertragsverpflichtungen обяза́тельства по
догово́ру [догово́рные обяза́тельства]

220

– **die ~ erfüllen [einhalten]** вы́полнить/
выполня́ть догово́рные обяза́тельства
Vertragswert сто́имость догово́ра
Vertrauensschutz сохране́ние конфи-
денциа́льности
Vertreter представи́тель
– **bevollmächtigter ~** уполномо́ченный
представи́тель
– **~ einer Firma** представи́тель фи́рмы
Vertretung представи́тельство
Vertretungsvertrag догово́р о комме́р-
ческом представи́тельстве [на комме́р-
ческое представи́тельство]
verweigern отказа́ться/отка́зываться
(от чего?)
– **die Abnahme der Anlage ~** отказа́ться/
отка́зываться от приёмки обору́дования
– **den Warenversand ~** отказа́ться/
отка́зываться от отгру́зки това́ра
Verweis ссы́лка
(sich) verzögern задержа́ться/
заде́рживаться
– **Die Eröffnung des Akkreditivs verzögert
sich um ... Tage** Откры́тие аккредити́ва
заде́рживается на ... дней.
– **Die Lieferung der Anlage verzögert sich
bis zum ...** Поста́вка обору́дования
заде́рживается до ...
Verzug просро́чка
– **~ bei der Kreditrückzahlung** просро́чка
погаше́ния креди́та
– **Verantwortung für den ~** отве́тствен-
ность за просро́чку [заде́ржку]
– **bei ~** при просро́чке [в слу́чае просро́чки]
– **im ~ sein** просро́чить/просро́чивать *(что?)*
– **mit ~** с просро́чкой
– **ohne ~** незамедли́тельно
– **einen ~ vermeiden** избежа́ть/избега́ть
просро́чки
– **einen ~ zulassen** допусти́ть/допуска́ть
просро́чку
Verzugsstrafe неусто́йка [пе́ня]
– **eine ~ zahlen** уплати́ть/упла́чивать пе́ню
Verzugstag день просро́чки
– **pro ~** за день просро́чки
Vollmacht дове́ренность
Vollmachtgeber довери́тель
Vollständigkeit компле́ктность
– **~ der Anlage** компле́ктность обору́до-
вания
– **~ der Lieferung** компле́ктность поста́вки
Vorauszahlung предопла́та
vorfristig досро́чный, -ая, -ое, -ые
– **~ Lieferung** досро́чная поста́вка
– **~ Vertragserfüllung** досро́чное выполне́-
ние догово́ра
vorgesehen предусмо́тренный, -ая, -ое, -ые
– **die in Anlage ... -en Bedingungen** усло́-
вия, предусмо́тренные в приложе́нии ...

– **die in Artikel ... -en Qualitätsparameter**
показа́тели ка́чества, предусмо́тренные
в статье́ ...
Vorhandensein нали́чие
– **bei ~** при нали́чии
Vorlage (von Dokumenten) предъявле́ние
(докуме́нтов)
vorlegen предъяви́ть/предъявля́ть *(что?)*
– **eine Bürgschaft ~** предъяви́ть/
предъявля́ть поручи́тельство
– **einen Eisenbahnfrachtbrief ~**
предъяви́ть/предъявля́ть железнодо-
ро́жную [ж/д] накладну́ю
– **eine Rechnung ~** предъяви́ть/
предъявля́ть счёт
– **die Warenbegleitpapiere ~** предъяви́ть/
предъявля́ть товаросопроводи́тельные
докуме́нты
– **vorgelegt (werden)** (быть) предъя́влен(а)
vornehmen соверши́ть/соверша́ть *(что?)*
– **Änderungen zum Vertrag ~** соверши́ть/
соверша́ть измене́ния по догово́ру
– **den Austausch der Ware ~** соверши́ть/
соверша́ть заме́ну това́ра
– **eine interne Verrechnung ~** соверши́ть/
соверша́ть вну́тренний [взаи́мный] расчёт
– **eine Lieferung ~** соверши́ть/соверша́ть
поста́вку
– **notwendige Nachbesserungen an der
Ware ~** соверши́ть/соверша́ть необхо-
ди́мые исправле́ния дефе́ктов
[недоста́тков] това́ра
– **eine Zahlung ~** соверши́ть/соверша́ть
платёж
– **vorgenommen (werden)** (быть) совершён
(-шена́)
Vorschuß ава́нс
– **Zinsen auf einen ~** проце́нты по ава́нсу
Vorschußkosten расхо́ды по ава́нсу
vorsehen предусмотре́ть/предусма́три-
вать *(что?)*
– **Bedingungen ~** предусмотре́ть/преду-
сма́тривать усло́вия
– **(im Vertrag) einen Preisnachlaß ~** пре-
дусмотре́ть/предусма́тривать (в дого-
во́ре) уце́нку (това́ра)
– **in der Anlage ~** предусмотре́ть/пре-
дусма́тривать в приложе́нии
– **Die Seiten sehen vor ...** Сто́роны пре-
дусма́тривают ...
– **vorgesehen (sein/werden)** (быть) пре-
дусмо́трен(а)
Vorstand сове́т директоро́в
Vorstandssitzung собра́ние директоро́в
vorzeitig досро́чный, -ая, -ое, -ые
Vorzugsrecht преиму́щественное пра́во
– **~ besitzen** воспо́льзоваться/по́льзо-
ваться преиму́щественным пра́вом

W

Währung валюта
– **in der angegebenen** ~ в указанной валюте
Ware товар [груз]
– **beschädigte** ~ повреждённый товар
– **defekte** ~ дефектный товар
– **fehlende** ~ недостающий товар
– **gelieferte** ~ поставленный товар
– **mangelhafte** ~ некачественный товар
– **minderwertige** ~ некачественный товар
– **qualitativ hochwertige** ~ высококачественный товар
– **überlagerte** ~ залежалый товар
– **verdorbene** ~ испорченный товар
– **versandte** ~ отгруженный товар
– **zu liefernde** ~ поставляемый товар
– **Anlieferung der** ~ доставка товара
– **Austausch der** ~ замена товара
– **Ersatz der** ~ замена товара
– **Nachbesserung an der** ~ исправление недостатков товара
– **Preis der** ~ цена товара
– **Rückgabe der** ~ возврат товара
– **Übergabe der** ~ сдача товара
– **Verlust der** ~ утрата товара
– **Versand der** ~ отправка [отгрузка] товара
– **Qualität der** ~ качество товара
– **eine** ~ **absenden** отправить/отправлять товар
– **eine** ~ **(an)liefern** поставить/поставлять товар
– **eine** ~ **annehmen** принять/принимать товар
– **eine** ~ **bestellen** заказать/заказывать товар
– **eine** ~ **bezahlen** оплатить/оплачивать товар
– **eine** ~ **lagern** складировать [хранить] товар
– **eine** ~ **realisieren** реализовать/реализовывать товар
– **eine** ~ **verpacken** упаковать/упаковывать товар
– **eine** ~ **versenden** отправить/отправлять товар
– **eine** ~ **versichern** застраховать/застраховывать товар
Warenannahme приёмка товара
Warenausgabe выдача товара
Warenbegleitdokumente товаросопроводительные [товарные] документы
Warenbezeichnung наименование товара
Wareneingang поступление товара
Warenlieferung поставка товара
– **unvollständige** ~ некомплектная поставка товара
Warenmenge количество товара

Warenpapiere товарные документы
Warenpartie партия товара [товаров]
– **Preis der** ~ цена на партию товара
Warenspezifikation спецификация товара
Warenversand отправка [отгрузка] товара
– **den** ~ **ablehnen** отказаться/отказываться от отправки [отгрузки] товара
Warentransport перевозка товара [товаров]
Wartung обслуживание
– **regelmäßige** ~ регулярное обслуживание
– **unsachgemäße** ~ ненадлежащее обслуживание
Wartungs- und Servicevertrag договор на обслуживание [о сервисном обслуживании]
Wartungsvorschrift инструкция по техническому обслуживанию
Wechsel[1] *(fin.)* вексель
Wechsel[2] замена
Werbevertrag договор на рекламу [о рекламе]
Werbung реклама
Werkvertrag договор подряда [на подряд]
Wert стоимость
– ~ **der Lieferung** стоимость поставки
– ~ **des Vertrages** стоимость договора
Wertigkeit (juristische) (юридическая) сила
– **gleiche** ~ **besitzen** иметь одинаковую юридическую силу
wöchentlich еженедельный, -ая, -ое, -ые

Z

zahlen заплатить/платить *(за что?)* [уплатить/уплачивать, оплатить/оплачивать *(что?)*]
– **termingerecht** ~ оплатить/оплачивать по срокам
– **eine einmalige Summe** ~ оплатить/оплачивать единовременную сумму
– **eine Provision** ~ оплатить/оплачивать [выплатить/выплачивать] комиссионные
– **eine (Geld-)Strafe** ~ оплатить/оплачивать штраф [пеню, неустойку]
– **Verzugsstrafe** ~ уплатить/уплачивать неустойку [пеню]
– **eine Ware** ~ оплатить/оплачивать товар
– **Zinsen** ~ оплатить/оплачивать [выплатить/выплачивать] проценты
Zahlung 1. платёж, 2. оплата [уплата]
– **-en einstellen** прекратить/прекращать платежи [переводы]
– **eine** ~ **fordern** требовать уплаты
– **eine** ~ **vornehmen** произвести/производить [совершить/совершать] платёж
Zahlungsanweisung платёжное поручение
Zahlungsbedingungen условия платежа
Zahlungseingang поступление денег [платежа]

Zahlungsmodus поря́док и фо́рма опла́ты [спо́соб платежа́]
– **den ~ vereinbaren** установи́ть/устана́вливать поря́док и фо́рму опла́ты [спо́соб платежа́]
Zahlungspapiere платёжные докуме́нты
Zahlungsrückstand просро́чка платежа́ [опла́ты]
Zahlungstermin срок платежа́ [опла́ты]
– **Nichteinhaltung des ~** несоблюде́ние сро́ка платежа́ [опла́ты]
– **den ~ verletzen** нару́шить/наруша́ть сро́ки платежа́
zahlungsunfähig (sein) (быть) неплатёжеспосо́бным
Zahlungsunfähigkeit неплатёжеспосо́бность [банкро́тство]
Zahlungsverzug заде́ржка [просро́чка] платежа́
Zeichnung чертёж
– **~ der Aufstellung (einer Anlage)** устано́вочный чертёж
– **~ der Baugruppen und -teile** фунда́ментный чертёж
– **eine ~ bestätigen** подтверди́ть/подтвержда́ть чертёж
zeitweise на срок
Zertifikat сертифика́т
Zession це́ссия [усту́пка]
Zeugnis сертифика́т
Zinsen проце́нты *(Pl.)*
– **~ auf einen Vorschuß** проце́нты по ава́нсу
– **~ auf einen Kredit** проце́нты по креди́ту
– **~ anrechnen** начи́слить/начисля́ть проце́нты
– **~ berechnen** рассчита́ть/рассчи́тывать проце́нты
– **~ bezahlen** вы́платить/выпла́чивать проце́нты
Zinssatz проце́нтная ста́вка
Zivilgesetzgebung гражда́нское законода́тельство

– **die ~ anwenden** примени́ть/применя́ть гражда́нское законода́тельство
Zivilklage гражда́нский иск
Zoll- тамо́женный, -ая, -ое, -ые
Zollerklärung тамо́женная деклара́ция
Zollfaktura тамо́женная факту́ра
Zollgebühr тамо́женная по́шлина
Zollager тамо́женный склад
– **frei ~** франко-тамо́женный склад
Zubehör комплекту́ющие *(Subst. Pl.)*
– **Satz von Zubehörteilen** набо́р комплекту́ющих
zulassen допусти́ть/допуска́ть *(что?)*
– **eine Verletzung der Vertragsbedingungen ~** допусти́ть/допуска́ть наруше́ние усло́вий догово́ра
– **einen Verzug ~** допусти́ть/допуска́ть просро́чку
– **zugelassen (werden)** (быть) допу́щен(а)
zurückerstatten возмести́ть/возмеща́ть *(что?)*
– **laufende Kosten ~** возмести́ть/возмеща́ть теку́щие расхо́ды
– **einen Schaden ~** возмести́ть/возмеща́ть убы́ток [ущéрб]
– **eine Summe ~** возмести́ть/возмеща́ть су́мму
Zurückerstattung возмеще́ние
zurückgeben (eine Ware) возврати́ть/возвраща́ть (това́р)
zurücktreten (vom Vertrag) отказа́ться/отка́зываться [отступи́ться/отступа́ться] (от догово́ра)
zurückzahlen (einen Kredit) возврати́ть/возвраща́ть [погаси́ть/погаша́ть] (креди́т)
Zusammenhang связь
– **im ~ mit ...** в связи́ с ...
Zustellung поступле́ние
Zustellungsbeleg почто́вая квита́нция
Zustellungsdatum срок [да́та] поступле́ния
zweckentfremdete Nutzung примене́ние не по назначе́нию

Literaturverzeichnis

Deutsch- und englischsprachige Literatur

BERSON, A. S. „Wörterbuch der Rechts- und Wirtschaftssprache" (Deutsch – Russisch), Beck'sche Verlagsbuchhandlung, München 1985.

„Der Franchise-Vertrag" in: „Heidelberger Musterverträge", Verlag „Recht und Wirtschaft", Heidelberg 1992.

„Guide to Registering Companies in Moscow" (The Moscow Registration Chamber prepared in collaboration with Salans Hertzfeld & Heilbronn), Moscow 1993.

„Kreditsicherungs-Vereinbarungen" in: „Heidelberger Musterverträge", Verlag „Recht und Wirtschaft", Heidelberg 1991.

v. LINGEN, L. „Juristisches Wörterbuch Deutsch – Russisch", Enzyklopädie-Verlag, Leipzig 1992.

MOHR, F. „Vertragslehre", Verlag Alpmann & Schmidt.

„Rechtswörterbuch Deutsch – Russisch", Verlag „Die Wirtschaft", Berlin 1988.

„Verträge mit ausländischen Handelsvertretern" in: „Heidelberger Musterverträge", Heidelberg 1991.

Russischsprachige Literatur

Большой англо-русский/русско-английский словарь по бизнесу. Изд-во «Наука-Уайли», Москва, 1993.

Деловая книга Российско-Американского Университета. Россия-93. Часть 1; изд. 2 исправленное и дополненное. Агентство «Обозреватель», Москва, 1993.

ДЖУРОВИЧ Р. Руководство по заключению внешнеторговых контрактов. Изд-во «Российское право», Москва, 1992.

Договоры. Порядок заключения и исполнения; в кн.: Российский рынок. Сборник нормативных актов. Изд. юридическая фирма «Контракт», Москва, 1993.

ЗАВЬЯЛОВ П. С., ДЕМИДОВ В. Е. В помощь деловому человеку. Сборник типовых форм договоров по различным видам деятельности. Изд-во «Арт», Москва, 1991.

ДЕМИДОВ В. Е., ЗАВЬЯЛОВ П. С. Формула успеха: маркетинг. Изд-во «Международные отношения», Москва, 1991.

КОКОШКО К., КРАББЕ Н. Русско-немецкий разговорник. Изд-во «Экономика», Берлин, 1959.

Маркетинг. Толковый терминологический словарь-справочник. Изд-во «Инфоконт», Москва, 1961.

Международные правила толкований торговых терминов «Инкотермс». Новая редакция. Изд-во «Совинтерюр», Москва, 1992.

Настольная книга хозяйственного руководителя, предпринимателя, коммерсанта. Изд-во «Информационно-внедренческий центр МАРКЕТИНГ», Москва, 1992.

ПОПЫРИН В. Мир контракта (Виды сделок, условия, цены); в кн.: Бизнес для всех. Выпуск 5, Москва, 1993.

РОЗЕНБЕРГ М. Г. Заключение договора международной купли-продажи. Изд-во «Совинтерюр», Москва, 1991.

РОЗЕНТАЛЬ Д. Э. Управление в русском языке. Словарь-справочник. Изд-во «Книга», Москва, 1986.

Сборник типовых договоров, под ред. В. М. Прудникова. Изд-во «Инфра-М», Москва, 1993.

СОКОЛОВ Б. В. Русско-немецкий словарь коммерсанта. Изд-во «Мото-ПРЕСС», Москва, 1992.

СОРОКИН Д. Е., ГРИШИН Н. Ю. Словарь предпринимателя. Изд-во «РИСК», Москва, 1991.

Толковый юридический словарь бизнесмена (русско-английский). Изд. юридическая фирма «Контракт», Москва, 1993.

Условия международных поставок. Москва, 1992.

Формы и способы финансирования экспортно-импортных операций (Справочник-пособие для начинающих серьёзный бизнес). Gesellschaft für Wirtschaftskooperation und Marktinformation Berlin, Берлин, 1993.

ХОЙЕР В. Как делать бизнес в Европе. Изд-во «Прогресс», Москва, 1992.

Хозяйственные договоры. Изд. юридическая фирма «Паритет», Москва, 1991.

ШМИТТГОФФ К. Экспорт: Право и практика международной торговли (перевод с английского), отв. ред. А. С. Комаров. Изд-во «Юридическая литература», Москва, 1993.

ЭРНСТ О. Слово предоставлено Вам. Практическое руководство по ведению бесед и переговоров (перевод с немецкого). Изд-во «Экономика», Москва, 1989.